BREVE HISTORIA FEMINISTA DE LA LITERATURA ESPAÑOLA (EN LENGUA CASTELLANA)

II

CULTURA Y DIFERENCIA
Teorías feministas y cultura contemporánea

Serie dirigida por Myriam Díaz-Diocaretz
y asesorada por Iris M. Zavala

PENSAMIENTO CRÍTICO/PENSAMIENTO UTÓPICO

90

Iris M. Zavala (Coord.)

BREVE HISTORIA FEMINISTA DE LA LITERATURA ESPAÑOLA (EN LENGUA CASTELLANA)

II

LA MUJER EN LA LITERATURA ESPAÑOLA

Modos de representación
desde la Edad Media hasta el siglo XVII

Emilie L. Bergmann
M.ª Teresa Cacho
Ruth El Saffar
Jacqueline Ferreras Savoye
Margo Glantz

María Eugenia Lacarra
Leah Middlebrook
Maria Grazia Profeti
Rosa Rossi
Margarita Zamora

Iris M. Zavala

Dirección General de la Mujer

Editorial de la Universidad
de Puerto Rico

ANTHROPOS
EDITORIAL DEL HOMBRE

BREVE historia feminista de la literatura española (en lengua castellana) /
coordinada por Iris M. Zavala. — Barcelona : Anthropos ; Madrid :
Comunidad de Madrid. Consejería de Educación, Dirección General
de la Mujer ; San Juan : Universidad de Puerto Rico, 1993-   . — 5 v. ;
20 cm. — ISBN 84-7658-402-4
    II : La mujer en la literatura española : Modos de representación
        desde la Edad Media hasta el siglo XVII / por Emilie L. Bergmann ...
        [et al.]. — 1995. — 332 p. — (Pensamiento Crítico / Pensamiento
        Utópico ; 90. Serie Cultura y Diferencia). — ISBN 84-7658-469-5

    1. Mujeres en la literatura española - s. XIII - XVII   2. Literatura española -
crítica e interpretación   3. Feminismo y literatura   I. Zavala, Iris M. (coord.)
II. Bergmann, Emilie L.   III. Universidad de Puerto Rico (San Juan)   IV. Título:
La mujer en la literatura española : Modos de representación desde la Edad Media
hasta el siglo XVII   V. Colección
        860.03:396

Primera edición: 1995

© Iris M. Zavala, 1995
© Editorial Anthropos / Comunidad de Madrid, 1995
Edita: Editorial Anthropos. Promat S. Coop. Ltda.
  Vía Augusta, 64. 08006 Barcelona
En coedición con la Dirección General de la Mujer,
  Consejería de Educación de la Comunidad de Madrid,
  y con la Editorial de la Universidad de Puerto Rico
ISBN: 84-7658-402-4 (Obra completa)
ISBN: 84-7658-469-5 (Tomo II)
Depósito legal: B. 11.618-1993
Fotocomposición: Seted S.C.L. Sant Cugat del Vallès
Impresión: Edim, S.C.C.L. Badajoz, 147. Barcelona

Impreso en España - *Printed in Spain*

A la memoria de
Lola Luna y
Ruth El Saffar

INTRODUCCIÓN

EL CANON, LA LITERATURA
Y LAS TEORÍAS FEMINISTAS

Es posible que todavía rehusemos replantearnos lo que sea la historia literaria, pregunta que surgió hace ya más de tres décadas y que nos ha obligado a repensar lo que es un texto. Y comienzo con este exergo para explicar —de manera oblicuamente teórica— la importancia de una historia (si bien breve) feminista de la literatura española (en lengua castellana). Por lo pronto representa el único intento coherente de tratar desde un punto de vista de teoría crítica la construcción del género sexual y sus implicaciones sociales para cualquier cultura. Y no es poca cosa, como tampoco es poco el riesgo.

Y puedo decir que la pensamos, la historia feminista digo, como una acción moral, como exigencia para mantenernos conscientes de nosotras mismas, obligarnos a poner sobre el tapete los naipes de nuestras creencias y hacer de nuestras evaluaciones y juicios un riesgo y un escrúpulo. La historia feminista de la cultura española, fábula epistemológica si se quiere, significa a nuestros ojos intentar, al menos, decir lo indecible. Básico para nosotras es un postulado asociado con la obra de Wittgenstein: «Nada se pierde... Por el contrario, aquello de lo que no se puede hablar está —indeciblemente— contenido en lo que se dice».

Pues bien. Con la designación de una *historia feminista* (de la cual ha salido ya un volumen), lo que pretendemos es reexaminar un conjunto de normas establecidas sobre los textos culturales que acentúan la necesidad de aceptar y obedecer los usos y leyes del país donde nacimos sin cuestionar la autoridad de los mismos. Es esta una propuesta para leer *con sospecha*; es decir, replantearnos lo que los textos culturales dicen o no dicen o esconden o eluden, o dicen con transparencia o simplemente figuran en jeroglíficos. Podemos decir que desde esta perspectiva de síntoma, la historia feminista que pensamos pretende empañar en algo la imagen idílica de la cultura desencadenando su potencial crítico y/o excluyente. Los tres objetivos que nos guían en esta historia están profundamente conectados:

1. Servir de introducción a una ruptura con una crítica tradicional que ubica en los textos de cultura una organización completa de la vida y de todos sus valores como enunciados inamovibles.

2. Abrir el campo de lo simbólico para explorar las fantasías ideológicas de exclusión que elabora la sociedad.

3. Contribuir a la teoría de la cultura y de la ideología a través de una nueva lectura de algunos conocidos textos maestros o monumentos culturales.

Se insinúa así una concepción, que podríamos llamar deconstruccionista, que permite reconstruir la historia literaria en términos de transgresión de órdenes cosificados.

El objetivo ideal es evitar, como principio, las apreciaciones universalizantes y globalizantes, pues en esta tercera década (u oleada) de estudios feministas importa ante todo una posición crítica ante las fuentes. A modo de ejemplo, el famoso libro de Kate Millett, que contribuyó en los inicios de la crítica literaria feminista norteamericana a detectar la presencia y los efectos de la representación de la mujer en la literatura mediante las intervenciones patriarcales demostrando que la literatura no era universal sino más bien dominada por el sexismo y el patriarcado, ya en la década de 1980 pierde su actualidad. Lo mismo puede decirse de la ideología de Simone de Beauvoir en su feminismo marcado de existencialismo. De base se empleaba el concepto de *literatura* de modo tradicional, y se empleaban los términos binarios *masculino/femenino* como estructura de análisis. Sabido es que el binarismo excluyente en el cual está asentada la cultura occidental ha sido uno de los medios y móviles de opresión y exclusión, y una forma de articular fenómenos sociales tales como el totalitarismo y el racismo; es, por así decirlo, una fantasía de control político.

No voy a hacer ahora y aquí el recorrido de la llamada crítica esencialista. Lo que me importa subrayar es que la suma de visiones en esta historia está guiada por cada autora en cuanto sujeto crítico. Este término no remite a la necesidad de expresar ideas políticas, sino más bien, dentro de la problemática actual de teorías de la diferencia y de género sexual (no sexo), a la de establecer una perspectiva desde la cual puedan situarse los lectores e intérpretes de la historia. Concretamente, el sujeto crítico no es una afirmación de identidad personal, sino una posición en el discurso crítico. Así, el interlocutor de este discurso no es la persona que habla, sino quien escucha o lee. Cuando el lector responsable interpreta el signo de la posición de sujeto de cada escritor o escritora, éste se convierte en el signo de, digamos, por ejemplo, una etnopolítica, de una posición institucional, de una hegemonía discursiva. Ser consciente de esta posición de sujeto en la década de 1990 constituye un requisito implícito en estudios feministas o sobre el feminismo; significa compreder que tanto el texto como la textualización y la cultura son objetos semióticos, y que la cultura es un fenómeno sígnico plurilingüe, un sistema de lenguajes cuyas manifestaciones concretas son textos que se transmiten por medio de la enseñanza. Así, la historia aspira a ser un acto comunicativo, no una transmisión pasiva de información, más bien una traducción, una recodificación o reevaluación del mensaje. Si me dejo llevar por Bajtin diría que el trabajo heurístico es como un rayo de luz atrapado, implotado, entre espejos.

Este contorno visible de relaciones y tejido de voces a que nos invita la historia literaria, si nos guiamos por reconceptualizaciones filosóficas e históricas claves para estudiar los fenómenos sociales, confiere a la cultura una mayor densidad. De este modo, toda identidad aparece como una declaración activa de señales y signos más o menos claros, pero complicados, que se comunican en la naturaleza recíproca de la declaración de identidad. No es pues sólo sucesión melódica, sino simultaneidad armónica lo que se nos invita a escuchar. Escuchar, oír voces, es dar paso a lo discordante, y si escuchamos a Bajtin las tendencias del discurso se inclinan hacia lo centrífugo y lo centrípeto, al cruce, a lo simultáneo. Pero no el oír o escuhar indiferenciado; no el reino platónico de las ideas en que todo se ve y todo se oye, sino la iluminación recíproca de los lenguajes que abre el paso al plurilingüismo. Así, los lenguajes se revelan recíprocamente y empiezan a servirse unos a otros como trasfondo dialogizante. En este juego de espejos dirigidos unos hacia los otros, cada cual revela un fragmento, un rincón, que obliga a adivinar y captar un mundo mucho más amplio y con más horizonte.

Claro que se trata de deslegitimar los grandes relatos legitimadores y de examinar la relación de la palabra con la formación de la subjetividad y la identidad. Esta observación nos lleva a revisar ideas comúnmente aceptadas y a entender la literatura como signos que nos rodean, que intentamos ordenar desde el interior para que produzcan sentido. Hay que recordar algo que por sabido se olvida; que uno no habla solo y que hablar (o escribir) es comunicar e intercambiar roles; pero además, que al entrar en el orden del lenguaje de los textos, que es también el del pensamiento, entramos en el orden de lo social y de la interdiscursividad, articulamos en la lengua de nuestra cultura una red de signos a la que pertenecemos tanto el otro como yo.

En resumidas cuentas, esta lengua de cultura no puede encerrarse en un discurso suficiente de entrada de diccionario, sino que nunca dice lo suficiente, que a veces dice demasiado y que, finalmente, siempre se podrá leer de una manera distinta. Si pensamos todo esto hemos de concluir que historiar la cultura es una ambición que no obtiene jamás conclusiones definitivas. Pero si damos a esta actividad su plena dimensión, verificaremos que la escritura no es una reflexión separada de la realidad y poseedora de una existencia espiritual epifenoménica, sino que está habitada por la realidad, por la existencia y por la problemática social real. Que en cuanto ideología, la literatura no es una representación autónoma de la realidad, sino un elemento de ella, aunque parezca desconectarse por completo. Para finalizar esta coda a la historia feminista de la literatura española (en lengua castellana), que me ha permitido proporcionar una serie de sugerencias sobre los textos y la cultura, quiero subrayar que no será una historia en el sentido clásico, sino una serie de intervenciones teóricas que se iluminan unas a otras, en una especie de reiteración de una argumentación en diferentes contextos discursivos. De alguna manera se aborda aquí la construcción de un proyecto —un imaginario social— ético con su noción diferente de sujeto. Y, en mi caso en particular, este proyecto es dialógico; es decir, acepta las contradicciones como condición de toda identidad.

Esta manera de entender la historia literaria va inevitablemente en contra de la noción aceptada de conocimiennnnto absoluto. La lección que podemos sacar de ello es que la historia literaria de cada lengua cultural es, en último término, una construcción ética proyectada al futuro.

Esta historia feminista parte, al mismo tiempo, al menos para mí, de unas cuantas premisas, que enumero a continuación.

I. Rearticular la pregunta de Roland Barthes —¿historia o literatura?—, aceptando que la literatura es una formación discursiva de fecha reciente (siglo XVIII) compuesta por un conjunto de normas y cánones nacionales apoyados por unas instituciones culturales cambiantes. Este conjunto de normas se institucionaliza en los llamados *monumentos*, que se determinan mediante una compleja red de producción y recepción.

En nuestro acercamiento a este objeto empírico para investigar cómo se producen esas conversiones, en función de qué estrategias, en oposición a qué elementos, en relación a qué subordinaciones y con qué exclusiones, nos apoyamos en un complejo teórico que fomenta una lectura de *suspicacia* y que concibe los textos culturales como zonas de conflictos de sentidos diferentes y contradictorios; a saber: la Escuela de Francfort, Walter Benjamin, Emile Benveniste, Michel Foucault, Bajtin, Barthes, Lacan y su relectura de Freud, Julia Kristeva, Derrida, la semiótica, la sociocrítica, los nuevos estudios sobre las ideologías y sus formas de reproducción, la teoría cultural más contemporánea, las lecturas de Antonio Gramsci, la *nouvelle histoire* de Jacques Le Goff, centrada en la memoria y el imaginario, y la noción de *relatos maestros* surgida al amparo del posestructuralismo, entre otros. Este conjunto nos ha inducido a rechazar las valoraciones pasivas de las obras literarias, y tomar en cuenta lo sedimentado por el *habitus* o costumbre, y lo imaginario. Se parte entonces de que el «inconsciente es un lenguaje», y que todo conocimiento del pasado es un conocimiento de los discursos sobre el pasado, y que vivimos de, con, por y mediante discursos.

Importa cuestionar lo que ahora vamos conociendo mejor como *cultura* y como *canon*: el hecho es que toda evaluación —lo que sea buena literatura, un clásico, o lo considerado mala literatura, o lo silenciado e ignorado— no es simplemente un juicio formal de la crítica académica (nosotros, que somos sus mediadores), sino una compleja red de actividades sociales y culturales que se revelan además en las relaciones de poder existentes dentro de cada comunidad y en su enfrentamiento con otras sociedades. Detengámonos en algunos ejemplos: la valoración de monumento universal que se le otorga a Shakespeare en detrimento de Cervantes; o la valoración desmedida de la literatura francesa frente a la española, italiana, portuguesa; o la infravaloración de la literatura llamada de minorías étnicas (africano-americanos, chicanos, puestorriqueños) frente a la literatura en castellano; o en general, la sobrevaloración de lo europeo frente a las culturas no-europeas, dato que conocemos los americanos desde hace quinientos años; y, claro, las valoraciones o la falta de valoraciones de la producción textual de las mujeres a lo largo de la historia literaria. Y por cultura hemos de entender algo muy preciso: un sistema de significados, actitudes y valores compartidos, así como las formas simbólicas a través de las cuales se expresa o se encarna. Claro que la pregunta de rigor sería: quién define el canon y lo que sea un artefacto cultural, y quién y en qué situación se determina; o, en palabras llanas, de quién es el canon.

Ya vamos conociendo mejor todo este espacio de silencio, como veremos en el volumen dedicado a la escritura de las mujeres. Y por cierto, se incluirá allí como literatura la escritura filosófica, puesto que rechazamos (yo al menos) la división de las disciplinas o de los géneros de enunciado. El lector tendrá el gusto de conocer a mi vieja y admirada amiga doña Oliva de Sabuco, a quien le niega la autoría de un notable texto filosófico publicado en 1587; a la erudita Luisa Sigea, hasta llegar al mundo filosófico-onírico de María Zambrano. Tampoco faltan las autobiografías, ni las ilustraciones de los periódicos como textos culturales que proyectan *el deseo masculino*, enmarcando los cuerpos y los desnudos, ni el intento de reincorporar el silenciado tema de la esclavitud en los textos decimonónicos. Y no son las únicas novedades, ni los únicos temas que nos proponemos —en lo posible— reconstruir. Intentamos vislumbrar, al menos, la complejidad y totalidad de una cultura. Ningún intento de historiar la literatura —que no sepa— ha llegado tan lejos para proponer una cultura sin fronteras, contra las que aprisionan los géneros en la *jaula de hierro* de los enunciados fijos y hieráticos. Esta historia tiene la intención de inducirnos a releer nuestros propios proyectos colectivos, y a explorar los caminos que conducen a la interpretación de los artefactos culturales como proyecciones socialmente simbólicas que ayudan a configurar nuestro mundo. Es así un método crítico que funde el lenguaje, el poder y la ideología, pero no menos el problema del deseo, de la representación, de la historia y de la producción cultural. Y el marco es el del cuerpo propio, el mío, el de ustedes, mirado y escrito.

II. Pues bien, partimos de la necesidad de revisar y replantear el canon. En ello me hago eco de la sucinta exposición de Peter Bürger. Buena parte de los teóricos actuales sostiene que la historia literaria tradicional se limita a las obras canonizadas, y supone un concepto de la literatura y un sistema de normas estéticas que se aceptan sin discusión. Así, el discurso de la historia literaria tradicional se define por la falta de reflexión acerca de su propia historicidad.

A esta generalización, debemos añadir que en España surge la incipiente cultura nacional en la segunda mitad del siglo XVIII y principios del siglo XIX. Las antologías, silvas y colecciones proporcionan al lector material para proyectar una identidad nacional y una historia de esta identidad. Estudios realizados en Francia por Pierre Bourdieu nos invitan a asociar los programas educativos, el uso de los clásicos, el establecimiento de sistemas de producción y mercados económicos centralizados, el desaliento de las lenguas regionales (cuando no su perversa prohibición) como programas concertados para borrar las disidencias culturales y convertir lo heterogéneo y conflictivo en espacio homogéneo y armónico. El intento ha sido —sugiere Bourdieu— reificar los comportamientos y los objetos y sujetos para que siempre sean idénticos a sí mismos. Baste con lo dicho rápidamente para sugerir que la literatura es factor decisivo en la constitución de naciones y de identidades nacionales y comportamientos, y debiéramos redirigirlas en esa dirección.

III. Lo antedicho nos conduce a reflexionar sobre qué sea la literatura, y ya no caben dudas de que existe un conjunto de actividades diversas que las sociedades y culturas llaman literatura. Es decir, que no es *esencia*, que no es un objeto *inmanente*, ni signo, ni paradoja, ni ambigüedad o *ente fluido* —aunque también lo sea a la vez—, sino una institución social que proyecta imaginarios sociales, que revela en el plano simbólico las luchas de poder por el signo y que permite reconocer la memoria identidaria para deconstruirla. Me parece evidente que estoy haciendo referencia oblicua a Foucault y sus conceptos de memoria, de archivo y de formación discursiva. La reapropiación es así un trabajo heurístico y de escritura, en simultaneidad. Esta reapropiación indiscutiblemente nos induce a una escritura argumentativa y metadiscursiva. Veremos así cómo las imágenes culturales y sus identidades están expuestas a transformaciones continuas dentro del proceso social de transmisión, recuperación y reensamblamiento de la totalidad de las prácticas discursivas. Somos conscientes de que toda la historia literaria es un modelo para armar. Podrá apreciar así el lector que ni los conocimientos, ni los discursos, ni las identidades, ni están en la naturaleza ni son naturaleza o esencias. Así, esta breve historia se limita a lo que podemos llamar *libros nacionales* y el procedimiento mediante los cuales, desde la *perspectiva del presente*, se ponen en uso y son captados y utilizados por las más diversas y hasta contrarias tendencias ideológicas.

Reapropiar una historia, entonces, significa escuchar el rumor social —los discursos sociales— en el estado sincrónico de una sociedad, así como prestar atención al sistema de la circulación discursiva, y la lucha que los grupos libran en plano simbólico por la hegemonía semántica. Significa tomar conciencia de que las palabras nos engañan, que nos hacen creer en la existencia de cosas, de objetos naturales. El producto de esta operación es la reconquista de la identidad, deformada, desfigurada, silenciada, domesticada en la memoria cultural, convertida ya en *habitus* gracias a la persistencia de los arquetipos enmarcados como función inmanente por las prácticas discursivas. Esta reproducción de valores fijos —identificados con españolidad, o castellanismo, o lo español, o la mujer— sólo se puede calcular si reflexionamos sobre el tejido de la historia, y cómo los ritmos temporales alteran el itinerario de los textos, y en las variadas formas en que la labor crítica o la historia literaria que media en su recepción *reescribe* los textos consagrados. Y la escuela y la universidad, y las revistas y los periódicos y los críticos, somos mediadores. Esta historia es, entonces, una forma de reconstrucción, de reevaluación, también el intento de reconstruir una memoria, memoria intelectual, memoria cultural, memoria colectiva, al mismo tiempo que memoria afectiva. En esta reapropiación de identidades, podremos ver en el imaginario toda una genealogía, y en los intersticios de la erudición, los lineamientos, las direcciones y la historia de una cultura. En definitiva, sabremos cómo nos hemos imaginado y proyectado al futuro, nuestras estructuras de comportamiento, las estructuras del deseo, y cómo todo ello se inscribe en las *ficciones*, y estas ficciones se convierten en normas sociales aceptadas sin discusión, aceptadas tan subjetivamente como las constelaciones que la tradición construye en la bóveda celeste.

Se parte de que toda literatura reside en el pasaje del nivel de inicio al nivel de valor creado por las proyecciones simbólicas y las ideologías, que se incrustan fabricando un mundo de mitologización y normas, determinado por una elaboración particular de los signos, que al reinscribir los discursos sociales, fija los que se consideran dignos, que se van cristalizando en imágenes recurrentes y obsesivas. Desmontar estas obsesiones culturales forma parte de la reconquista identidaria, y reapropiarlas nos permitirá a todos —hombres y mujeres, se entiende— reflexionar sobre nuestros hábitos mentales y formas de comportamiento. Subrayo esta pluralidad para insistir en que nuestra historia no está concebida como texto de *apartheid*, sino como objeto de reflexión colectiva. Intentamos saber con mayor precisión los mecanismos mediante los cuales las sociedades autoritarias y narcisistas imponen el monologismo ideológico para ahuyentar el fantasma de la alteridad que sienten como amenaza. Así, pues, aspiramos a una coconstrucción dialógica con el lector, ofreciéndole una red de variantes, lo cual significa que éste ha de abandonar los postulados de cohesión/coherencia, uniformidad y totalidad de las fantasías políticas que nos ahogan en la «prisión de las comprensiones estereotipadas».

Se trata de sospechar de las verdades o las ficciones o las mentiras que los textos emiten mediante signos ambivalentes, y de subvertir sistemáticamente las jerarquías con la más lúcida conciencia de la imposibilidad de trascender las oposiciones o las diferencias inscritas en los textos, para arrellanarnos en el reino de los valores absolutos. Recordaré, reescribiéndolas, unas palabras de Benjamin: el escritor/intérprete es una especie de coleccionista, y su tarea es salvaguardar el pasado rescatándolo, de la misma manera que el revolucionario rescata del olvido a los muertos. Pero esta interpretación es a la vez una destrucción, ya que interpretar los objetos culturales significa desenterrarlos del subsuelo histórico, y podarles el humus que los cubre, y desembarazarlos de los significados culturales esencialistas que se le han ido adhiriendo, y en los que están sedimentados e inmovilizados. Interpretar es una digresión creativa sobre los relatos maestros, en una textualización de la historia que intenta recuperar las voces reprimidas y las zonas y capas de espesor sin definir.

Este II volumen —*De la Edad Media al siglo XVII*— incluye la colaboración de especialistas y textos normalmente exiliados de la historia literaria, tal los textos colombinos. Se observará que en esta nuestra *Breve historia* no tomamos todos los acontecimientos ni todos los hechos culturales. Señalemos de pasada que la historia literaria ha sufrido grandes cambios a lo largo de su evolución, incluso historicista, y que la diferencia entre cualquier acontecimiento cultural y los que hemos juzgado dignos de comentarse depende del valor que se les atribuye a los textos canónicos. Así pues, no nos interesamos por todo; invitamos a escuchar lo que dicen los textos maestros, y esta observación demuestra que hay prejuicios, resistencias, entrantes. Hay que partir del punto que, según las épocas, la misma institución (el autor como institución) desempeña funciones diferentes; nos contentamos, por lo pronto, en interrogar las funciones que hasta el presente han desempeñado esos textos canónicos, que han dado la norma de lo que se viene llamando cultura literaria o institución literaria.

En suma: esta historia —y la colección— conforma una especie de hermenéutica de recobro para descifrar el universo lingüístico normativo y, como fantasma fantasmático, intenta proyectarse como una voz propia al crear su propio espacio de libertad. Sobre todo se va precisando, cuestionando, elaborando un proyecto para intentar desplazar el peso unívoco de la tradición, y rescatar el tropel indefinido de historias simultáneamente posibles en aquellas culturas donde lo heterogéneo y la alteridad se temen como a una amenaza. Visto a esta luz, el mundo no es ni ancho ni ajeno, ni vasto ni tenebroso, sino una «morada de signos» de recomposiciones infinitas, y la palabra «un enigma que ronda». Confío que con estas certezas terminemos como Anaximandro, solo con lo *ilimitado*, rompiendo así la jaula de lo limitado. O, dicho de manera menos presocrática, para producir el efecto que esta historia pretende, la exactitud de la corrección del tiro no evitará que los proyectiles se dispersen, si bien dentro de unos límites claramente establecidos por el cálculo de probabilidades y, en consecuencia, se acabará dando en el blanco.

Bibliografía

BARTHES, Roland, «Histoire ou littérature», en *Sur Racine*, París, Seuil, 1963.
BÜRGER, Peter, «On Literary History», *Poetics*, 14, 3/4 (1985), 199-207.

VV.AA., *Textos para la historia de las mujeres en España*, Madrid, Cátedra, 1994.

VV.AA., «Feminismo. Entre la igualdad la diferencia», *Viejo Topo*, 73 (1994).

ZAVALA, Iris M., «Las formas y funciones de una teoría crítica feminista. Feminismo dialógico», en *Breve historia feminista de la literatura española (en lengua castellana). I. Teoría feminista: discursos y diferencia*, Barcelona, Anthropos, 1993.

IRIS M. ZAVALA

REPRESENTACIONES DE MUJERES EN LA LITERATURA ESPAÑOLA DE LA EDAD MEDIA (ESCRITA EN CASTELLANO)

María Eugenia Lacarra

I. Introducción. La representación de las mujeres en los discursos eclesiástico, jurídico y científico

El objetivo de este capítulo es dar cuenta de algunas representaciones de mujeres que aparecen en textos literarios escritos en castellano durante la Edad Media, con el propósito de ofrecer una visión de conjunto de esta literatura que nos ayude a revelar la construcción cultural del género sexual. Este acercamiento crítico nos permitirá cuestionar las valoraciones que se hacen de las mujeres (y de los hombres) y también analizar los fundamentos ideológicos de los paradigmas de género que se nos proponen.

Antes de pasar a la descripción de las representaciones femeninas y a su valoración es necesario detenernos, aunque sea brevemente, en los hitos más significativos de la construcción del género sexual que proviene de los discursos eclesiástico, jurídico y científico, dada la influencia que tales discursos tienen sobre la literatura de la época que nos ocupa. Por razones de espacio me limitaré a apuntar algunos de los rasgos comunes a todos ellos y a subrayar sus divergencias más salientes, provocadas por la diversidad de orígenes, objetivos y mecanismos de implementación. Por otra parte, he de advertir que en el seno de cada uno de estos discursos se observan también diferencias de opinión más o menos pronunciadas, atribuibles tanto a la disparidad de los hombres que los enuncian coetáneamente, como a los cambios históricos que se producen y que exigen retoques ineludibles que aseguren la continuidad de las premisas a lo largo del período. Naturalmente, la premisa de la supuesta superioridad de los varones respecto de las mujeres se mantiene inalterable, pues sirve de base y fundamento a todas las demás, de tal manera que las demás proposiciones se presentan como sus corolarios naturales y como tales no necesitan de demostración ulterior. Por ejemplo, una vez aceptada la superioridad masculina, el dominio de los varones sobre las mujeres no necesita justificación, ya que entra dentro del orden natural y divino que los seres superiores manden y los inferiores obedezcan.

En el discurso eclesiástico la superioridad del varón se remonta a la interpretación de la historia de la creación divina de la raza humana, fundamentada en la exégesis bíblica que hace de ella primero san Pablo y luego los Padres de la Iglesia. Este discurso desestima la primera relación (Génesis 1, 26-27) que cuenta una creación simultánea y paritaria y se centra en la segunda (Génesis 2, 7, 21-22), donde se relata la creación secuencial de Adán y Eva. San Pablo interpreta que la anterior creación de Adán supone su primacía sobre la mujer y es una manifestación de su naturaleza superior, pues el hombre fue, a su juicio, creado a imagen y semejanza de Dios, y la mujer sólo fue creada a imagen del hombre y para su ayuda (Epístola a los Corintios I, 11, 7-9). De esta valoración jerárquica extrae también conclusiones trascendentes sobre las naturalezas del Hombre y de la Mujer, a quienes analiza globalmente como entes esencialmente diferenciados desde la creación y a quienes atribuye también desde el inicio distintas funciones que se corresponden con sus naturalezas y que como éstas heredarán todos los hombres y todas las mujeres que desciendan de Adán y Eva.

Consecuencia ineludible de estos principios es la inferioridad espiritual de la mujer, siempre más tendente a las flaquezas y debilidades de la carne y por ello también más lujuriosa. De ahí que, según el apóstol, sea incumbencia del marido dominar a su mujer, aconsejarla y guiarla, y obligación de ésta obedecerle y serle sumisa (Epístola a los Efesios 22-24). El no haberlo hecho de inmediato tuvo graves consecuencias para toda la humanidad, puesto que provocó la Caída y con ella la expulsión del Paraíso, que en su opinión fue causada por la maldad de Eva (Epístola a Timoteo I, 2, 14). No obstante, para san Pablo la inferioridad de la mujer no implica su necesaria condenación eterna, pues asevera que «se salvará por la crianza de los hijos si permaneciere en la fe, en la caridad y en la castidad, acompañada de modestia» (Epístola a Timoteo I, 2, 15). De ahí que la maternidad dentro del matrimonio sea a su juicio la principal función de la mujer, salvo que haya optado por guardar la virginidad, estado este que considera superior, pues el matrimonio es un remedio a la concupiscencia de quienes no pueden contenerse (Epístola a los Corintios I, 7, 9). El matrimonio es así una institución fundamental para el control de la mujer, pues gracias a aquella el marido puede ejercer su dominio y protegerla mediante la guía de sí misma y de sus bajas tendencias. Además, el matrimonio permite a hombres y mujeres obedecer el mandamiento divino de procrear y multiplicarse (Génesis 1, 28) y sirve para evitar fornicación (Epístola a los Corintios I, 7, 9).

Los Padres de la Iglesia y los teólogos medievales siguen de cerca las pastorales paulinas, y ya desde sus primeras directrices la Iglesia formula unos modelos de conducta basados en estas presuntas naturalezas de hombres y mujeres que constituyen los elementos básicos de la construcción de los géneros masculino y femenino. Mientras a los varones se les relaciona con la razón (*mens*) y se les otorga la primacía del entendimiento y de la palabra, por lo que su actividad se extiende a los ámbitos público y privado, a las mujeres se las relaciona con la sensualidad (*sensus*) y se las limita el espacio de acción al ámbito doméstico, más reducido, aunque sin parangón con lo que hoy entendemos por tal.[1] En todo caso, allí donde estén y sea cual sea su actividad o estado civil, las mujeres deberán

1. Marie-Thérèse d'Alverny, «Comment les théologiens et les philosophes voient la femme», en *La femme dans les civilizations des Xe-XIIIe siècles. Actes du Colloque tenu à Poitiers les 23-25 septembre 1976*, Universidad de Poitiers, 1977, p. 15.

depender de los varones. De ahí que se sigan criterios distintos a la hora de clasificar a hombres y mujeres, pues mientras los primeros se agrupan de acuerdo a principios sociales, económicos y profesionales, las mujeres se agrupan en términos de su relación con los hombres y se dividen en doncellas, casadas o viudas, por una parte, y religiosas, por otra.

Evidentemente, para la Iglesia el objetivo de todos los fieles cristianos, hombres y mujeres, es la salvación, por lo que su comportamiento debe ajustarse y ser armónico con su presunta naturaleza. Las infracciones al código se consideran pecados contra el orden establecido por Dios, y quienes los cometen se arriesgan a la condenación eterna en la otra vida y a la marginación social en la presente. La Iglesia toma a su cargo la misión de difundir estas creencias mediante su magisterio. A través de la predicación, de la administración de los sacramentos y de la producción cultural, artística y literaria, los eclesiásticos intentan inculcar en los fieles el temor de Dios y la obligación de seguir sus mandamientos. La persuasión se procura unas veces con promesas de felicidad eterna y otras con amenazas de eternas torturas, unas veces con la ejemplificación de modelos positivos que los fieles deben imitar y otras con la representación de modelos negativos que deben rechazar. Con ellos y con los mecanismos de expiación y de coerción, como son la penitencia y la excomunión, la Iglesia intenta implementar su misión de guía y maestra en el camino de la salvación, camino que pasa por la aceptación de las premisas que constituyen los paradigmas genéricos de hombres y mujeres.

No deja de ser instructivo, sin embargo, el hecho de que nunca este discurso llegara a tener un éxito completo. A lo largo de los siglos observamos la resistencia, especialmente de las mujeres, a creer en esos paradigmas y a actuar en consonancia con ellos. Esto se observa en el gran número de mujeres que integran los movimientos heréticos y contestatarios medievales, y en la insistencia machacona del discurso ortodoxo, reacio a dejar cualquier cabo suelto que ponga en peligro sus premisas. Naturalmente, el monopolio del discurso eclesiástico siguió en manos de una minoría de varones que mantenían su situación de privilegio y a la vez cementaban la complicidad implícita de muchos otros, pues estos obtenían así una confirmación de su superioridad sobre las mujeres que les producía una ilusoria creencia en la solidaridad y fraternidad de todos los varones, lo que no por falso era menos eficaz para la perpetuación y defensa de la diferencia genérica en su discurso.

Los discursos jurídico y científico concuerdan con el eclesiástico en los puntos esenciales de la construcción de los géneros masculino y femenino ya mencionados, e intentan minimizar las diferencias que surgen en otros aspectos debido a la necesidad de permanecer en la ortodoxia cristiana. Así, el discurso jurídico complementa y refuerza la supuesta superioridad del género masculino mediante unas disposiciones legales que limitan la capacidad de acción de las mujeres y las someten a la autoridad legal de los varones. Sin embargo, en este discurso, a diferencia de lo que ocurre en el eclesiástico, se prima la importancia de la mujer casada sobre la doncella, de tal manera que los fueros le confieren mayores privilegios.[2] Además, el énfasis de la importancia del matrimonio se pone en las alianzas políticas y en las ventajas económicas que procura, especialmente para el estamento nobiliario, por lo que se concibe como un contrato entre familias en el que las mujeres son meros objetos de intercambio entre los varones.[3] También se distingue del discurso eclesiástico en el hecho de que la guarda de la castidad se exige sólo de la mujer y únicamente como medio para asegurar la legitimidad del linaje del varón, por lo que esta institución no tiene la meta de evitar fornicación. De ahí que la legislación laica sólo contemple el adulterio de la mujer y permita uniones de barraganería que la Iglesia condena.[4]

Igualmente, la sexualidad femenina fuera del matrimonio solamente se castiga cuando contraviene los intereses de los padres. Así, mientras que la soltera que se casa sin permiso

---

2. Véase John Bugge, *Virginitas: An Essay in the History of a Medieval Idea*, La Haya, Nijhoff, 1975.

3. M. Eugenia Lacarra, «La representación de la mujer en algunos textos épicos castellanos», en *Actas II Congreso Internacional de la Asociación de Literatura Medieval (Segovia, 5 al 19 de octubre de 1987)*, Universidad de Alcalá de Henares, 1991, pp. 395-397.

4. Alfonso X el Sabio, *Las Siete Partidas*, en Marcelo Martínez Alcubilla (ed.), *Códigos antiguos de España*, I, Madrid, Impresor J. López Camacho, 1885, pp. 504-505, dispone sobre la barraganería en la *Partida* IV, 14, que titula: «De las otras mugeres que tienen los omes que non son de bendiciones».

paterno es marginada socialmente y castigada con la pérdida de la herencia, su unión no marital con un hombre que conviene a los planes paternos es alentada por la familia y admitida por su comunidad en todos los niveles sociales, incluso en los más altos, como atestiguan las uniones ilegítimas de reyes y nobles, y la alta posición que alcanzan sus bastardos y bastardas. La supeditación de la castidad de la mujer a otros valores se ve también claramente en la legislación que pertiene a las viudas, quienes retienen la patria potestad sobre sus hijos, y con ello el usufructo de sus bienes, mientras guarden la castidad, por lo que una conducta tachada de deshonesta les hace perder la custodia de los hijos. También la pierden al contraer segundas nupcias, ya que el nuevo marido debe administrar sus bienes y esto puede perjudicar los intereses legítimos de los hijos del primer matrimonio. Eso no ocurre en el caso de los viudos, pues como varones conservan siempre el derecho de administrar los bienes de sus hijos.[5]

El discurso científico, fundamentalmente el médico, confirma y complementa las conclusiones de los anteriores, pero a veces también disiente de ellos. Así, los confirma al aseverar también la superioridad del varón y tomarlo como la norma de perfección. Esto no sólo tiene como consecuencia la declaración más o menos irónica de la imperfección física de la mujer, su inferioridad humoral (más fría y húmeda) e intelectual, sino que se manifiesta en la afirmación de que las mujeres contribuyen en menor medida que los varones a la creación de las criaturas, idea resumida en el *dictum* de que los hombres engendran a los hijos y las mujeres únicamente los paren. Esta conclusión justifica que las madres tengan menos derechos sobre los hijos que los padres, y si en Grecia y en Roma se plasmó en el monopolio paterno de la patria potestad sobre los hijos, en la Edad Media esto no es exacto, pues las madres gozan de ciertos derechos sobre ellos. Además el temperamento naturalmente más frío y húmedo de las mujeres lleva a los médicos a concluir que son más proclives a la unión

5. Juan García-Granero Fernández, «Domna et domina, potens et usufructuaria», *Anuario de Derecho Foral*, 2 (1976-1977), 97-322, y M. del Carmen Carlé, *La sociedad hispano medieval. Grupos periféricos: las mujeres y los pobres*, Madrid, Gedisa, 1988.

carnal, es decir, más libidinosas, puesto que buscan naturalmente en el varón el calor que les falta y, por tanto, siempre
desean unirse a él.[6]

Quizás la mayor singularidad del discurso médico radique
en considerar la sexualidad como parte de la higiene corporal y
recomendar su ejercicio atemperado a hombres y mujeres. Naturalmente, los médicos medievales intentan adecuar sus enseñanzas a la ortodoxia cristiana y recomiendan que el coito se
practique preferentemente dentro del matrimonio. Sobre la
función del placer en el coito también difieren los textos médicos, de los eclesiásticos, y mientras el derecho canónico enumera diferentes posturas coitales para condenarlas como antinatu-
rales, excepción hecha de aquella en que la mujer yace en posición decúbito supino bajo el varón, algunos textos médicos las
describen con fines sanitarios y/o recreativos. Finalmente, algunos manuales de medicina proponen la ingestión de alimentos
y la administración de ungüentos que incrementan el apetito
sexual, mientras que la Iglesia condena esta práctica.[7]

De lo que precede podemos concluir que hay bastantes elementos comunes en los discursos eclesiástico, jurídico y científico. Indudablemente, las coincidencias esenciales se deben a
que los autores, promotores y difusores de estos discursos a lo
largo de todo el período medieval son fundamentalmente clérigos, es decir, hombres letrados que bien se integran en los
estamentos nobiliario y eclesiástico, bien pertenecen a una minoría intelectual ligada a ellos. Frente a este clamor de voces e
intereses masculinos, el silencio de las mujeres es igualmente
clamoroso, por lo que su voz es de singular importancia cuando se deja oír.

El monopolio del varón en la plasmación de estos discursos
es, pues, esencial. No así su difusión, porque al tratarse de dis-

---

6. Ian Maclean, *The Renaissance Notion of Woman. A Study in the Fortunes of
Scholasticism and Medical Science in European Intellectual Life*, Cambridge, University Press, 1980, p. 30; Danielle Jacquart y Claude Thomasset, *Sexualidad y saber
médico en la Edad Media*, Barcelona, Labor, 1989, y M. Eugenia Lacarra, «Parámetros de la representación de la sexualidad femenina en la literatura medieval castellana», *Foro Hispánico*, 5 (1993), pp. 23-43.

7. Constantino el Africano, *Constantini Liber de Coitu. El tratado de andrología de
Constantino el Africano*, Santiago de Compostela, Universidad de Santiago, 1983, pp.
158-185.

cursos fundamentalmente normativos cuyos objetivos son la adaptación de las conductas individuales y colectivas a las verdades que predican, necesitan de la colaboración de las propias mujeres. Esta colaboración debe obtenerse preferentemente por medio de la persuasión, aunque no se excluye la coacción y hasta la violencia cuando así lo exigen las circunstancias. Esto se puede percibir en todos los discursos y en las disposiciones legales, encaminados todos a prohibir y castigar cualquier atisbo de independencia femenina. En la institución del matrimonio es donde se establece el aprendizaje y reparto de papeles y funciones entre hombres y mujeres, y por tanto la casa es el lugar donde se origina el sometimiento de éstas. Sin embargo, la casa es también el centro desde el cual las mujeres ejercen las prerrogativas que su condición de casadas y de madres les confiere, de ahí el carácter complejo de la institución.

Naturalmente, es obvio que las conductas no se adecuan necesariamente a las normativas y que no podemos decir mucho de la vida real de las mujeres a partir de los discursos señalados. Para ello son necesarias investigaciones complementarias de carácter notarial que pueden acercarnos más a la vida de las mujeres, tema este de gran interés, pero que no es aquí objeto de estudio y para cuyo examen no hay espacio. En todo caso tampoco el discurso literario servirá para decidir esta cuestión. El discurso literario que a continuación se examina proviene de unos autores que en gran medida proceden de los mismos grupos que quienes han formulado los otros discursos y, por tanto, las discrepancias son menores que los acuerdos fundamentales. Al examinar una literatura esencialmente culta y letrada, los paradigmas femeninos, y también los masculinos, serán perfectamente homologables a los ya mencionados.[8] Otras variables pueden resultar del examen de la literatura llamada de tipo tradicional, como son la lírica no

---

8. Ottavio di Camilo, «¿Existe una literatura de oposición en la España de fines de la Edad Media?», en Adeline Rucquoi (dir. y ed.), *Génèse médiévale de l'Espagne moderne. Du refus à la revolte: les resistances*, Niza, Universidad de Niza, 1991, pp. 145-169. Este artículo es interesante porque constata la ausencia en la literatura medieval de formas de resistencia al poder o a la ideología colectiva. Por ello cuestiona con buen tino la idea tan extendida de que el intelectual es la «buena conciencia de la sociedad», premisa que rechaza para hoy y más todavía para la Edad Media.

cortesana y el romancero, pues si bien también en estos géneros nos encontramos con la influencia de la ideología dominante, aparecen elementos que discrepan de los discursos arriba señalados.

II. Representaciones femeninas en la narrativa medieval de los siglos XIII y XIV

Escasos son los textos literarios medievales en los que personajes femeninos tengan el papel protagonista, salvo en el género hagiográfico cuando se narra la vida de una santa, por ejemplo la *Vida de Santa María egipciaca* y la *Vida de Santa Oria*, o cuando la finalidad ejemplar y la influencia hagiográfica son grandes, como ocurre en *La enperatrís de Roma*.[9] Ello no quiere decir, sin embargo, que las mujeres estén ausentes de otros géneros literarios o que su función en ellos sea desdeñable. Las mujeres tienen un papel importante en las crónicas, en la épico-legendaria y en la cuentística, en la narrativa sentimental e incluso en la poesía lírica cancioneril, género éste en el que su presencia es evocada por el poeta, pero sin concederle la palabra.

La presencia de las mujeres no se confina únicamente al papel de personaje, ya que contamos con documentación sobre su papel de lectora o receptora de literatura; sabemos que las mujeres de la clase nobiliaria poseían libros, a veces bibliotecas, y que incluso escribían.[10] Sobre su papel de lectoras encontramos testimonios en los mismos textos literarios, especialmente en la ficción sentimental, mientras que la documentación sobre la posesión de libros la vemos confirmada por la información que nos proporcionan numerosos catálogos y no-

---

9. Edición de Anita Benaim Lasry, *Two Romances*, Newark, Delaware, Juan de la Cuesta, 1982.

10. Alan D. Deyermond, «Spain's First Women Writers», en B. Miller (ed.), *Women in Hispanic Literature: Icons and Fallen Idols*, Berkeley, University of California Press, 1983, pp. 27-52; Francisco López Estrada, «Las mujeres escritoras en la Edad Media castellana», en *La condición de la mujer en la Edad Media*, Madrid, Universidad Complutense, Casa Velázquez, 1986, pp. 9-38; M. Milagros Rivera Garretas, *Textos y espacios de mujeres. Europa, siglos IV-XV*, Barcelona, Icaria, 1990.

ticias de bibliotecas medievales.[11] Por otra parte, también las ausencias son significativas. Por ello es muy aleccionador el silencio con que tantos textos pasan sobre la vida de las mujeres. Estos silencios o fugaces menciones tienen interés especial en la historiografía porque nos indican de manera clara la concepción que los historiadores tenían de las mujeres y la función a la que se las destinaba en sus crónicas.

a) *Imágenes y representaciones de mujeres en la Primera Crónica General de Alfonso X*

Es instructivo observar la obra historiográfica de Alfonso X, quien en su *Estoria de España*, conocida como *Primera Crónica General* (PCG), apenas alude a unas cuantas mujeres, mientras que en la *General Estoria* incluye las traducciones de diez de las epístolas de las *Heroidas* de Ovidio, que en la literatura posterior tanto influirían en la representación de la mujer enamorada.[12] En la PCG se silencia sistemáticamente la actividad de las mujeres, salvo las que proceden de la prosificación de textos épico-legendarios o las que ya han sido tratadas por historiadores anteriores, como es el caso de la reina Urraca, sobre la que se explayó Rodrigo Ximénez de Rada.[13] No obstante, la crónica reconoce la influencia de aquellas mujeres que por detentar los derechos dinásticos transmiten la corona a sus maridos o hijos. De ahí que su mención sea obligada cuando se necesita para legitimar el derecho al trono del monarca historiado, como son los casos de la reina Ermesenda y de su hija Osenda, cuyos nombres conocemos porque gracias a su sangre real transmitieron el derecho a reinar primero a

11. Charles B. Faulhaber, *Libros y bibliotecas en la España medieval: una bibliografía de fuentes impresas*, Londres, Grant & Cutler, 1987, donde indica el nombre de los/as poseedores/as y de los cuales se puede deducir casi siempre la condición noble de las mujeres que poseían libros.

12. Véase la edición de Benito Brancaforte, *Las «Metamorfosis» y las «Heroidas» de Ovidio en la «General Estoria» de Alfonso el Sabio*, Madison, Hispanic Seminar of Medieval Studies, 1990.

13. Ramón Menéndez Pidal nos provee las fuentes utilizadas en cada capítulo de su edición de la *Primera Crónica General* (PCG), II, Madrid, Gredos, 1955, por la cual cito a partir de aquí en el texto.

sus maridos Alfonso I y Silo, respectivamente, y después al nieto de la primera e hijo de la segunda, Alfonso II, porque, como dice el cronista, una vez muerto el rey Silo «alçaron los altos omnes del regno, con conseio de la reyna donna Ossenda, a don Alfonsso por rey» (PCG, p. 344). Nada más que el linaje interesa al cronista y nada más sabemos de esta madre e hija, si bien se trasluce por la frase citada que Osenda debió de tener voz en el aula regia y su consejo tenido en cuenta por los ricos hombres del reino.

Evidentemente, los matrimonios de estas dos mujeres depararon el trono a sus maridos, por lo que serían cuidadosamente preparados para este fin por sus respectivos clanes familiares, y las mujeres fueron el medio para obtener el fin deseado. La crónica nos muestra que las mujeres son también objeto de intercambio entre los hombres para obtener la paz entre facciones antagónicas, por lo que muchos matrimonios se hacen y deshacen por esta causa. Un ejemplo es el matrimonio de Urraca, hija de Fernán González, y Ordoño, rey de León, concertado para sellar la paz entre ambos. Sin embargo, ya que la paz esperada no se logró, el rey abandonó a su mujer y tomó otra. La crónica es muy explícita:

> Dexo el rey don Ordonno a donna Vrraca su mugier, fija del conde Fernan Gonçalez, la que el tomara por meter paz entre los castellanos et los leoneses. Et segund aquel fecho que el conde fiziera en ayudar a aquel con quien non auie debdo, et uinie contra ell que era su yerno, en que se mostro por so enemigo, dexole la fija por ende et con razon. Et caso con otra duenna que auie nombre donna Eluira [PCG, p. 407].

Con esta misma finalidad se celebraron matrimonios mixtos entre moros y cristianos, pese a que la ley canónica y la civil prohibían tales uniones. Así, Alfonso V de León dio a su hermana Teresa como mujer al rey moro de Sevilla para obtener la paz y para que le ayudara en contra del rey de Córdoba. El matrimonio fracasó por la oposición de Teresa a unirse carnalmente con su marido musulmán. El rey moro la forzó, pero, herido gravemente por un ángel, devolvió a su mujer a Castilla y ésta se metió monja (PCG, p. 452). Este percance no le ocurrió a Alfonso VI con la hija del rey moro Abdala de Toledo, a quien el cronista la nombra entre sus mujeres legítimas, «mugier uelada» (PCG, p. 521). El desenlace opuesto de ambos matrimonios es instructivo. Teresa se rebela contra su marido y se niega a abjurar de su religión y consumar un matrimonio pecaminoso, según la moral religiosa. Su rebelión es ejemplar, y la maldad de su marido forzador, imagen insólita en la época, es castigada.[14] El matrimonio se disuelve con la ayuda divina, y Teresa consigue volver a León y decide dedicar el resto de su vida al servicio de Dios en un convento. Zaida es ejemplar exactamente por lo contrario, por ser sumisa a su marido y hacerse cristiana, renegando de su religión primera.

La restricción de las mujeres para elegir marido es total, y la mujer que se casa contra la voluntad familiar incurre en graves castigos, castigos que son también muy severos para el marido. Un ejemplo conocido es el matrimonio *a furto* entre Elvira, hermana de Alfonso II y uno de sus condes, San Díaz de Saldaña. El rey, por consejo de la corte, aherroja con fuertes cadenas al conde en la prisión de Luna, donde muere, y obliga a su hermana a abandonar al hijo del matrimonio y meterse monja. Este hijo sería el fabuloso Bernardo del Carpio (PCG, pp. 350-351).

Si la sexualidad de las mujeres está muy controlada y cualquier infracción a las reglas o la mera sospecha se castiga de inmediato, cómo le ocurrió a Aragonta, mujer de Ordoño II (PCG, p. 386), que fue repudiada por simples rumores, los hombres, por el contrario, tienen amigas con frecuencia. Sus bastardos, llamados *fijos de ganançia*, heredan los bienes del padre, y a las hijas se les proporciona honrosos matrimonios.[15]

---

14. La noción de la violación dentro del matrimonio era impensable debido a que era obligación de ambos cónyuges yacer a petición del otro con objeto de cumplir la famosa *deuda conyugal*.

15. Es de notar que la oposición *fijo a furto-fijo de ganançia* no reside en su origen, ya que ambos proceden de uniones ilegítimas, sino de su rechazo o aceptación social, para lo cual los intereses de los clanes familiares son determinantes. En cuanto al derecho de heredar de los hijos e hijas ilegítimos, la legislación medieval es ambigua y aunque en principio prohíbe la herencia cuando hay descendencia legítima, todos los códigos la permiten, de manera que aunque no es obligación de los padres ceder herencias a sus hijos naturales pueden hacerlo (*Fuero Viejo*, V, 6, 1; *Fuero Real*, III, 6, 17; *Partidas*, IV, 15, 3; *ibíd.*, VI, 13, 8-12).

Por citar un sólo ejemplo, se dice que Alfonso VI tuvo cinco mujeres legítimas y dos amigas, de las que tuvo cuatro hijas legítimas y dos naturales. Todas, salvo una que no se quiso casar por voluntad propia, obtuvieron excelentes matrimonios, independientemente de su legitimidad. Así, casó a su primogénita Urraca, hija de la reina Constanza, y a la infanta Teresa, hija de su barragana Jimena Muñoz, con dos hermanos, los condes don Raimundo y don Enrique, hijos del conde don Alfonso Jordán, y mientras la primera heredó el trono de su padre, la segunda obtuvo Portugal y su hijo fue el primer rey luso.

La actividad benefactora de algunas reinas hacia la Iglesia se menciona en un par de ocasiones. Así, se distingue a Urraca, mujer del rey Ramiro I de León, quien donó parte de sus propios bienes a las iglesias de Santiago y de San Salvador en Oviedo (PCG, p. 361), y a Teresa, mujer de Ramiro II, quien aconsejó a su marido en la fundación de monasterios (PCG, p. 406). La reina Sancha, mujer de Fernando I, es un caso bastante excepcional, pues se atribuye a su consejo el que Fernando I ordenara traer de Sevilla las reliquias de San Isidoro, mandara construir la colegiata dedicada al santo en León, y de ella hiciera el lugar de enterramiento de los reyes. De Sancho resalta el cronista su perspicacia y peso en la política del reino, ya que nos dice que por su insistencia guerreó su marido, siendo ya viejo, contra los moros que se le alzaban y dio algunos de sus propios bienes para financiar la guerra, que «non fazie de obras buenas menos que el rey, ca era duenna muy entenduda et muy prouechosa et acusiosa pora enderençar el regno» (PCG, p. 492). Probablemente la causa del interés del cronista y la razón de las alabanzas que le prodiga se deban a que Sancha era reina de León por derecho propio, como heredera de su hermano, el rey Bermudo de León, y que gracias a su linaje «regnaron desta guisa el rey don Fernando et la reyna donna Sancha amos en uno en Castiella et en León» (PCG, p. 494). Lo que no sabemos es lo que el cronista silencia, sin duda, mucho más de lo que dice, pero encerrado en la expresión de que reinaron *amos en uno.*

Dos son las reinas de cuya actividad política tenemos mayor noticia: Urraca I, ya tratada ampliamente por Rodrigo Ximénez de Rada, y la reina Bereguela, a quien su padre Alfonso VIII de

Castilla casó con Alfonso IX de León con objeto de afianzar la paz entre ambos reinos y continuar el dominio castellano. Se trata de dos mujeres, sin duda de gran fortaleza, tratadas de manera antagónica por la historiografía.[16] Urraca, a quien su padre Alfonso VI había casado con el conde don Raimundo y del que había tenido un hijo, el futuro Alfonso VII, preocupaba a los castellanos por su temprana viudedad y porque el rey no tenía hijo varón. Así, los ricos hombres aconsejaron al padre que la casara de nuevo, esta vez con el rey Alfonso I de Aragón, para que hubiera un varón al frente de los reinos de Castilla y de León. Urraca debía de tener sus ideas claras, y cuando, muerto su padre, el rey aragonés puso a sus vasallos aragoneses al mando de las fortalezas castellanas Urraca se rebeló y su marido la encerró en el castillo de Castelar. Cuando la reina consiguió escapar, sus ricos hombres reprobaron su conducta, «porque assi uiniera sin plazer de su marido» (PCG, p. 646), de lo que se deduce que anteponían la obediencia al marido a la seguridad de la reina y a los intereses del reino. Sólo cuando Alfonso abandone a su mujer y pretenda seguir gobernando Castilla, sus vasallos acudirán en defensa de su *sennora natural*, porque, como nos dice el cronista:

> [...] fueron muy sannudos, et touieronse por ahontados porque el rey de Aragon dexara daquella guisa a la reyna su sennora, et sobrepusiera los aragoneses en Castiella» [PCG, p. 646].

El abandono provoca el divorcio y, a partir de la separación, Urraca obtiene plenos poderes. Sin embargo, su vida privada entra en conflicto con su vida pública porque no guarda la castidad debida. Como veíamos antes, los hijos que las mujeres tienen fuera del matrimonio no se consideran hijos de ganancia, sino *fijos a furto*, con la carga de censura que conlleva. De ahí que lo que en los reyes se considera natural, en Urraca se perciba como inadmisible y se castigue apropiadamente. El cronista manifiesta su censura cuando subraya que Urraca primero «consintiose al conde (don Gómez) en poridat, mas non

---

16. Véase el excelente estudio de Bernard F. Reilly, *The Kingdom of León-Castilla under Queen Urraca, 1109-1126*, Princeton, Universidad de Princeton, 1982.

por casamiento» y tuvo de él un hijo *a furto* y después lo hizo con el conde don Pedro de Lara, pues este «otrossi gano estonces ell amor de la reyna, et fizo con ella lo que quiso» (PCG, p. 647). Esta situación desencadenó fuertes disensiones entre los amantes de la reina y sus partidarios, y fue aprovechada por el rey de Aragón para atacar Castilla, lo que provocó la unión de todos contra el aragonés. La crónica se explaya en narrar la intervención de los dos amantes de la reina en la batalla, pero silencia el papel de Urraca al mando de sus tropas y la sitúa esperando el resultado en el castillo de Monzón.[17] La muerte del conde don Gómez en la batalla, la prepotencia del conde de Lara y la mala fama de la reina convencen a los ricos hombres a tomar drásticas decisiones en contra de la reina, a quien aprisionan en las torres de León, tras desterrar al conde de Lara del reino, para alzar rey al todavía niño Alfonso VII. La paz posterior entre madre e hijo y entre el rey niño y el rey de Aragón acabarán con las discordias y se hará una división de los reinos de manera que Urraca reinará en Castilla hasta su muerte, de la que nada nos dice la crónica, mientras que su hijo reinará en León y luego también en Castilla. Así el reinado de Urraca I se presenta como un enojoso eslabón en la línea dinástica entre su padre Alfonso VI y su hijo Alfonso VII. Esta representación es coherente con la ideología sobre la actividad propia de los hombres y las mujeres, que el cronista manifiesta al referirse a la educación que Fernando I hizo dar a sus hijos e hijas:

> Destos sus fijos uarones pensso este rey don Fernando el Magno desta guisa: metiolos luego a leer porque fuessen mas sabios et mas entendudos, et despues desso fizolos usar de armas, et mostrolos a lidiar et a combatersse et a ser caçadores. A las fijas mando estar en estudios de duennas et aprender orationes et aorar, et aprender buenas costumbres [PCG, p. 483].

Urraca no ha respetado estas reglas y sus buenas costumbres femeninas no aparecen. De ahí que su final se vea como el

---

17. J.M. Lacarra, *Alfonso el Batallador*, Zaragoza, Guara, 1978, pp. 47-52, donde menciona la toma de Burgos por Urraca y su mesnada de los aragoneses que se habían apoderado de la ciudad y la victoria de Urraca al frente de sus tropas en Astorga.

fruto cosechado y bien merecido. Sin embargo, el anodino fin de la reina Urraca en la PCG no pareció a otros cronistas castigo suficiente a su conducta que a todas luces consideraron depravada y que enjuiciaron con todavía mayor dureza. Así, en el siglo XV García de Salazar afirma que la prisión de la reina, «endiablada muger», la ordenó su hijo porque la encontró una noche con el conde de Lara en su habitación, y añade que su muerte fue ignominiosa y justo castigo a sus desmanes, ya que ocurrió cuando «mandó ella tomar la plata e los ornamentos de las yglesias, e sacando las cruses de Sant Ysidro de León, rebentó por medio del cuerpo e cayó muerta».[18]

Epítome de todas las virtudes y la mujer más alabada en la crónica es sin duda la reina Berenguela, hija de Alfonso VIII. A los diecisiete años su padre la casó con Alfonso IX de León para conseguir la paz entre Castilla y León. Sin embargo, dado el estrecho parentesco, debieron separarse a instancia papal, tras siete años de matrimonio y cinco hijos. Pese a esta circunstancia, el poder político de Berenguela fue grande. La crónica lo atribuye a su habilidad para controlar las insidias cortesanas: «[...] era muy sabidora de los bolliçios del mundo» (PCG, p. 709); a sus dotes de mando: «[...] la sabiduria de la dicha reyna donna Berenguella, que era sabia et entenduda en las cosas, ordeno con grand entendimiento todos los fechos con los grandes omnes que tenien con ella» (PCG, p. 710), y a la exquisita guarda de su castidad: «[...] manteniendose muy bien en la guarda de su castidad» (PCG, p. 714), que le permitió conservar la custodia de sus hijos. Así esta mujer, una vez muerto su padre consiguió hacerse con la regencia de Castilla durante la minoría de su hermano Enrique y muerto éste con el mismo trono, pues los castellanos le ofrecieron el reino de Castilla «como a heredera a quien pertenesçie el sennorio del, pues que sus hermanos eran finados et ella fincaua la primera fija et heredera» (PCG, p. 713), y también debido a que era «guardada en castidat et en atemplamiento de todo bien, apremiandosse ella misma sobre todas las duennas del mundo» (PCG, p. 713).

---

18. Lope García de Salazar, *Las bienandanzas e fortunas* (ed. A. Rodrigo Herrero), Bilbao, 1967, III, p. 110.

Evidentemente, la crónica elogia a Berenguela porque aceptó el trono «como heredera linda quel deuie auer por natura et por derecho», y lo otorgó de inmediato a su hijo Fernando, cortando de raíz las ambiciones ilegítimas del que fuera su marido, el rey Alfonso IX de León, por medio de una acertada gestión diplomática en que le rogaba «muy omillosamentre que se temprase» (PCG, p. 714). Además para asegurar la fidelidad de sus vasallos recorrió Castilla con su hijo, y muerto Alfonso IX, maniobró para que Fernando obtuviera el reino de su padre, que lo había dejado a las hijas de su matrimonio con la reina Teresa:

> [...] porque por el su grant entendimiento dio ella el reyno de León a su fijo rey don Fernando, no menos que quandol dio el reyno de Castiella que perteneçie a ella por rrazon de heredera: ca de guisa sopo ella ordenar todas las cosas, que maguer que con el ayuntamiento destos dos reynos pesaua fascas a todos, ella se trabaio en fazerlo en manera que, sin sangre et sin otra contienda, se fizo el ayuntamiento dellos, et las yentes visquieron sienpre en paz et en alegria [PCG, p. 724].

La crónica reconoce la influencia de Berenguela sobre su hijo incluso en asuntos militares y le hace compartir con él la gloria de la conquista de Córdoba, pues «era cobrada a Espanna por la sabiduria della et por el acuçia del rey don Fernando su fijo» (PCG, p. 734).[19] En suma, todas las bondades del hijo se atribuyen a las buenas enseñanzas y consejos que le dio la madre, de quien se dice:

> [...] con tetas llenas de virtudes le dio su leche de guisa que maguer que el rey don Fernando era ya varon fecho et firmado en edat de su fuerça conplida, su madre la reyna donna Beren-

---

19. Sobre la defensa de Toledo por la reina doña Berenguela, mujer de Alfonso VII, véase M.I. Pérez de Tudela, «La mujer castellano-leonesa del pleno medievo. Perfiles literarios, estatuto jurídico y situación económica», en *Las mujeres medievales y su ámbito jurídico*, *Actas de las II Jornadas de Investigación Interdisciplinaria*, Madrid, Universidad Autónoma, 1983, pp. 61-62. Sin embargo, la defensa que narra la Chronica *Adefonsi Imperatoris* (ed. L. Sánchez Belda, Madrid, 1950), parece una narración folklórica. Una defensa femenina similar narra la PCG, I, en el cap. 561, p. 315.

guella non quedo nin quedaua de dezirle et ensennarle acuçiosamente las cosas que plazen a Dios et a los omnes —et lo tenien todos por bien— et nuncal mostro las costunbres nin las cosas que perteneçien a mugeres, mas lo que fazie a grandez de coraçon et a grandes fechos [PCG, pp. 734-235].

En consonancia con su vida, también se nos narra su muerte como ejemplar, causante de grandes llantos y duelos en su hijo y en todo el reino, y merecedora del único panegírico que recibe una mujer en la crónica alfonsí.

La vida y final de estas dos reinas son diametralmente opuestas en el discurso de la PCG. Se pueden oponer uno a uno los vicios de Urraca y las virtudes de Berenguela para encontrar los modelos genéricos femeninos que los cronistas proponían y la conducta que castigaban. Así, Urraca se representa como una mujer independiente que ambiciona el poder para ella misma y que no guarda la castidad debida, por lo que es encarcelada, sus derechos al trono se recortan en beneficio de su hijo y se silencian sus virtudes y capacidades de mando, mientras que se manifiestan sus inclinaciones libidinosas para censurarlas e identificarlas como causantes de graves daños al reino. Berenguela, por el contrario, se representa como una mujer que mantiene sus derechos intactos porque conserva la castidad, es templada y humilde y no aspira a detentar el poder en su nombre sino a que lo detenten los varones de su familia. Gracias a esto los ricos hombres la respetan y la acatan como a varón, porque, como nos dice el cronista, es una mujer tan sabia y entendida que lo que la hace digna de la mayor alabanza no son las «las costunbres nin las cosas que perteneçien a mugeres, mas lo que fazie a grandez de coraçon et a grandes fechos». Así, Berenguela se presenta como un ejemplo excepcional de mujer en el sentido literal de la palabra, por lo que «se marauillaron della los moros de los nuestros tienpos, ca non vino y fenbra que la semeiase» (PCG, p. 735).

El modelo genérico de mujer que propone la crónica alfonsí tiene bastantes similitudes con el modelo eclesiástico, pero también podemos observar diferencias notables. Las diferencias más acusadas se deben a que para la nobleza el matrimonio sirve a los intereses políticos de los clanes familiares, por lo que la mujer se supedita a estos fines y como objeto de intercambio entre varones puede y es sustituida por otra siempre que los hombres lo crean conveniente. De ahí que el matrimonio no sea indisoluble ni tenga como objetivo principal la guía espiritual de la mujer. No obstante, en ambos discursos la maternidad es fundamental, pues si para la Iglesia es la vía de salvación, para la nobleza es el medio que permite a la mujer ejercer el poder.

b) *Imágenes y representaciones de mujeres en la literatura épico-legendaria*[20]

Gran parte de la literatura épico-legendaria la conocemos a través de su inclusión en la PCG. Es interesante observar que la integración en la crónica alfonsí de estos textos no produjo distorsiones en la representación de las mujeres, pues el modelo propuesto por ambos géneros, el historiográfico y el épico-legendario, es muy similar. Los paralelos se deben sin duda a que ambos géneros reflejan la ética militar, cuyos defensores y propagadores constituyen el estamento nobiliario. La literatura épico-legendaria es el género viril por excelencia y en la temática de sus obras las relaciones feudales, la guerra, la venganza, la adquisición de tierras, la consecución del poder por medio de las victorias militares y el afianzamiento del linaje son elementos esenciales, como ocurre en las crónicas. Por ello, la mayor parte de sus personajes son varones y desde luego lo son todos sus protagonistas.

Sin embargo, las mujeres son imprescindibles porque a través de ellas el héroe establece su linaje, transmite sus bienes y poder a sus legítimos herederos y preserva también su nombre y fama a las generaciones venideras. De ahí la importancia

---

20. Utilizo varios artículos míos ya publicados: «La mujer ejemplar en tres textos épicos castellanos», *Cuadernos de Investigación Filológica*, XIV (1988), 5-20; «Los paradigmas de hombre y de mujer en la literatura épico-legendaria medieval castellana», en *Estudios históricos y literarios sobre la mujer medieval*, Málaga, Diputación de Málaga, 1990, pp. 7-34; «Representación de la feminidad en el *Cantar de los siete infantes de Salas*», en *Charlemagne in the North*, Philip E. Bennett, Anne E. Cobby y Graham A. Runnalls (eds.), Edimburgo, Société Rencesvals, 1993, pp. 335-344.

que adquiere en esta literatura la política matrimonial y como consecuencia de ella el control sexual de las mujeres. Duby, gran estudioso del matrimonio en la Edad Media, señala que el estado de casado era la meta de todos los nobles, pues sólo a través de él perdían la condición de *juvenis* y adquirían la de *seniores*, lo que les permitía establecer su *domus*, o señorío, y participar en el gobierno de sus vasallos, o sea, entrar en el mundo de los adultos y fundar su propia casa y linaje sin tener que estar al servicio de otro noble.[21] De ahí que la mujer se convirtiera en objeto de intercambio entre varones para alcanzar alianzas que favorecieran los intereses económicos y políticos de ambas familias.

En el estamento nobiliario la subordinación de la mujer al marido era imprescindible para que éste pudiera gobernar sin obstáculos los bienes que la mujer traía al matrimonio, por lo que era esencial que la mujer considerara que los intereses de su marido eran los suyos propios. La relación jerárquica era consustancial al matrimonio y se manifestaba en el ritual de las bodas, que imitaba la ceremonia del homenaje feudal entre señor y vasallo.[22] Naturalmente, ambos cónyuges debían pertenecer a la nobleza porque el sistema aristocrático se fundamentaba en la premisa de que el valor y la virtud se transmitían por la sangre, por lo cual había que asegurar el linaje noble de los progenitores.[23] Sin embargo, ya que el linaje se podía envilecer por conductas inapropiadas, hombres y mujeres debían poseer unas virtudes personales que les hicieran acreedores de su sangre noble. Entre las virtudes masculinas destacaban la fortaleza, la justicia, la lealtad, la liberalidad, la cortesía, la franqueza y la mesura, pues todas ellas les eran necesarias para conseguir sus objetivos militares, económicos y políticos. Las mujeres, que como *sexo débil* debían ser guiadas por los varones, no podían participar de ese modelo masculino, sino que debían poseer las virtudes que les permitieran

---

21. G. Duby, «Los "jóvenes" en la sociedad aristocrática de la Francia del noroeste en el siglo XII», en *Hombres y estructuras de la Edad Media*, Madrid, Siglo XXI, 1978, pp. 132-147; publicado anteriormente en *Annales: ESC*, 19,5 (1964), 835-846.

22. G. Duby, *El caballero, la mujer y el cura*, Madrid, Taurus, 1982, pp. 181-182.

23. M. Keen, *La caballería*, Barcelona, Ariel, 1986, pp. 12-18; G. Duby, *El caballero, la mujer y el cura*, p. 35.

desempeñar sus obligaciones de esposas y madres. Su virtud fundamental era la honestidad, entendida como castidad en las casadas y virginidad en las doncellas, reforzada por la modestia, la obediencia, la humildad, la templanza en el comer y en el vestir y la moderación en el habla.[24] El *amor*, al ser considerado una pasión pecaminosa que pervertía el orden natural, no podía entrar en la grave institución del matrimonio, por lo que está ausente de esta literatura.[25] En cambio, los cónyuges se debían mutuamente *dilectio* o afecto, mientras que la mujer debía al marido también *subjectio* y *reverentia*, es decir, obediencia, temor y respeto.

En los textos épico-legendarios que vamos a considerar, *Poema de mio Cid* (PMC), *Poema de Fernán González* (PFG), *Mocedades de Rodrigo* (MR) y *Cantar de los siete infantes de Lara* (SIS), los aspectos señalados se observan con nitidez. La importancia de las mujeres se relaciona directamente con la política matrimonial de los protagonistas y el futuro de su linaje, de ahí que su presencia se deba a las relaciones de parentesco que tienen con ellos y que su papel se ciña a su función de madres, hijas o esposas. Los personajes masculinos desempeñan en estas obras papeles activos cuyo objetivo último es el establecimiento y/o restauración y afianzamiento de su propia casa y linaje. Esto exige a los varones conductas modélicas en el terreno militar y en el político, que les son reconocidas y premiadas con matrimonios que previsiblemente sellarán su fama individual y acrecentarán el valor de su linaje. Puesto que los matrimonios se conciben como alianzas entre clanes no interesan los aspectos domésticos que de ellos se derivan, sino el recto cumplimiento de los fines para los que se han llevado a cabo, y para ello se debe vigilar la conducta apropiada de las mujeres y su fertilidad.

---

24. Los modelos de comportamiento femenino tienen una larga vida y siguen siendo válidos para el humanista J.L. Vives en su *Instrucción de la mujer cristiana* (trad. J. Justiniano), Madrid, Signo, 1935, pp. 38-42, y para fray Luis de León en *La perfecta casada*, Madrid, Austral, 1975[10], pp. 30-32.

25. Duby, *El caballero, la mujer y el cura*, pp. 23-31, 178-189; también R. Weigand, «Liebe und Ehe bei den Dekretisten des 12. Jahrhunderts», en W. Van Hoecke y A. Welkenhuysen (eds.), *Love and Marriage in the Twelfth Century*, Leuven, University Press, 1981, pp. 41-57, y H.B. Willson, *Love and Order in the Medieval German Courtly Epic: An Inaugural Lecture*, Leicester, Leicester University Press, 1973.

Todos los protagonistas de estas obras épico-legendarias que vamos a considerar son *jóvenes*, en el sentido que otorga Duby al término, es decir, son nobles que todavía no han establecido su señorío y que están solteros al inicio de la acción, salvo en el caso del Cid en el PMC. No obstante, éste se puede considerar también *joven* porque la pérdida de sus bienes y de la patria potestad sobre sus hijas le ha hecho revertir a la condición que tienen los solteros. Esta situación de *juventud* da lugar a que en todas estas obras las mujeres influyan en el desarrollo de la acción e incluso desencadenen gran parte de la misma. Su conducta se enjuiciará con rigor y se considerará positivamente si la mujer sigue fielmente dentro de los parámetros establecidos y actúa en beneficio de los intereses de su marido y de la comunidad. Toda desviación será castigada severamente.

Las mujeres son muy importantes en la acción del PMC y su presencia y función aparecen muy pronto en el relato. Como sabemos, el poema se inicia con el destierro del Cid por orden real, por lo que el héroe parte de una situación de indefensión jurídica, pues ha perdido sus privilegios nobiliarios, le han sido confiscados los bienes y ha perdido la patria potestad sobre su familia, a la que debe dejar al cuidado del abad del monasterio de San Pedro de Cardeña. Esta situación obliga al Cid a guerrear contra los moros con objeto de hacerse con una nueva casa, es decir, con un señorío, desde el que recuperar e incluso incrementar el poder político y económico que antes tenía. La conquista del reino de Valencia cumple este objetivo, pues su posesión le permitirá, además de recobrar la gracia del rey y los honores perdidos, recuperar la patria potestad sobre sus hijas y asegurar la pervivencia de su linaje y fama a través de sus matrimonios; de ahí que las bodas de sus hijas sean la última y más alta meta que se propone, porque gracias a ello el linaje del héroe se unirá al de las casas reales y su fama será imperecedera.

Es necesario reiterar que en la relación del Cid con su mujer e hijas están ausentes los aspectos domésticos, y que las señales de afecto que intercambian se corresponden con las virtudes del modelo familiar que el autor quiere difundir y que concuerda con el ya esbozado. Jimena es una mujer sumisa que acata la autoridad de su marido como si fuera su vasallo, acatamiento que manifiesta al postrarse ante él y besarle la mano (vv. 264-265). Naturalmente, le es obediente en todo, es piadosa, cría a sus hijas a su imagen y semejanza y jamás cuestiona sus decisiones, incluso si la ley le asiste, como es el caso del matrimonio de sus hijas sobre el que no es consultada, sino informada después de haberse efectuado los esponsales simbólicos. La crianza de sus hijas y el éxito de tal educación forman parte de sus responsabilidades, y el oprobio y la vergüenza que padece durante su confinamiento en Cardeña manifiestan el silencioso asentimiento con que sigue la suerte de su marido, condenado al destierro. El temor que Jimena siente ante la guerra realza la valentía del Cid, a la vez que sirve para apuntar su debilidad femenina.

La superioridad del Cid sobre Jimena es continuamente subrayada, incluso en lo que a la contribución en la procreación de sus hijas se refiere, pues como éstas afirman: «Vos nos engendrastes, nuestra madre nos parió» (v. 2.595), en perfecta concordancia con la ideología masculina dominante tanto en el discurso eclesiástico como en el médico.

Las hijas siguen los pasos de la madre en cuanto a silencio y sumisión se refiere y como ella tienen una confianza ciega en todas las decisiones del Cid. Aceptan sus bodas con alegría, aunque éste no las haya consultado previamente y tengan que dar su consentimiento cuando ya se ha decidido por ellas. Es evidente que son objetos de intercambio entre los varones que intervienen en la transacción matrimonial para satisfacer sus intereses económicos, políticos y sociales, y son la prueba de la valía y poder del padre, reconocidos públicamente cuando los infantes de Navarra y Aragón las piden en matrimonio. La constatación de su fertilidad manifiesta que han cumplido su papel con honor y virtud, y han llevado a su padre al cenit de su fama. El autor del poema lo sabe muy bien y lo subraya al acabar su obra con los versos:

> *Oy los reyes d'España sos parientes son;*
> *a todos alcança ondra por el que en buen ora nació.*
> [vv. 3.724-3.725][26]

---

26. Cito por mi edición, Madrid, Taurus, 1983.

La afrenta de Corpes es el episodio donde estas mujeres demuestran los resultados de la educación recibida. Ante la actuación de los infantes, las hijas del Cid obran con la mezcla de pasividad, dignidad y valentía que de ellas y de su linaje se espera. El ataque de que son objeto la mañana siguiente a la consumación carnal de su matrimonio, bajo la excusa de reanudar la unión amorosa, es doblemente traidor y humillante.[27] El escarnio y las vejaciones a las que son sometidas tienen un contenido sexual evidente. Por ejemplo, despojar a las mujeres de la ropa (vv. 2.720-2.721) y luego robarla (vv. 2.749-2.750), eran delitos tipificados en los fueros y muy castigados cuando se cometían contra mujeres honestas, ya que se consideraban atentados contra el pudor y la castidad femenina que sólo se podían cometer impunemente contra las rameras.[28] Que los infantes tuvieron la intención de vejar a sus mujeres como a tales es evidente y se manifiesta en la conciencia de impunidad que explicitan en las Cortes de Toledo al argumentar en su defensa que actuaron *a derecho* y que «non gelas devién querer sus fijas por varraganas» (v. 3.276).

Las hijas del Cid captan inmediatamente el carácter infamante de la afrenta a la que les someten sus maridos y tras advertir a sus maridos del castigo que recibirán por su conducta, afirman su castidad e inocencia y demandan la muerte digna que les corresponde como a nobles y mártires.[29] Así, la virtud y nobleza de las hijas del Cid queda ampliamente demostrada en su conducta, en el castigo en que incurren los infantes y en la magnificencia de sus segundos matrimonios, que las elevan a la realeza y dan al Cid la descendencia que merece.

Las mujeres de los protagonistas del PFG y del MR, Sancha y Jimena Gómez, son presentadas como doncellas, al igual

---

27. Véase M. Eugenia Lacarra, «Sobre las dobles bodas en el Poema de mio Cid», *Homage to Colin Smith*, *Bulletin of Hispanic Studies*, en prensa.

28. H. Dillard, *Daughters of the Reconquest. Women in Castilian Town Society. 1100-1300*, Cambridge, University Press, 1984, pp. 175-177.

29. J.K. Walsh, «Religious Motifs in the Early Spanish Epic», *Revista Hispánica Moderna*, 36 (1970-1971), 165-172; R.M. Walker, «A Possible Sources for the 'Afrenta de Corpes' Episode in the PMC», *Modern Language Review*, 72 (1977), 335-347; D.J. Gifford, «European Folk-tradition and the "Afrenta de Corpes"», en A.D. Deyermond, «*Mio Cid» Studies*, Londres, Tamesis, 1977, pp. 49-62; A.D. Deyermond y D. Hook, «The "Afrenta de Corpes" and Other Stories», *La Corónica*, 10 (1981-82), 12-37.

que las hijas del Cid. Sin embargo, su actuación es distinta, pues Sancha y Jimena actúan como dueñas de iniciativa, al ser ellas quienes resuelven por medio del matrimonio los conflictos que antagonizan a sus respectivas familias y que amenazan con extenderse a toda la comunidad. La solución de casarse con los asesinos de sus padres, hoy sorprendente, estaba perfectamente cimentada en las costumbres de la Edad Media, pues uno de los objetivos del matrimonio era acabar con las hostilidades entre las grandes familias.

No obstante, la actuación de Sancha es singular, pues su decisión de liberar al conde Fernán González de la prisión de su hermano el rey de Navarra y escapar con él con la condición de que la acepte en matrimonio se podía interpretar como una conducta delictiva penalizada en los fueros. Sin embargo, Sancha no es castigada con la pérdida de la herencia y la deshonra pública por preparar la evasión del conde y casarse con él sin el debido consentimiento familiar, sino que, por el contrario, es enaltecida como dama mesurada. La razón de esta valoración se debe a que su conducta se enjuicia desde la perspectiva castellana, cuya política defiende, y porque con ella repara la traición urdida por su tía Teresa para vengar la muerte del padre de Sancha, traición que motivó el encarcelamiento del conde. Por ello, lo que podría reconstruirse como una conducta reprobable se ensalza porque la intención de Sancha al liberar al conde y casarse con él no es de desacato a su familia sino de conciliación. Además, a Sancha la mueven consideraciones políticas de mayor alcance, puesto que la liberación de Fernán González, el gran enemigo de los moros, ayudará a la victoria cristiana sobre el infiel. Sus objetivos, pues, lejos de ser personales, están subordinados a los intereses de su marido, es decir, al bienestar de la comunidad castellana y a la expansión del cristianismo.

Sancha es pues una doncella fuerte, pero también prudente, por lo que es admirada y respetada por los vasallos de su marido y proclamada señora de Castilla por ellos. La confianza que todos le depositan es bien merecida, pues sus obras nunca se salen del marco que le está permitido y actúa con su asentimiento. Así, cuando su marido encarcela a su hermano, el rey García, Sancha convence a los nobles castellanos de la conveniencia de liberarlo. Para ello les recuerda la deuda que tienen con ella por haber liberado al conde de la prisión navarra y les ruega intercedan ante él para que a su vez libere a García. Esta deferencia de Sancha hacia los grandes de Castilla para que intervengan a su favor ante el conde muestra su sabiduría. Su relegación del poder se percibe de nuevo cuando el conde es apresado por el rey de León. Descrita antes por el autor del poema como mujer fuerte, «nunca omne nado vio dueña tan esforçada» (v. 655b),[30] ahora sufre un desmayo al oír de la prisión de su marido, y sus vasallos le recriminan su reacción quejosa. No obstante, una vez que accede a intervenir en su liberación a instancias de los nobles castellanos, su actividad es fundamental. Su éxito es aclamado incluso por el rey de León, quien enterado de los hechos la perdona y alaba sus actos en favor de su marido, augurándole fama eterna. El reconocimiento de esta mujer se fundamenta en las pruebas de rectitud y coraje que ofrece, siempre dirigidas a favorecer y beneficiar los intereses de su marido, de Castilla y de toda la cristiandad. Su conducta la hace digna de la confianza que todos depositan en ella y su poder es acorde con su virtud.

Jimena Gómez es también una mujer activa e inteligente. Su importancia es mayor de lo que su breve presencia textual puede hacernos pensar, pues desencadena gran parte de la acción. Como Sancha, Jimena contrae matrimonio con el asesino de su padre, matrimonio que reivindica como un acto de derecho. Jimena se querella contra el rey Fernando para que haga justicia de la muerte de su padre y solicita casarse con él, solución perfecta que evita el peligro de enfrentamiento entre el rey y su vasallo, soluciona la enemistad entre las familias Díaz y Gómez, y permite al rey hacer justicia.

El hecho de que sea Jimena quien tome la iniciativa para acabar con las hostilidades y garantizar la armonía social es comendable, pues frente a los planes de venganza que proponen sus hermanos, Jimena consigue imponer un plan de reconciliación en el que ella misma se ofrece como el objeto que

---

30. Edición de Juan Victorio, Madrid, Cátedra, 1984 (Letras Hispánicas, 151).

sella la paz. Además actúa siguiendo la ley, pues recaba el consentimiento familiar antes de actuar.

La reacción de Rodrigo es esperable, pues no ha sido consultado sobre la resolución del conflicto. Las palabras que dirige al rey muestran que para él este matrimonio es una imposición: «Sennor vos me despossastes / mas a mj pessar que de grado» (v. 438).[31] Por ello, aunque Rodrigo acepta el veredicto y acata la autoridad del rey, establece ciertas condiciones para consumarlo, pues jura no hacerlo hasta no haber ganado cinco lides campales. Con este voto Rodrigo deja sentado su control sobre la legitimación última del matrimonio, cuya perfección tendrá lugar cuando él así lo disponga, y su autoridad sobre Jimena.[32] Con esta actuación Rodrigo se erige en el señor de su mujer, y ella desaparece del texto.

No obstante, al terminar en ese punto la presencia de Jimena en la obra, su importancia es extraordinaria porque desencadena el resto de la acción. Su representación como mujer de acción y de iniciativa es indudable. Su actuación es aprobada porque se somete al derecho del rey y pone su inteligencia al servicio de la corona y de la armonía nobiliaria. Su actuación es puntual, pero decisiva. Una vez terminado su cometido, casada con Rodrigo, establecida la paz, su función termina. Como mujer casada Jimena está supeditada al marido, que ha puesto las condiciones de su relación, y el autor considera que su presencia es ya innecesaria.[33]

Si recapitulamos el tipo de mujer presentada en los tres textos analizados, veremos que las mujeres están representadas como algo muy valioso para los varones y su sociedad. Su importancia radica, en última instancia, no en quiénes son de manera concreta, sino en qué representan para esta

---

31. Edición de Juan Victorio, Madrid, Espasa-Calpe, 1982 (Clásicos Castellanos, 226).

32. Sobre las tres fases del matrimonio véase mi artículo, «Sobre las dobles bodas en el *Poema de mio Cid*», en prensa.

33. A. Montaner Frutos, «La *Gesta de las Mocedades de Rodrigo* y la *Crónica particular del Cid*», en *Actas I AIHM*, Barcelona, PPU, pp. 431-444, argumenta que la estructura tipo del poema acabaría inicialmente en las bodas, pero que posiblemente las lides fueron cobrando tal importancia en el relato que se desvincularían del voto y la última lid desplazaría el matrimonio previsto.

sociedad dirigida por los varones y al servicio de sus intereses y ambiciones.

En contraposición a estas mujeres tenemos a doña Lambra, esposa de Ruy Velázquez en el SIS. El inicio de la leyenda nos presenta a Ruy Velázquez como a uno de los más grandes nobles castellanos, cuyos servicios a los intereses castellanos son premiados por el conde García Fernández de Castilla con la mano de su prima carnal, doña Lambra.[34] Esta unión, que señala el parentesco del linaje condal con el de Ruy, es sin duda una gran distinción para el señor de Lara, y el conde García así lo subraya al hacer celebrar las bodas en Burgos. Sin embargo, lo que parecía predecir un magnífico futuro para este magnate se tuerce debido a que doña Lambra se representa como una novia demasiado interesada en los hombres, ante cuya fuerza y atractivos físicos se ve sospechosamente atraída. Así, cuando su primo carnal Alvar Sánchez destaca en los juegos organizados para celebrar las bodas, doña Lambra comenta en voz alta «que non vedaria su amor a ome tan de pro si non fuesse su pariente tan llegado».[35] Esto da lugar a la ruptura de hostilidades entre su marido y sus sobrinos que termina con la conciliación impuesta por el conde de Castilla y el padre de los infantes.

Desgraciadamente, la precariedad de esta armonía se manifiesta con una nueva y definitiva ruptura provocada otra vez, en opinión de los cronistas, por la maldad de doña Lambra, quien de nuevo se expresa deshonestamente al ver que Gonzalo se ha desnudado para bañar a su azor, sin percatarse de que está a la vista de doña Lambra y de sus dueñas.[36] La pala-

---

34. El matrimonio como recompensa a los servicios militares se pone de manifiesto en la Crónica de 1344 y se repite en todas las demás crónicas. Véanse las ediciones del texto de Ramón Menéndez Pidal: *Reliquias de la poesía épica española* (ed. Diego Catalán), Madrid, Gredos, 1980, p. 195 y del mismo, *La Leyenda de los Infantes de Lara*, Madrid, Espasa-Calpe, 1971³, p. 250.

35. Utilizo la versión de la *Crónica de 1344*: Menéndez Pidal, *La leyenda de los infantes de Lara*, p. 251; con ligeras variantes se da también en la *Refundición toledana*: T.A. Lathrop, *The Legend of the «Siete Infantes de Lara»* (*Refundición toledana de la crónica de 1344 versión*), Chapel Hill, University of North Carolina, p. 95.

36. La *Crónica de 1344* disculpa a Gonzalo «por la grant calentura que fazia, cuydando que lo non veyan las dueñas, por que era dellas muy alongado» (*Reliquias*, p. 197). Únicamente Lope García de Salazar lo culpa y considera que sus actos son

bras que doña Lambra dirige a sus damas la representan de nuevo como una mujer libidinosa:

> Amigas, ¿non ueedes commo anda Gonçalo Gonçalez en panos de lino? bien cuedo que non lo faze por al sinon que nos enamoremos del; çertas, mucho me pesa si el asi escapar de mi que yo non aya derecho del [Reliquias, p. 180].

Para vengar lo que considera un nuevo ultraje decide tomar la venganza por su mano y ordena a uno de sus hombres llenar de sangre un cohombro y arrojarlo a los pechos del joven infante, lo que a su vez desencadena la violenta muerte de su vasallo, que había buscado protección debajo del manto de su señora, y la huida de los infantes.

Doña Lambra, rodeada de sus dueñas, viéndose deshonrada y sin marido que la defienda, ordena erigir una especie de catafalco mortuorio, y llamándose viuda se viste de negro y procede al ritual del duelo propio de la viuda, que es curiosamente similar al de la mujer forzada.[37] Cuando llega Ruy de su expedición, doña Lambra le exige venganza de los infantes. Ruy decide complacerla, ya que la afrenta a su mujer lo ha deshonrado también a él, y la lleva a cabo de manera brutal. Doña Lambra desaparece de la acción y no volverá a hacer acto de presencia hasta el final de la obra, cuando se dicta su sentencia de muerte.

Los cronistas reiteran con insistencia la maldad de Lambra, acusada de haber instigado la traición.[38] Junto con su marido recibe una muerte terrible. En la primera versión de la leyenda es quemada viva, muerte infamante que se imponía sólo a las mujeres que cometían adulterio con los moros, a las que adulteraban con sus siervos y a los herejes probados.[39] En la segunda versión, su muerte es todavía más cruel, pues es

---

una injuria premeditada, «que andaua en cueros nadando, en manera de escarnio» (citado por Menéndez Pidal en *Leyenda*, p. 348).

37. Véase Heath Dillard, *Daughters of the Reconquest*, pp. 96-97 y 183-184.

38. Los textos que relatan la segunda versión de la leyenda acaban maldiciendo a doña Lambra con las palabras: «Mal sieglo aya. ¡Amen!» (*Reliquias*, p. 236), pero la crónica más exagerada en su condena es la *Refundición toledada*, cuyo autor no ahorra vituperios para subrayar su maldad (ed. Lathrop, p. 166).

39. *Partida* VII, 25, 10; VII, 17, 15, y VII, 27, 2, respectivamente.

atada de pies y manos a dos vigas para que todos los caballeros le tiren sus lanzas, penetren su cuerpo y rompan sus carnes. Una vez que caen sus pedazos al suelo es apedreada y sus restos puestos en los caminos para ser devorados por los perros.

Frente a doña Lambra, mujer malvada, licenciosa y estéril (como las prostitutas, según la creencia medieval),[40] el texto nos presenta su antítesis en doña Sancha, la madre de los infantes. Esta mujer es buena, silenciosa y fértil. En la segunda versión tiene una presencia mayor, pues prohija y hereda a Mudarra, el bastardo de su marido,[41] se la honra públicamente con la recuperación de sus posesiones,[42] y se le concede el privilegio de dictar el castigo de la cruel muerte mencionada contra su hermano y su cuñada.[43]

La función del tercer personaje femenino, la madre de Mudarra, es la de parir al futuro vengador y con ello asegurar el linaje familiar, restituir el poder del conde castellano sobre todas sus fortalezas y restablecer la armonía perdida. Los textos intentan adornarla de las mayores virtudes femeninas y la presentan como una doncella piadosa, compasiva, casta, de excelente linaje y fértil.

A modo de conclusión, podemos afirmar que las bases de la dualidad femenina que presentan ambas versiones del cantar se sustentan en la representación de la sexualidad de las

---

40. V.L. Bullough, «Medieval Medical and Scientific Views of Women», *Viator*, 4 (1973), p. 493; C. Thomasset, «La représentation de la sexualité et de la génération dans la pensée scientifique médiévale», en W. Van Hoecke y A. Welkenhuysen (eds.) *Love and Marriage in the Twelfth Century*, Lovaina, University Press, 1981, pp. 4-5; James A. Brundage, *Law, Sex, and Christian Society in Medieval Europe*, Chicago, University Press, 1987, p. 464.

41. El *Fuero Real* (IV, 22, 4) permite a la mujer prohijar solo por otorgamiento del rey o si ha perdido a su hijo en su servicio, en cuyo caso puede prohijarlo y heredarlo sin mandamiento real; las *Partidas* (IV, 16, 2) permiten prohijar a la mujer únicamente si el rey lo otorga. Además, estipulan que el niño no puede ser menor de siete años ni mayor de catorce (IV, 16, 4), lo que quizás explique que las crónicas coincidan en que Mudarra tenía diez años cuando fue prohijado por doña Sancha.

42. Muestra de este reconocimiento es que en la segunda versión el conde de Castilla sale a recibirla cuando llega a Burgos, se apea del caballo y le lleva las riendas (*Reliquias*, p. 222).

43. La legislación de las *Partidas* prohíbe ciertas penas, como el apedreamiento, por considerarlas excesivas (VII, 21, 6), aunque paradójicamente la imponen en el caso de adulterio entre moro y cristiana (VII, 25, 10).

mujeres que la integran. Su conducta será juzgada exclusivamente en función de los intereses masculinos, y será valorada positivamente sólo aquella cuyos actos se dirijan al establecimiento del linaje, al afianzamiento del *domus* familiar y a la consecución de la armonía social.

El texto asigna a cada una de estas tres mujeres un papel crucial en el desarrollo de la obra. Doña Lambra, como desencadenante de la acción que culmina con la muerte a traición de los infantes, se presenta como una mujer lujuriosa y orgullosa que rige su conducta por impulsos incestuosos y libidinosos, y que en lugar de esperar a obtener derecho de su marido toma la justicia por su mano. Espejo de la malicia femenina, su concupiscencia se equipara a la de las mujeres que venden su cuerpo por dinero. De ahí que se considere destructiva y se atribuya a su carácter libidinoso la ruptura de la paz. Su conducta se representa como contraria a su marido, pues no sirve como objeto para consagrar la alianza de la familia condal con la de Ruy, sino que por el contrario lleva a su otrora leal y valiente marido a traicionar a sus allegados y a su señor.[44]

En contraposición a doña Lambra, la princesa mora es el instrumento necesario para reconducir la sociedad al estado de armonía inicial. Su conducta sexual se ve positivamente porque actúa obediente a los dictados de su hermano Almanzor y a los deseos de engendrar de Gonzalo Gustioz, al ser el fruto de su unión con él el vehículo que hará posible el castigo de los culpables y el establecimiento del orden. Así, el favor sexual que la princesa mora otorga la convierte en espejo de mujer compasiva que pone su cuerpo al servicio del varón en aras de un bien superior. De esta manera, lo que sería un acto de adulterio, se transforma en un acto encomiable, ya que de él nacerá quien vengue el honor familiar y restituya la tierra al señor.

---

44. Estos dos delitos son los más graves que un noble puede cometer. El traicionar al señor se condenaba con la muerte y la confiscación de bienes en todos los códigos. También el dar la muerte a los parientes o a los del mismo linaje es castigado con la pena máxima, como dispone el *Fuero Juzgo*, VI, 4, 18. La *Partida* VII, 8, 12, dispone que quien mate a su pariente, preste ayuda o aconseje el homicidio, sea públicamente azotado, se le meta en un saco en el que encierren con él a un perro, un gallo, una culebra y un simio, cosan el saco y lo tiren al mar o al río.

Finalmente, doña Sancha encarna también una imagen positiva de la feminidad, fundamentada en su fertilidad y en su total dedicación a la defensa de los intereses de su marido. El sufrimiento, la prudencia y la generosidad que la caracterizan son correlatos de una maternidad plena y vista de manera asexuada. El hecho de que el castigo a que hace someter a los traidores nos parezca sanguinario, no es índice de crueldad sino muestra de gran firmeza y prueba concluyente del triunfo de la justicia.

Conclusión de este análisis es que los parámetros de la feminidad se ligan a la conducta sexual de la mujer, que son definidos por los intereses del varón. El concepto de feminidad carece de términos medios y se conforma en dos polos antagónicos: uno positivo que conduce a la armonía y otro negativo que lleva a la destrucción propia y ajena. El peligro que supone este útimo justifica la sumisión de la mujer al varón, y la condena de la mujer que trasgrede las reglas fijadas. De esta manera la literatura épico-legendaria pone de manifiesto los valores masculinos de la sociedad que presenta y puede afirmarse que los paradigmas de hombre y de mujer presentados reflejan la ideología militar que la nobleza defiende, y se ajustan también a la ideología eclesiástica. La mujer debe estar subordinada al marido y debe comportarse con modestia y prudencia, relegando su actividad a los intereses masculinos. Así es indudable que las mujeres deben aceptar las normas impuestas para sobrevivir e intregrarse en la sociedad. Si lo hacen recibirán el premio que merecen y si no serán castigadas de manera ejemplar, y no sólo por los hombres, sino por las propias mujeres *buenas*, que como doña Sancha, la madre de los siete infantes, se erigen en ejecutoras de la ideología masculina.

c) *Imágenes y representaciones de mujeres en la narrativa breve*

La cuentística medieval representa a las mujeres desde una perspectiva bastante diferente a la que hemos visto hasta ahora. La finalidad explícitamente didáctica de los *exempla*, así como la variedad de temas y la diversa procedencia estamental y social de los personajes, que va desde el noble al labrador y desde el religioso al mercader, no tiene las mismas metas ni alcanzan al mismo público que la cronística o la epopeya. La peculiar anonimia de los personajes favorece la difusión, generalización y versatilidad de los *exempla* y su integración en otros géneros y discursos distintos, como veremos. En este aspecto se diferencian de los personajes cronísticos y legendarios, cuya fama y ejemplaridad se construye a partir de la narración de sus hazañas, en principio irrepetibles, y de la identificación por nombre y linaje.

La difusión de la cuentística, debida en buena medida a las características antes señaladas, es más amplia y se articula por vías extremadamente variadas. Su pretensión de utilidad a toda la sociedad permitió que el género pudiera ser usado como vehículo de propagación doctrinal. Los *exempla* se consideraron de gran eficacia en la penetración social de la literatura pastoral, por lo que se incluyeron tanto en las sumas de penitencia como en los sermones y de su mano llegaron a convertirse en un instrumento importante de control social.[45] De esta manera, el discurso de la representación de las mujeres, así como toda otra valoración de conducta social, bien fuera entre hombres, entre mujeres o entre hombres y mujeres, tuvo mayor influencia, repercusión y durabilidad. Esto hace que sea un discurso poco permeable a los cambios sociales y se repita a través de varios siglos con obstinación, de tal manera que su utilidad para valorar la realidad social sea problemática.[46]

Los orígenes remotos de la cuentística, en muchos casos orientales, no impidieron su aceptación por una sociedad cristiana. Así, a lo largo del siglo XIII se tradujeron a la lengua castellana varias colecciones de *exempla* de origen indio que a través primero del persa y luego de su traslado al árabe se conocieron en Castilla e interesaron a la corte de Alfonso X. Tales fueron los casos del *Calila e Dimna*, del *Sendebar* y de la

---

45. Véanse M. Jesús Lacarra (ed.), *Cuentos de la Edad Media*, Madrid, Castalia, 1986, pp. 30-50 (Odres nuevos); Pedro M. Cátedra García, «La mujer en el sermón medieval (a través de textos españoles)», en *La condición de la mujer en la Edad Media*, Madrid, Universidad Complutense, 1986, pp. 38-50 (Coloquio Hispano-Francés).

46. Concurro en esto con Cátedra, *ibíd.*, pp. 39-40.

Historia de la doncella Teodor, cuya ideología se adaptaba generalmente bien a la ética cristiana y nobiliaria dominante en la Castilla de Alfonso X, y cuyos elementos extraños fueron eliminados o sufrieron los retoques necesarios para su perfecta asimilación.

Originalmente estas colecciones tenían como finalidad la difusión del saber, concebido como compendio de los conocimientos de los antepasados y resumen de sus experiencias. Estaban, por tanto, vinculadas al género de los «espejos de príncipes» y destinadas a la instrucción de los gobernantes.[47] Uno de los pilares fundamentales de su fuerza persuasoria era la riqueza y variedad casuística. Tarea del autor era elegir entre la variedad inagotable de casos aquellos ejemplos que mejor ilustraran sus objetivos concretos. De ahí que el autor pudiera hacer partícipe de la obra al lector docto instándole a enmendar o ampliar su obra con ejemplos adicionales.[48] No obstante la aparente apertura de este procedimiento, el saber mismo, se concebía como «un sistema acabado, completo que, por lo tanto, no plantea problemas de investigación sino de transmisión».[49] Así, pues, la labor de los autores era la de refrescar la memoria de los varones dignos y dispuestos a recibir el saber de la forma más eficaz posible para que no cayera en el olvido. La cuestión que se planteaban era de índole metodológica, lo que significaba dar una especial atención a los elementos formales que hacían el contenido didáctico más ameno siguiendo el principio del enseñar deleitando característico del género. Este objetivo explica la frecuencia de la estructura dialogada que generalmente adoptan, en la que un maestro o un consejero instruye a un discípulo o responde a las demandas de un señor.

Se ha de notar que las colecciones se dirigen a ampliar y

---

47. Sobre la cuentística medieval ha escrito con gran conocimiento M. Jesús Lacarra, *Cuentística medieval en España: los orígenes,* Zaragoza, Universidad de Zaragoza, 1979; íd., *Cuentos de la Edad Media, op. cit.;* íd., «Literatura sapiencial» y «Los orígenes de la ficción», en *Historia de la literatura española. 4. Orígenes de la prosa medieval,* Madrid, Júcar, 1993, pp. 37-56.

48. M. Jesús Lacarra, *Pedro Alfonso,* Zaragoza, Diputación General de Aragón, 1991, p. 36 (Colección Los Aragoneses»), apunta la presencia de este y otros tópicos ya en la *Disciplina clericalis* de Pedro Alfonso, texto de gran influencia en toda Europa desde su composición en el siglo XII.

49. *Ibíd.,* p. 34.

afianzar el saber de los varones en puestos de gobierno y con responsabilidades y privilegios de carácter ejecutivo, legislativo y jurídico, es decir, de reyes o grandes señores. Esto influye en la diversidad de la condición social de los personajes que intervienen en los ejemplos, que en su mayoría son varones laicos, y en la temática, relacionada estrechamente con las ocupaciones y preocupaciones y negocios, percibidos y tratados desde una perspectiva masculina. La exclusión de las mujeres como receptoras directas de la sabiduría que se imparte en los ejemplos ocurre porque no se las concibe como detentadoras de tales responsabilidades y privilegios sino como personas dependientes de los varones cuya función debe limitarse a ayudar y no entorpecer los objetivos de sus maridos, padres o hijos. Las relaciones familiares, especialmente las que se derivan del matrimonio, constituyen uno de los temas, aunque no es ni el más frecuente ni el más importante. Por ello, las mujeres tienen una presencia notable aunque menor en el género. En algunas ocasiones son vehículo de ejemplos que no tienen que ver con ellas mismas, sino que personifican vicios o virtudes generalizables a hombres y mujeres. Más frecuentemente, sin embargo, su presencia sirve para avisar a los varones de su artería y engaños. Abundan las advertencias contra el adulterio, considerado siempre femenino, y se reitera el peligro a que se exponen los varones cuando cultivan la compañía de las mujeres. Ocasionalmente aparecen como buenas consejeras y más excepcionalmente como sabias. No hay ejemplos en que aparezcan por sí mismas con un oficio reconocido y unos objetivos propios, sino que se siguen presentando en relación con los varones de los que dependen y de acuerdo con la clasificación tradicional de madres, esposas, viudas o doncellas.

Podemos tener una idea adecuada sobre la representación de las mujeres en la cuentística a partir de ejemplos recogidos en el *Calila e Dimna* y en *El Conde Lucanor*. Mi elección de estos dos textos se debe a que ilustran la narrativa laica de los siglos XIII y XIV y también a que son accesibles en magníficas ediciones de bolsillo.[50] Los investigadores del *Calila* señalan

---

50. Respectivamente, J.M. Cacho Blecua y M. Jesús Lacarra (eds.), *Calila e Dim-*

su procedencia oriental, compuesto por un brahmán de la India hacia el año 300 d.C., y las transformaciones intermedias que experimentó al ser traducido al persa, en el s. VI, y después al árabe, en el VIII. En 1261 el texto árabe fue vertido al castellano a instancias del rey Alfonso X y sufrió las adaptaciones pertinentes para su integración en la cultura cristiana.[51] Por otra parte, en *El Conde Lucanor* compuesto por don Juan Manuel en 1335, confluyen las vertientes oriental y occidental de la narrativa breve medieval.[52] Entre ambas obras se pueden extraer paralelos interesantes, aunque hay escasas huellas de los ejemplos del *Calila* en el texto manuelino. Especialmente interesante es la utilización similar de los discursos médico y eclesiástico para ilustrar la miseria del hombre (y por extensión de la mujer), quien desde la cuna hasta la sepultura sufre graves necesidades y peligros físicos. El tópico del menosprecio del mundo presentado desde los orígenes, desde la manera de la concepción y la peligrosidad del parto, hasta su fragilidad física en la infancia, madurez y senectud tiene repercusiones de interés en la representación vilificadora de las mujeres y de la sexualidad.[53] De ahí que ambos autores concluyan que el hombre de buen entendimiento debe aferrarse a las buenas obras como único camino seguro y verdadero en un mundo de incertidumbres, enfermedades y traiciones, y que la finalidad de la adquisición del saber es alcanzar la vida eterna, en cuyo camino la mujer es generalmente más un obstáculo a salvar que una ayuda a buscar, y si para el médico y maestro Berzebuey «la enfermedad del ánima es la mayor enfermedad» (p. 108), para el consejero Patronio

---

na, Madrid, Castalia, 1984, y don Juan Manuel, *El conde Lucanor* (ed. José Manuel Blecua), Madrid, Castalia, 1983.

51. Véase M. Jesús Lacarra, *Cuentística*, pp. 11-22, 191-196, y *Calila e Dimna*, pp. 9-19, para las cuestiones de transmisión y adaptación.

52. Véase M. Jesús Lacarra, *Cuentos*, pp. 66-74. Sobre las fuentes, consúltese Reinaldo Ayerbe-Chaux, *El Conde Lucanor: materia tradicional y originalidad creadora*, Madrid, Porrúa Turanzas, 1975.

53. Me refiero al capítulo II del *Calila* y al libro V del *Lucanor*. Como señalo en «Parámetros de la representación de la sexualidad femenina» (art. cit., pp. 24-27), la visión manuelina tiene unas concomitancias y unas conclusiones doctrinales con el *Libro de miseria de omne* (ed. Pompilio Tesauro, Pisa, Collana di testi e Studi Ispanici, Testi Critici, Giardini, 1983, estrs. 26-33), que están ausentes en el *Calila*.

lo principal es «fazer tales obras porque se salven las almas» (p. 301).[54]

Así, pues, los dos autores manifiestan la superioridad de los bienes espirituales sobre los materiales y ambos subrayan el peligro de los deleites mundanos, especialmente los derivados de la unión sexual, considerada casi siempre peligrosa para la salud del alma y del cuerpo y puerta que da entrada a los engaños de las mujeres de los que los hombres sabios deben huir. Don Juan Manuel, quien considera el coito particularmente envilecedor, no obstante, defiende la salvación de los que viven en el mundo y se casan, pues arguye que si todos escogieran como la virgen María «la meior carrera» de salvación, que es la virginidad, «sería desfazimiento del mundo» (p. 321). De esta manera, ambos consejeros proponen un ideal de conducta que responde a una moral práctica para alcanzar éxito en este mundo y no perder el otro; los consejos de Berzebuey llevarán a sus lectores a disfrutar de «abondada vida et alguna dignidat entre los hombres et anteponer buenas obras para el otro siglo» (p. 123), y los de don Juan servirán para que «los omnes fiziessen en este mundo tales obras que les fuessen aprovechosas de sus onras et de las faziendas et de sus estados, et fuessen más allegados a la carrera porque pudiessen salvar las almas» (p. 45).

El objetivo de los ejemplos para ambos autores es mostrar la conducta que debe seguir el varón para relacionarse con sus semejantes (superiores, iguales e inferiores) en los asuntos que ocupan su vida cotidiana, con objeto de mejor defender sus intereses en este mundo sin perder el otro. Las virtudes que debe aprender para ser sabio son de índole práctica y de eficacia probada para superar los peligros, evitar las insidias cortesanas y vencer a los enemigos y, pese a todas las proclamaciones en contrario, la moral dominante no es de carácter espiritual sino temporal. No obstante, hay diferencias notables entre ambos textos. El *Calila* propone una conducta ética, menos pronuciadamente cristiana, aunque en general acorde con los principios cristianos, a diferencia de don Juan Manuel más

---

54. De aquí en adelante las citas del *Calila* provienen de la ed. de M.J. Lacarra y J.M. Cacho Blecua, y las del *Lucanor* de la ed. de José Manuel Blecua.

enraizado en la sociedad y ortodoxia cristiana. Sin embargo, y en aparente contradicción, es el noble castellano quien subraya más las preocupaciones del aquí y del ahora y en bastantes ocasiones antepone el fin a los medios. De ahí que unas veces recomiende el engaño y otras lo repruebe, lo que no ocurre con el texto oriental. Por otra parte, si bien ambos aconsejan la virtud de la prudencia y advierten contra la confianza otorgada al amigo sin antes probarlo, difieren mucho en los ejemplos relativos a la representación de las mujeres. En cuanto a los defectos atribuidos a las mujeres, en el *Calila* se presentan varios ejemplos sobre su carácter supuestamente libidinoso, y aparecen adúlteras y alcahuetas, así como hombres ingenuos arteramente engañados por ellas. En el *Lucanor* interesa más señalar otros defectos como la ingratitud, la murmuración, la avaricia o la inconstancia, y no hay ningún caso de adulterio. Por el contrario, se señala la castidad de las mujeres y una de ellas es la encargada de probar que las proposiciones lujuriosas constituyen una grave deshonra para el varón que lo propone porque pierde la vergüenza, que es lo mejor que el hombre puede tener en opinión de don Juan Manuel.

Aprender a conocer a los demás y a distinguir los amigos verdaderos de los falsos es crucial para defender los intereses de reyes y nobles. De ahí que el tema de la amistad sea central en ambos textos. Ya que no se conciben relaciones de amistad o de alianza con mujeres ni se piensa en ellas como destinatarias de la sabiduría que se imparte, las relaciones que se presentan de los hombres con las mujeres están encaminadas a mostrar cuál es la conducta que se les debe imponer y la vigilancia necesaria para que la cumplan. En caso de que las mujeres no se comporten de acuerdo con los parámetros establecidos, se aconseja al varón que intente modificar su conducta por todos los medios, incluso la fuerza si es preciso, para evitar ulteriores daños a su reputación y a su hacienda. La autoridad del varón no se pone nunca en cuestión y cualquier atisbo de independencia femenina se interpreta como rebelión que debe castigarse severamente, pues de lo contrario el varón se convertirá en el hazmerreír de la comunidad y pondrá su vida y fama en peligro. En este sentido, las mujeres se perciben como seres peligrosos, capaces de llevar a cabo los más viles engaños, pero también, excepcionalmente, de alcanzar las virtudes más notables, sin aparentes términos medios.

Generalmente, como ocurre en la tradición misógina, el fondo proverbial de las colecciones subraya la maldad intrínseca de las mujeres, mientras que los ejemplos mismos presentan mujeres adúlteras al lado de otras que son amigas verdaderas de sus maridos.[55] Así, encontramos en el *Calila e Dimna* unas sentencias que advierten al varón no revelar el secreto a las mujeres:

> Ca dizen los sabios que tres cosas son a que non se atreve sinon omne loco, nin estuerçe dellas sinon el sabio: la una es servir rey; la otra es meter las mujeres en su poridat;[56] la terçera bever vidigambre[57] a prueva» [p. 130],

y otras que les alertan sobre su falta de lealtad, pues «desque se parte omne della et le viene otro, olvida el primero» (p. 154), lo que ocurre especialmente si el marido es viejo (p. 218). Más drástica es la convicción de la imposibilidad de poder probar a las mujeres, convicción que impide conocerlas y fiarse de ellas y, por tanto, justifica la legitimidad de engañarlas:[58]

> Et dizen que el oro non se prueva sinon en el fuego, et la fieldad del omne en dar et en tomar, et la fuerça de la bestia con la carga, et las mugeres non ay cosa por que se conoscan [p. 257].

Diversos cuentos confirman los proverbios misóginos del *Calila*. Desde el ejemplo de la garza que no resiste contar a su

---

55. Sobre la misoginia en la cuentística medieval, véase M.J. Lacarra, «La mujer en la narrativa medieval breve», en *Literatura y vida cotidiana, Actas IV de las Jornadas de Investigación Interdisciplinaria*, Zaragoza, Universidad de Zaragoza y Universidad Autónoma de Madrid, 1987, pp. 101-108; íd., «Algunos datos para la historia de la misoginia en la Edad Media», *Studia Riquer* (Barcelona), I (1986), 339-361.

56. Secreto.

57. Veneno.

58. La conclusión de que el hombre puede engañar impunemente a la mujer se manifiesta en el *Arte de amar* de Ovidio, quien señala que «es la única ocasión en que la buena fe es más vergonzosa que el engaño» (ed. José-Ignacio Ciruelo, Barcelona, Bosch, 1983, p. 103).

amigo el zarapito el secreto de su nueva residencia, hasta los ejemplos sobre las tretas que usan las mujeres para engañar a sus maridos y meter a sus amantes en el lecho conyugal. Interesante es la historia del galápago y del simio que confronta el amor conyugal y la amistad, decantándose por la prioridad de la segunda. Argumenta que no se debe traicionar al amigo porque a diferencia de las mujeres los amigos se pueden probar, mientras que «non merescen las mugeres que por ellas sea fecha traiçión, ca deve omne fiar muy poco por ellas» (p. 257).

Conclusión lógica de todo esto es que se debe evitar la compañía de mujeres. Pero además de ser peligroso su trato, yacer con ellas se presenta como un vicio que puede llevar a la muerte: «El que come o beve más de lo que deve et yace con mugeres sin mesura quiérese matar» (p. 277). La idea de que el abuso del coito acarrea enfermedades tiene una larga tradición en la Edad Media que se manifiesta en la cuentística. Los libros de medicina aconsejaban una sexualidad atemperada y acorde con las complexiones humorales.[59] Consideran que el coito, necesario para la salud y recomendado para la higiene del cuerpo, podía dañar a quienes lo ejercitan en exceso o sin tener en cuenta las contraindicaciones más elementales.[60] Son especialmente insistentes en la exposición de los daños físicos y espirituales las colecciones de exempla destinadas a la predicación y a la instrucción religiosa. Por ejemplo, en *El Espéculo de los legos*, en el capítulo relativo a la lujuria, se alerta al lector que quien «comete forniçaçión en su cuerpo peca, conuiene saber contra su cuerpo», invocando para ello la autoridad de Salomón, de san Pablo y de Aristóteles. Al filósofo le atribuye erróneamente el *dictum*: «más danno faze un ayuntamiento al omne que dos sangrias».[61] Este texto, aunque men-

---

59. Constantino el Africano, *De liber coitu*, pp. 134-135, afirma que «todo ser animado que haga el coito en exceso morirá pronto, y el que lo haga con parquedad vivirá más tiempo», lo que explica la longevidad de los eunucos. Véase también mi artículo «Parámetros de la representación de la sexualidad femenina», pp. 24-26. La tercera parte del *Corbacho* se hace eco de las teorías de los humores y clasifica a los varones en sanguíneos, coléricos, flemáticos y melancólicos para evaluar sus tendencias libidinosas.

60. M.E. Lacarra, «Parámetros», pp. 28-31.

61. *El Espéculo de los legos* (ed. José M. Mohedano Hernández), Madrid, CSIC, 1951, p. 249. Bernardo Gordonio en su *Lilio de medicina* (ed. John Cull y Brian

ciona a varones lujuriosos, representa a las mujeres como las verdaderas tentadoras de los hombres, siguiendo la autoridad del Eclesiastés: «La muger que comete fornicaçión será acoçeada asi commo estiercol, conviene saber en el ynfierno» (p. 249), y de los Proverbios de Salomón: «La muger sale a resçebir al varón en apostura de mala muger para enlazar la su alma» (p. 249). Muy conocida es también la posición de Alfonso Martínez de Toledo, quien en su *Corbacho* señala que quien se mueve «por un desordenado amor de muger yncostante [...] mata el cuerpo» y hace disminuir y desfallecer los cinco sentidos corporales y las facultades del alma, por lo que además de perder «el seso, e juyzio natural» perderá también el alma.[62]

La dialéctica entre lo general —maldad de las mujeres— y lo particular —comportamientos ejemplares de algunas mujeres— hace que el *Calila* no destaque en el contexto medieval por su misoginia. Hay mujeres buenas y mujeres malas, de la misma manera que «en los omnes ha buenos et malos». Por ejemplo en los capítulos IV y XI se nos presentan dos mujeres cuya conducta contradice los proverbios sobre la incapacidad de las mujeres de guardar secretos o de ser probadas. En el capítulo IV la madre del león ayuda al rey su hijo a hacer justicia y castigar a su consejero Dimna sin por ello revelar la identidad de la persona que le ha informado de la traición de su consejero. La madre resiste la presión argumentando que «el que es rogado por poridat deve ser fiel, et quien descubre la poridat falsa su fieldat» (p. 181).

También en el capítulo XI, Helbed, la «mesurada et sesuda et entendida et muy apuesta» (p. 290) mujer del rey Cedrán lo salva de cometer un gran crimen y es elevada por ello a la categoría de *amigo*: «Et por esto conviene al omne cuerdo que se aconseje toda vía con sus amigos que sabe que lo desengañarán, ca Helbed me consejó muy bien, et yo creíla·et falléme ende bien» (p. 287). La excepcionalidad de que una mujer ob-

Dutton), Madison, Hispanic Seminar of Medieval Studies, 1991, p. 304, atribuye a Avicena el *dictum*: «más daña un coitu superfluo que x1 sangrías semejantes a él e proporcionales».

62. *Arcipreste de Talavera o Corbacho* (ed. J. González Muela), Madrid, Castalia, 1970, pp. 52-53.

tenga el título de amigo no se le escapa al privado del rey, quien describe así su singularidad: «[...] ca es muger muy sesuda et bien aventurada, tal que non ha su semejante entre las reinas» (pp. 189-190). Ambas reinas son loadas porque ponen su conocimiento en ayuda y servicio del varón, posponiendo sus propios intereses y arriesgando su propia vida.

Naturalmente, las mujeres sólo son útiles en el matrimonio, pues se afirma que mujer sin el varón es incompleta e inútil:

> Tres son las cosas vagas: el río que non ha agua, et la tierra que non ha rey, et la muger que non ha marido [p. 294].

La edad de contraer matrimonio es temprana, como se observa en el ejemplo del religioso que insta a su hija adoptiva a elegir marido al llegar a los doce años: «Fijuela, tú ya eres de hedat, et non puedes estar sin marido que te mantenga et te govierne» (p. 244). Tanto la edad como la necesidad de dar su asentimiento libremente concuerdan con la legislación coetánea,[63] aunque no siempre los ejemplos son tan explícitos.

Las mujeres deben obedecer siempre a sus maridos, incluso cuando estos se equivocan. Así ocurre en el *Calila* con el pájaro tituy y su hembra, quien obedece al marido colocando el nido en un lugar cercano al mar al no poder convencerle de que el mar se lo llevará, como así ocurre. La sujeción de la mujer es absolutamente necesaria para ser catalogada como buena, aunque con ello esté expuesta a la muerte, como le ocurre a la misma Helbed, a quien su marido ordena matar en un momento de ira y es salvada sólo por la prudencia del privado del rey, o a la mujer del palomo, violentamente picoteada y muerta por éste por creer que ha comido el grano que él le había mandado guardar. El fondo proverbial así lo recoge,

---

63. *Partida* IV, I, 6; Federico R. Aznar Gil, *La institución matrimonial en la hispania cristiana bajo-medieval (1215-1563)*, Salamanca, Universidad Pontificia y Caja de Salamanca, 1989, pp. 71-73, indica que también las disposiciones sinodiales hispanas se atienen a estas edades; Jean Gaudemet, *Le mariage en Occident*, París, Cerf, 1987, pp. 169-170, añade que Inocencio III declara en el Decreto X, 4, 2, 13, que bajo ningún caso se pueden celebrar las bodas antes de los siete años, como ocurría entre las grandes familias.

pues «la mejor de las mugeres es la que es abenida con su marido» (p. 151), mientras que «la peor de las mugeres es la que non se aviene bien con su marido» (pp. 278-279).

El tema del sometimiento de la mujer a la autoridad del marido interesa especialmente a don Juan Manuel. En *El Conde Lucanor* el magnate castellano prueba contundentemente la oportunidad de las sentencias citadas en el *Calila*, pues en su opinión la mujer debe ser corregida severamente desde el inicio para así evitar a su marido daños irreparables. El oficio del marido es garantizar la avenencia incluso por la fuerza o la coacción si llega el caso, de manera que la mujer sepa quién manda, obedezca, sea fiel, cumpla sus cometidos domésticos y sea la garante y depositaria de la paz conyugal. Ejemplos ilustrativos y programáticos de la educación de los maridos, para que a su vez eduquen a sus mujeres son los ejemplos conocidos como «El mancebo que casó con una mujer brava» y el cuento doble de «Lo que pasó a un emperador y a don Alvar Háñez Minaya con sus mujeres». En ellos nos encontramos tres casos que exigen tres comportamientos diferentes por parte de los maridos según el carácter de sus mujeres: la educación y sometimiento de la mujer rebelde al iniciarse la vida conyugal; la eliminación de la mujer que se muestra incorregible, con objeto de evitar los graves daños que se siguen a la fama y hacienda del marido; y, finalmente, las pruebas que el mardio debe llevar a cabo para cerciorarse del buen carácter de la mujer antes de desposarla, de manera que una vez verificada su bondad pueda el marido confiar plenamente en ella y delegarle todas las responsabilidades que estime oportunas.

La educación que recibe la mujer brava en el cuento XXXV de la colección la misma noche de bodas tiene un grado de coacción mental y una violencia física escalofriantes. El novio, descrito como «el mejor mancebo que podía ser», somete a través del terror a la novia, mujer cuyas costumbres se dicen «malas et revesadas» (p. 197). Para modificar su conducta el mancebo le da una lección que no admite réplica. Tras matar brutalmente a sus animales porque no le traen agua para lavarse las manos, el novio con continente «vravo et sañudo et ensangrentado» y «jurando que si mil cavallos et omnes et mugeres oviesse en casa quel saliessen de mandado, que todos serían muertos» conmina a su mujer a traerle el agua. Asustada, «la muger, que non esperava otra cosa sinon que la despedaçaría toda, levantóse muy apriessa et diol agua a las manos» (p. 200). El miedo provocado en la mujer tiene el efecto deseado, pues temorosa por su vida de allí en adelante no se atreverá a levantarle la voz al sabio mancebo. El ejemplo no necesita de comentarios. Don Juan Manuel justifica esta conducta y la aconseja a sus lectores en casos similares, augurándoles la paz conyugal y la admiración de sus vecinos, como le ocurrió al mancebo, a quien «presciaron mucho porque assí sopiera fazer lo quel cumplía e castigar tan bien su casa [...] et daquel día adelante, fue aquella su muger muy bien mandada et ovieron muy buena bida» (p. 201).

Nótese que en este ejemplo la bonanza se cumplió para ambos cónyuges, pues don Juan considera que lo que es bueno para el marido lo es necesariamente para la mujer. Así lo manifiesta en los ejemplos contenidos en el capítulo XXVII, cuyo pareado final es un eco del cuento analizado: «E el primer día que omne casare deve mostrar / que vida a de fazer o commo a de pasar». En esta ocasión don Juan Manuel presenta dos mujeres de conducta dispar que producen en sus maridos sentimientos opuestos. La mujer del emperador Fadrique, descrita como «muy buena dueña et muy guardada en l' su cuerpo», es «la más brava et la más fuerte et la más rebessada cosa del mundo» (p. 164), por lo que su conducta ocasiona al emperador «grand daño para su fazienda e para las sus gentes» (p. 164). Los consejos, amenazas y castigos de su marido para reformarla no dan resultado, por lo que emprende un viaje a Roma para solicitar del papa su divorcio. El pontífice no puede concedérselo, pero le insta que resuelva su conflicto acudiendo a su «entendimiento e a la sotileza [...], ca él non podía dar penitençia ante que el pecado fuesse hecho» (p. 165). Armado con este sabio consejo que promete la absolución final, el emperador prepara el crimen perfecto que a la vez que le libere de su mujer haga recaer en ella la responsabilidad de su propia muerte, como así ocurre: «Et murió por la manera que avía porfiosa et a su daño» (p. 166).

La representación de cómo elegir a la mujer perfecta y confiar en ella todos los asuntos se ejemplifica con Alvar Fáñez. Este hombre, ya en su senectud, busca una mujer que se ocupe de él y de sus cosas y encuentra en doña Vascuñana la esposa ideal. En efecto, a pesar de presentarse ante ella como un hombre que debido a su edad avanzada está lleno de achaques, se emborracha pronto y no controla ni sus ataques de cólera ni sus esfínteres, por lo que ensucia la cama mientras duerme, la joven doncella dice sentirse honrada de que el famoso caballero quiera casarse con ella y le asegura que sufrirá con paciencia sus golpes y encubrirá sus tachas. Alvar Fáñez alegre «porque fallara muger de tan buen entendimiento» (p. 169) confía en ella todos sus asuntos, pues la inteligencia de su mujer, como después prueba a su sobrino, reside en creer que su marido no puede equivocarse y, por tanto, ella nunca tendrá motivos para contradecirle o desobedecerle ni para siquiera pensar en hacer algo que vaya en contra de sus intereses. La anulación de la inteligencia de la mujer en favor de la opinión del marido es la piedra de toque del modelo de conducta femenino y la sabiduría de la mujer se se resume en las palabras de Patronio:

E aquel día fincó por hazaña que si el marido dize que corre el río contra arriba que la buena muger lo deve creer e deve decir que es verdat [p. 173].

Esta obediencia ciega también se defendía en el *Calila*, como en el caso de la hembra del pájaro tituy, ya mencionado. En este texto hay también ejemplos que condenan a la mujer a la muerte en casos de rebeldía, como ocurre en el ejemplo de Helbed citado. Naturalmente, el adulterio cometido por la mujer debe ser severamente castigado por el marido. En el caso de que el marido descubra a su mujer con su amante ambos deben ser castigados, como exigía la legislación. Así ocurre en el capítulo II, donde se dice que el marido que sorprendió a su mujer con un amante «prendiólos et firiólos muy mal, et llevóles a la justicia» (p. 112). El castigo, sin embargo, no siempre es posible, pues la astucia de las mujeres envuelve de tal modo a los inocentes maridos que consiguen a veces escapar de la justicia. El cuento más espectacular es el del carpintero, cuya mujer, al percatarse de que su marido está debajo de la cama mientras ella se deleita con su amante, explica hábilmente su deslealtad no como falta de amor sino como debilidad de la carne, y a sabiendas de que le está escuchando dice a su amante lo siguiente:

> Nós, todas las mugeres, non amamos los amigos sinon por conplir nuestras voluntades, nin catamos a sus linages nin a ninguna de sus costumbres, nin por otra cosa ninguna. Et desque conplimos nuestra voluntad, non los presçiamos más que a otros omnes, mas al marido tenémoslo en luga de padre et de fijos et de hermanos et mejor aún; et mala ventura aya la muger que non ama más la vida de su marido que su vida a [p. 242].

El marido al oír esto no castiga la infidelidad de su esposa ya que ha sido engañado por una explicación lisonjera y parece complacido.

Al tema de los engaños de las mujeres se dedica en parte el *Sendebar*, colección oriental que fue mandada traducir por el infante don Fadrique en 1253. La obra gira en torno al motivo de la *acusación falsa*, donde una mujer despechada acusa falsamente al joven que intentaba seducir de ser el seductor. Las mujeres se representan como de engañadoras por naturaleza, debido fundamentalmente a su tendencia a la lujuria. Por ello, y para mantener secretas sus relaciones adulterinas, las mujeres agudizarán su ingenio y engañarán sistemáticamente a sus maridos, quienes se convierten en víctimas con frecuencia cómicas, como ocurre en el ejemplo arriba citado del *Calila*. La imagen de estas mujeres coincide con la del discurso misógino eclesiástico ya tratado.[64]

Finalmente, debemos recordar la presencia de mujeres sabias. La tradición sapiencial, tanto oriental como occidental, resalta la imprudencia de enseñar a las mujeres porque afirma que sus conocimientos se volverán contra los varones. Sin embargo, hay también una tradición de aquellas mujeres excep-

---

64. Véase la edición y estudio de M. Jesús Lacarra, Madrid, Castalia, 1989.

cionales cuya sabiduría puede incluso superar a la de los hombres. A ésta pertenece la doncella Teodor.[65] La descripción misma de su persona está en total consonancia con el ideal de la mujer en la representación masculina, pues es joven, bella, virgen, humilde, discreta y vergonzosa. Estas características se repiten continuamente, pues siempre responde «con muy gran verguença e humilmente»,[66] cuando le dan «licencia e mandado» (p. 111) y con un continente apropiado «abaxó su cabeça e puso sus ojos con muy gran verguença abaxo fasta la tierra» (p. 117). La mujer sabia es la que no contradice la sabiduría masculina, sino que la refuerza en todos sus puntos, incluso en aquellos que van en contra de la imagen de las propias mujeres. Para comprobarlo podemos citar sólo unos breves ejemplos de las respuestas de esta mujer, que pasó a la historia literaria como el epítome de la mujer sabia:

> El sabio le preguntó: «Que cosa es el hombre?» La donzella le respondió: «Ymagen de Nuestro Señor Dios».
> El sabio le preguntó: «Donzella, que cosa es la muger?». La donzella le respondió: «Arca de mucho bien e de mucho mal, ymagen del hombre, bestia que nunca se farta» [p. 125].

La adecuación de las respuestas al discurso eclesiástico es evidente, pero son notables también las adiciones, que armonizan con el discurso misógino prevaleciente. Igualmente, observamos rastros de la perspectiva masculina en otras muchas respuestas. Por ejemplo, cuando otro sabio le pregunta sobre las edades de las mujeres, la doncella le responde así sobre la de treinta: «Es tal e tan sabrosa como quando hombre come perdizes o carnero con limones» (p. 118) y cuando se le pregunta «qual es la cosa mas aguda que nauaja», responde: «La lengua de la muger quando está ayrada» (p. 128).

En resumen, podemos concluir que, como para don Juan

---

65. Véanse los recientes artículos de M. Jesús Lacarra, «El arquetipo de la mujer sabia en la literatura medieval», *Foro Hispánico*, 5 (1993), pp. 11-21, y «Parámetros de la sexualidad».

66. Cito de aquí en adelante por la ed. de Water Mettmann, *La historia de la doncella Teodor: Ein spanisches Volksbuch arabischen Ursprungs*, Wiesbaden, Franz Steiner, 1962, p. 108.

Manuel, la inteligencia de la mujer buena es también aquí la que acata los principios establecidos por los varones. La sabiduría de la mujer es creer, sin dar resquicio alguno a la duda, que las verdades de los discursos masculinos, provengan de donde provengan, son siempre correctas.

EL *BUEN AMOR, LA CELESTINA*: LA SOCIEDAD PATRIARCAL EN CRISIS

Jacqueline Ferreras Savoye

Introducción

En los últimos siglos medievales el cambio que supone el paso de una economía estática, basada en el trueque, a una economía dinámica, mercantilista, origina una honda crisis ideológica que afecta duraderamente a la sociedad occidental, amenazándola en su misma estructura.

Es la época en que los papas, enfretados con las ambiciones de algunas de las grandes familias italianas y bajo la presión de Francia, en particular, se trasladan a Aviñón, donde van a residir de manera estable de 1309 a 1376. Ahí lo ponen todo en obra para restaurar la pérdida de prestigio que resulta de su alejamiento de Roma. Con ellos la centralización administrativa de la Iglesia hace grandes progresos, a la par que se perfecciona la fiscalidad pontificia, que debía permitirles, restaurado su poder, reunir las condiciones para levantar una nueva cruzada y recobrar la Tierra Santa y especialmente Jerusalén. Pero a la cruzada no se llegó, por lo que los representantes de san Pedro quedaron engolfados en problemas políticos. La estabilidad de su residencia en Aviñón junto con el desarrollo de su fiscalidad les proporcionan a la vez la ocasión y los medios para ejercer un auténtico mecenazgo artístico.

Los papas de Aviñón se comportan como si fundaran la autoridad de la Iglesia en un prestigio temporal indiscutible y reconocido de todos, y el dinero es el instrumento de tal superioridad.

Este temporalismo culmina en el Gran Cisma de Occidente (1378-1417), expresión mayor del conflicto interno de autoridad que sufre la Iglesia de Occidente.[1] La restauración, luego, de su unidad es tan solo de orden institucional, y desemboca la crisis moral en la crisis espiritual del siglo XVI.

Paralelamente el desarrollo de la fiscalidad eclesiástica ha acarreado la pérdida del sentimiento religioso al sustituirse, con el sistema de las bulas e indulgencias, una cantidad de dinero al sacrificio exigido de los fieles en redención de sus pecados.[2]

Este temporalismo afecta asimismo a la Iglesia de España que había salido enormemente beneficiada de las grandes conquistas; los principios de la inmunidad personal se habían desarrollado ampliamente y el clero había invadido esferas propiamente mundanas como alcaldías, abogacías, escribanías. Durante el siglo XIV las cortes castellanas pidieron reiteradas veces que se establecieran cortapisas a la codicia de los religiosos. La propiedad eclesiástica aumentó en los últimos siglos medievales concentrándose en las máximas dignidades regulares y seculares; en Galicia la mayor parte del suelo llegó a pertenecer a señores eclesiásticos y desde el Tajo hasta la frontera granadina dominaban las órdenes militares.[3]

El relajamiento de las costumbres del clero ya se hace manifiesto a fines del siglo XIII: «[...] a juzgar por las disposiciones del Concilio de Santiago, en 1289, era corriente entre el clero compostelano llevar la vida de simples seglares, vistiendo trajes vistosos, comiendo en tabernas, jugando a los dados en público, llevando armas, haciendo vida nocturna y sosteniendo frecuentes riñas [...]».[4] Las Cortes de Soria (1380) piden que

1. Y. Renouard, *La papauté à Avignon*, París, PUF, 1969.
2. R. Romano y A. Tenenti, *Los fundamentos del mundo moderno*, Madrid, Siglo XXI, 1971, pp. 94 y ss.
3. Vicens Vives (dir.), *Historia de España y América, social y económica*, Barcelona, Vicens Vives, 1988⁵, t. 2, p. 62.
4. *Ibíd.*, p. 144.

las barraganas lleven un distintivo y que se prohíba a los hijos de clérigos heredar de sus padres. En 1387 las Cortes de Briviesca piden que se castigue a las barraganas con penas pecuniarias... Un siglo más tarde, en 1476, se indigna el obispo Margarit ante el espectáculo que ofrece el clero vasco públicamente amancebado. Por los mismos años, don Alonso de Aragón —bastardo de Fernando el Católico, a quien el papa, presionado por el soberano, había nombrado obispo de Zaragoza cuando tenía seis años— así como el cardenal Mendoza, arzobispo de Toledo y don Alonso de Fonseca, arzobispo de Santiago, vivían públicamente amancebados (en 1506 don Alonso de Fonseca cedería la mitra a su tercer hijo).[5]

Para valorar la gravedad de la crisis de la que da testimonio semejante conducta, conviene recordar los principios básicos que animan el derecho canónico, en virtud del cual quedó configurada teológica y jurídicamente la sociedad cristiana medieval.

El *Corpus juris canónici* consta de dos series de textos : el *Decreto* y las *Decretales*. El *Decreto*, compuesto por el monje Graciano hacia 1140, fue rápidamente considerado como el auténtico código de la tradición. *Las Decretales* reúnen las decisiones tomadas por los papas para resolver casos; el conjunto más importante la representa la colección de las *Decretales de Gregorio IX* (1234), concebida y promulgada según el modelo del código de Justiniano (compilación de derecho romano cristianizado a la que dio su nombre el emperador teólogo de Oriente en el siglo VI, *milagrosamente* descubierta a finales del siglo XI).[6]

El discurso canónico le confiere al pontífice un carácter único y todopoderoso, siendo el papa *vicarius Christi*, apelación esta que remite en la tipología del derecho romano al esclavo —*vicarius*— que debía en ausencia del amo ser su representante y administrador. Aparece el pontífice con los atributos del emperador romano: es el primero de todos, el dueño de todo y de todos («Papa princeps et magister omnium», rezaba una máxima del siglo XIII).

La doctrina relativa al pontífice remite al estatuto específi-

---

5. *Ibíd.*, pp. 395 y 397.
6. P. Legendre, *El amor del censor. Ensayo sobre el orden dogmático* (trad. Marta Giacomino), Barcelona, Anagrama, 1979, anexo 1 (1.ª ed. francesa, París, Seuil, 1974).

co del clero en la Iglesia de Occidente, especificidad que radica en la observación de la regla de continencia.

Estableciendo la distinción entre lo puro y lo impuro, la escolástica define lo que ensucia las manos del clérigo: la mujer, la sangre, el dinero. Signo exterior de la pureza del clérigo es la tonsura clerical por la que la Iglesia romana simboliza la corona del reino místico y la castración ficticia según viene expresamente dicho por Graciano.[7] El pontífice es así el padre, pero castrado, portador pues del falo pero privado de su capacidad sexual: siervo del sacerdocio supremo está desposeído de sus deseos por su labor pastoral y capacitado para dar a todos una respuesta para todo.

El derecho canónico asocia el ideal de castración con el de la madre, esposa y virgen (a la madre-esposa virgen corresponde el castrado oblativo), mientras que, en el matrimonio de los laicos, ve a la mujer casada como el «recipiente del marido» según la expresión de san Pablo o el «cuerpo del hombre» (*mulier corpus viri*, como vienen repitiendo los doctores escolásticos después de Graciano).[8]

Así se enuncia la jerarquía entre los dos mundos, el celestial y el terrenal, el puro en el que la virginidad es sinónimo de unidad y el impuro en el que la no-virginidad cae debajo del signo doble, signo de división y de reprobación («binarius numerus non bonam habet significationem, sed signum divisionis et reprobationis»).[9] Así, según la expresión de Legendre, la virginidad del clérigo abole la desgracia de la diferencia. Citemos a Graciano:

> Los dos padres de Cristo han merecido ser llamados esposos no solo la madre sino también el padre; matrimonio de espíritu y no de carne [...]. Los tres bienes del matrimonio: la descendencia, la fe y el sacramento se encuentran ahí. Únicamente ha faltado el lecho nupcial pues este no podía mantenerse en una carne de pecado sin el vergonzoso deseo de amor; ahora bien aquel que debía estar sin pecado quiso ser concebido fuera de semejante deseo.[10]

---

7. *Ibíd.*, p. 73.
8. *Ibíd.*, p. 147, donde remite a Graciano.
9. *Ibíd.*, p. 149.
10. *Ibíd.*, p. 150.

La imagen de Dios está en el hombre, para que sea el único del que provienen todos los demás. Ha recibido de Dios el poder, como si fuera su vicario, pues tiene la imagen del Dios único; por esto la mujer no fue hecha a imagen de Dios.[11]

Se establece así una distinción *esencial* entre los dos sexos, discriminación que tiene su fundamento en la teología del pecado original y trae aparejada la condena del goce.

Explican los Doctores de la Iglesia (entre ellos santo Tomás de Aquino) que, antes de la culpa, Adán vivía en el Paraíso, desconociendo la enfermedad y la muerte y que si hubiera permanecido en su estado de inocencia tampoco hubiese conocido la pasión, y en el acto de la generación no hubiese experimentado más placer que al tocar una piedra con la mano, y que, así, hubiera engendrado una raza santa y pura. Pero sobrevino el Pecado. Consumado su delito, nuestros primeros padres se avergonzaron de su desnudez y, consecuencia inmediata del pecado, al radicar en ellos la fuente del goce, los genitales quedaron corrompidos para siempre. Con la instauración del goce la corrupción del cuerpo ha falseado el orden natural. Así, concebidos en la concuspicencia, todos heredamos por el cuerpo este pecado, mientras no heredamos los demás (robo, homicidio, etc.). Por fin, si Eva sola hubiera cometido la culpa, no habría habido transmisión del pecado original, no hallándose corrompida la simiente del varón.[12]

Parece como si en los últimos siglos medievales el desarrollo de la economía y la nueva circulación del dinero engendraran una ruptura entre el Cielo y la Tierra, por la emergencia de la categoría de la cantidad, ajena a la de la calidad e independiente de ella, dividiendo de hecho la comprehensión del mundo según dos órdenes irreductibles el uno al otro.

Y parece como si tal ruptura abriera una brecha en la concepción teocrática unitaria del Poder (poder masculino, eclesiástico/laico), brecha que dejara paso a la percepción de la alteridad femenina. La problemática amorosa de la época en-

---

11. *Ibíd.*
12. *Ibíd.*, p. 140.

cubre un problema de poder, el problema que se le presenta al poder masculino al vislumbrar la existencia de un comportamiento que amenaza su hegemonía.

I. El *Libro de Buen Amor*

1. *La unidad rota: el clero transgresor*

Conviene hacer primero una observación general sobre la composición del libro de Juan Ruiz: se trata de una sucesión de episodios, que integra, sabiamente escrita, distintos elementos de varia procedencia, cuya linearidad ofrece cierto parentesco con las composiciones pictóricas de la época (que, al desconocer las leyes de la perspectiva, colocaban los distintos planos uno encima de otro, abajo lo cercano y arriba lo lejano).

Pero lo que estructura el libro entero es la relación aberrante entre el mundo celestial y el mundo terrenal, y puede leerse el *Libro de Buen Amor* como una metáfora polifacética de la transgresión del clero, consecuencia e ilustración de la ruptura entre el Cielo y la Tierra.[13]

1.1. *La representación del mundo celestial*

Ilustran el mundo celestial al principio del libro la «Oración a Jesús Nazareno» y las coplas a la Virgen —la doble serie de «Gozos a Santa María»—, en el medio el «Cantar a Santa María del Vado», seguido de las «Coplas de la Pasión de Nuestro Señor Jesucristo», y al final la otra vez doble serie de «Gozos a Santa María» y las «Cánticas de loores a Santa María».

Caracteriza este mundo celestial la concepción y el nacimiento de Cristo, sin sexualidad y sin dolor: «Luego, Virgen,

---

13. La lectura de F. Lecoy me parece algo arbitraria cuando escribe: «En primer lugar hay que dejar de lado el comienzo, hasta la copla 70, comienzo que no es más que un largo preámbulo...», en *Recherches sur le «Libro de Buen Amor» de Juan Ruiz, archiprêtre de Hita* (ed. A.D. Deyermond), 1974²; citado por D. Deyermond, *Edad Media*, en F. Rico, *Historia y crítica de la literatura española*, Barcelona, Crítica, 1980, p. 229.

concebiste / al fijo que Dios enbía». «Syn dolor aparesció / De ti, Virgen, el Mixía.»[14]

Es de notar, también, la *humanización* del cristianismo (que florecerá en el humanismo cristiano del Renacimiento) a través de la importancia dada a la Virgen y a su Hijo, en quien se confunden, diríase, el Padre y el Hijo, desviación hasta cierto punto de la tradición medieval del culto a la figura del Padre.

La figura dulce y maternal de María aparece como un recurso último, nostálgico, ante el avasallamiento de las leyes de este mundo y la inevitable frustración íntima. Conviene añadir que nada en el texto viene a desmentir esta devoción, pues «no hay el menor indicio de ideas heterodoxas, ni tampoco de una actitud rebelde hacia la doctrina de la Iglesia sobre la moralidad sexual, la cual se expone sin rodeos ni ironías en las cs. 217-372 y 1.579-1.605», como destaca G.B. Gybbon Monypenny.[15]

1.2. *El dinero, factor de ruptura*

El medio del poder es el dinero, al que nada resiste, como lo ilustra magistralmente el «enxienplo de la propiedat qu'el dinero ha». Se valora a los hombres por el dinero que poseen (490); el dinero trastrueca la jerarquía social (500-510), corrompe la jerarquía eclesiástica (compra de títulos [495]) y a los cristianos que pueden comprar el Paraíso (503-505); la justicia se rige por dinero (509); es por fin el medio obligado del amor: hay que pagar a la alcahueta y hacer regalos a las mujeres que se dejan seducir por dinero (508-509). Resumiendo: la cantidad (de dinero) permite comprar la nobleza, el amor, la gloria eterna, es decir lo que pertenece al orden de la calidad.

1.3. *El amor sustituto de la religión*

De entrada Juan Ruiz sienta, autorizándose en Aristóteles, es decir desde un punto de vista natural e inmanente, el carácter ineludible del apetito amoroso. Parece como si este mundo

---

14. Cs. 24-25, 35-36 y 1.637.
15. Introducción a su edición del *Libro de Buen Amor*, Madrid, Castalia, 1989, p. 72.

existiera sin conexión con el otro mundo, apareciendo la vida humana desligada de su prolongación sobrenatural (y desordenada en relación con la naturaleza):

> *Como dize Aristótiles, cosa verdadera es:*
> *el mundo por dos cosas trabaja: la primera,*
> *por aver mantenencia; la otra cosa era*
> *por aver juntamiento con fenbra plazentera.*
>
> [71]

> *Digo muy más del omne que de toda creatura:*
> *todas a tienpo çierto se juntan con natura;*
> *el omne, de mal seso, todo tienpo sin mesura,*
> *Cadaque puede quiere fazer esta locura.*
>
> [74]

Aparece el amor como la preocupación mayor en esta vida, una necesidad vital e incontrastable (aplica el término el propio Juan Ruiz): «Como dize un Derecho, que coíta non ay ley, / coitando me Amor [...]» (928). Esta ansia de amor lleva al protagonista de aventura en aventura; la soledad se experimenta como intolerable, pues es generadora de tristeza y aburrimiento:

> *por santo nin por santa que seya, non sé quién*
> *non cobdiçie conpaña, si solo se mantién.*
>
> [110]

> *una ave sola nin bien canta nin bien llora.*
>
> [111]

Esta sed de compañía es la que suscita la búsqueda de amor a pesar de los repetidos fracasos, y la que confiere su peculiar tonalidad emocional al relato de sus amores con Doña Garoça: importancia fundamental de la *compañía* en el encuentro amorososo que explica la valoración de la *persona* en la mujer codiciada.

Vencedor de la soledad, el amor compartido aparece como la fuente de toda alegría y es generador del mayor placer que puede experimentar el hombre en esta vida (108; 1617). En el epitafio de la sepultura de Urraca se lee este deseo (deseo que más tarde recoge el Marqués de Santillana en el *Infierno de los enamorados*)[16] para quien ahí llegue:

> *El que aquí llegare, sí Dios le bendiga,*
> *e síl dé Dios buen amor e plazer de amiga.*

[1.578]

Si bien representa la libertad un estado superior:

> *quien puede ser suyo, non sea enajenado;*
> *el que non toviere premia, non quiera ser apremiado:*
> *libertat e soltura non es por oro conprado.*

[206]

La pasión de amor todo lo transforma, embelleciendo las apariencias (156), pues su condición es la mentira (161), que todo lo trastorna, según la pelea que sostiene el Arcipreste con «Amor, su vezino», responsable de que se cometan todos los pecados capitales. El amor que, como un lobo, se ceba en los clérigos, que están hechos unos juerguistas (372 y ss.) o hasta llegan al crimen (caso del ermitaño que tomado de vino se convirtió en violador y asesino [541]); el amor que amenaza la sociedad, pues no respeta a rey ni reina, arruina las esperanzas de un padre, destruye el cuerpo y el alma, la fama y la hacienda (399 y ss.); pero el amor dulce

> *ca en muger loçana, fermosa e cortés*
> *todo el bien del mundo y todo plazer es.*

[108]

El poder de la naturaleza se sobrepone a la ley de Dios, confundiéndose, de modo sacrílego, el calendario litúrgico con las estaciones. «Valga la expresión, estamos ante una especie de ciclo litúrgico del amor, que se adapta fielmente al ritmo de las estaciones y del tiempo» escribe Lecoy con razón, ya que, si en la época el tiempo natural venía ritmado por la Iglesia,[17]

---

16. «De la que amades / vos dé Dios, si deseades / plazer e buen galardón» (XXVII, en *Poesías completas* [ed. Manuel Durán], Madrid, Castalia, 1982, I, p. 211).

17. F. Lecoy y J. Le Goff, *Tiempo, trabajo y cultura en el Occidente medieval* (trad.

asistimos a una inversión de valores que equivale a la pérdida de lo sagrado, al aparecer la religión al servicio de los deseos terrenales.

Culmina esta confusión entre lo divino y lo humano «el día muy santo de Pascua mayor», reduciéndose el día de la Resurrección a simbolizar la llegada de la primavera: después de la evocación *pagana* de la alegría de aves y plantas (eco, también, de la tradición de las fiestas de mayo),[18] Juan Ruiz pinta la gozosa acogida de Don Amor por monjes y monjas que le cantan al amor con los *latines* reservados a Dios, y sugiere jocosamente el poeta que forman una muchedumbre mediante la detallada enumeración de nombres de órdenes conventuales, caritativas y militares.

El amor supone la consecución de los servicios interesados de una Trotaconventos, y mostrarse dadivoso con el objeto de la pasión.

La «Cántica de los clérigos de Talavera» cuenta en tono humorístico y burlón la falta de conformidad del clero con la carta del arzobispo en la que condenaba imperativamente Don Gil la costumbre de tener una manceba, amenazando de excomunión a los clérigos y casados que le desobedecieran. Y en señal de discrepancia, indica a continuación el autor que compuso su libro «estando preso por orden del cardenal don Gil, arzobispo de Toledo».

1.4. *El poder de los astros; el Arcipreste nacido en Venus*

De hecho, y en oposición al mundo celestial, este mundo está regido por los astros, como comenta Juan Ruiz para explicar su invencible afición a las mujeres (123 a 154). Se aleja otra vez, en esta larga y sinuosa reflexión, de la maldición tradicional de la Iglesia sobre los astrólogos, intentando, no sin dificultad, su rehabilitación: se autoriza primero en Ptolomeo y Platón, generaliza sobre los fracasos que conocen muchos hombres en sus carreras, cuenta la historia del hijo del rey

Mauro Armiño), Madrid, Taurus, 1983, pp. 65 y ss. (ed. francesa, *Pour un autre Moyen Âge*, París, Gallimard, 1977).

18. R. Nelli, *L'érotique des troubadours*, París, UGE, 1974.

moro Alcaraz, y llega a conciliar el poder de Dios con las leyes
naturales (las estrellas aparecen como la expresión de la voluntad divina, una idea que también desarrollará el Renacimiento) si bien Dios puede revocar la orden dada:

> *mas, commo es verdat e non puede fallescer*
> *en lo que Dios ordena, en commo ha de ser*
> *segund natural curso, non se puede estorçer.*
>
> [136]

> *Bien ansi nuestro Señor Dios, quando el cielo crió,*
> *puso en él sus signos, e planetas ordenó;*
> *sus poderes çiertos e juizios otorgó,*
> *pero mayor poder rretuvo en si que les non dio.*
>
> [148]

> *Muchos nascen en Venus, que lo más de su vida*
> *es amar las mugeres, nunca se les olvida.*
>
> [152]

> *En este signo atal creo que yo nascí:*
> *Sienpre puné en servir dueñas que conoscí.*
>
> [154]

1.5. *La muerte*

Con lo que podríamos llamar el *llanto* por la muerte de
Trotaconventos, Juan Ruiz da ampliamente curso a una emoción en que el horror lo disputa a la rabia, apareciendo extrañamente fría la esperanza cristiana a la que recurre con una
especie de desesperación.

Y a continuación de la especie de exhortación cristiana que
sigue el epitafio de la sepultura de Urraca, sin transición alguna,
pasa a evocar «las propiedades que las dueñas chicas han», en un
reflejo vital desprovisto de la menor espiritualidad. La relación
entre este mundo y el Otro está rota, lo atestigua un clérigo.

2. *La confesión*

Entre este mundo, inevitable y universalmente gobernado por
la satisfacción de intereses materiales, y el mundo celestial, la

confesión cobra una importancia especial al aparecer como el único viático de que se pueda valer el cristiano, una especie de *sas* mágico, cuya eficacia reside en la observación estricta de un código. Así explica largamente el Arcipreste (que menciona el *Decreto* de Graciano: «el santo Decreto») los beneficios de la confesión y, sobre todo, quién tiene *poder* para confesar (1.130-1.160).

Es la última forma para la Iglesia de justificar la superioridad del estamento y asegurar un poder que ya no puede prevalerse del cumplimiento del voto de castidad, es decir del sacrificio voluntariamente aceptado de su sexualidad por parte del clero. La confesión cierra el período de cuaresma, tras el cual vuelve a imperar Don Carnal...

3. *La ambigüedad del «Libro»*

La ambigüedad del *Libro de Buen Amor* no se le escapa al propio Juan Ruiz, quien responsabiliza al lector de la interpretación que haga de su obra:

> *De todos instrumentos yo, libro, só pariente:*
> *bien o mal, qual puntares, tal dirá çiertamente.*
> *Qual tú dezir quisieres, y faz punto, y, ten te;*
> *si me puntar sopieres, sienpre me avrás en miente.*
>
> [70]

En su libro encontrará cada cual lo que busque. El cuento de la disputa entre griegos y romanos ilustra una desconfianza fundamental en el valor de la Palabra como portadora de Verdad. Como si la Palabra de Dios se hubiera vuelto confusa, como si el mismo Verbo se le escapara al Arcipreste cegado por la atracción sexual. La Palabra de Dios se ha reducido a palabra de hombre, cuyo valor estriba en su mera calidad artística: ¿no pide Juan Ruiz que solo juzguen sus *burlas* «en la manera del trobar e del dezir»? (45).

La ambigüedad caracteriza el libro entero desde el momento en que la liturgia ritma el aprendizaje amoroso del protagonista.[19]

---

19. Véase G.B. Gibbon Monypenny, *op. cit.*

4. *La representación de la mujer: el estatuto femenino*

Cabe hacer una advertencia preliminar: el *Libro de Buen Amor* está escrito por un varón que se dirige a lectores masculinos, aunque llegue a dar alguna advertencia a las dueñas:

> *Non ha mala palabra si non es a mal tenida.*
> *Verás que bien es dicha, si bien fuese entendida.*
> *Entiende bien mi dicho e avrás dueña garrida.*

[64]

Y fuera de este ejemplo, toda la *interlocución* del autor confirma que escribe para hombres, y hombres cultos, clérigos acaso, que como él, buscando el Buen Amor, tropiezan con el amor de las mujeres.

4.1. *La mujer objeto*

La *mujer objeto* aparece en los consejos de Don Amor, inspirados en Ovidio, en los que el Arcipreste retrata el tipo de mujer a la que hay que buscar. Describe con precisión las facciones del rostro, e insiste en la importancia de todo el cuerpo, dando informaciones claramente sensuales (431-435; 444-450), rasgos físicos que debe completar un carácter alegre.

Un eco a tales consejos, como si la experiencia hubiera comprobado su validez, lo encontramos después de la muerte de Trotaconventos en la evocación lírica de las «propiedades que las dueñas chicas han».

Es de notar que la valoración de la mujer, como objeto potencial de amor, viene rigurosamente determinada por su estatuto social. Para el Arcipreste existen dos *razas* de mujeres: las *dueñas* que pertenecen al estamento noble y rico de la ciudad, en quienes «todo el bien del mundo y todo plazer es» (108), y las *villanas*, a las que conviene evitar por bastas y desgarbadas:

> *si podieres, non quieras amar muger villana,*
> *que de amor non sabe, es como bausana.*

[431]

81

Las dueñas le atraen a la vez por su físico y sus modales cariñosos, su comedimiento, su sensatez y su habilidad (el saber bordar) que demuestran el linaje y riqueza de su casa: *cortés*, *mesurada* (con sus sinónimos), son los adjetivos que más emplea. Las presenta como *personas* que, como tales, son dignas de su amor, suscitando en él una serie de emociones basadas en la admiración.

Es de notar que las dueñas a las que quiere conquistar Juan Ruiz corresponden físicamente al tipo de mujer definido como objeto ideal de amor, y se precia del buen trato que les dio siempre:

> Mucho sería villano, e torpe pajés,
> si de la mujer noble dixiese cosa rrefez.

[108]

¡Muy otro es el trato que reserva a las serranas! Aprovecha su tosca (y hosca) hospitalidad, vengándose luego, diríase, de la mezcla de temor y repulsa experimentada, en coplas de escarnio, escritas para divertir.

4.2. *La mujer sujeto*

4.2.1. *Las dueñas*

Las dueñas aparecen dignas del amor que rechazan. Dicho de otra manera, estas mujeres se muestran como sujetos, es decir personas dotadas de una voluntad propia que se respeta; pero es de notar que esta voluntad se ejerce de manera negativa: se niegan a la relación amorosa libre, renuncian a la sexualidad fuera del matrimonio, es decir fuera de lo que les autoriza el mandato social. El deseo femenino existe, pero cohibido, como lo recalca varias veces el Arcipreste:

> El miedo e la verguença, faze a las mugeres
> non fazer lo que quieren, bien como tú lo quieres;
> non finca por non querer...

[634; y antes 631]

Este deseo femenino lo subraya crudamente Trotaconventos a propósito de Doña Endrina:

Pues fue casada, creed que se non arrepienta,
que non ay mula de alvarda, que la troxa non consienta.[20]

[710]

Se le reconoce una existencia de sujeto a la mujer a condición de que acate el orden social, es decir, la ley sexual impuesta por el varón. Así, aconseja el Arcipreste a las mujeres: «guardaos del varón» (892), consejo que glosa luego (904-908). Y acaso por no empañar la linda figura de Doña Endrina, le da el Arcipreste un final *feliz* (es decir, casándola conforme a la ley de los hombres), cuyo héroe evidentemente ya no puede ser él.

4.2.2. *Las monjas*

En esta línea, las monjas son sujetos eminentes. Juan Ruiz ensalza su *amor*. Ejemplariza esta *teoría* la relación con Doña Garoza, en la que ella domina al Arcipreste, obligándole a espiritualizar su atracción de macho. El colmo de su poder de sujeto se cifra pues en imponer la renuncia al sexo entre ellos. (Resulta por un lado, un caso aberrante ya que, religiosos ambos, su *amor* es sacrílego; por otro, un caso *ejemplar* si lo apreciamos a la luz del acostumbrado comportamiento sexual de los religiosos de la época, y tal como lo satiriza Juan Ruiz.)

4.3. *La mujer ni objeto ni sujeto: las serranas*

Por villanas, las serranas no pueden ser consideradas como *personas* susceptibles de inspirar el menor sentimiento amoroso. Sin embargo, en los hechos dominan al hombre de manera puntual: tienen una fuerza física temible (una se lo lleva a cuestas a su choza, otra le derriba en el suelo), y le acosan sexualmente, amenazándole con vengarse si se niega a *jugar*. Pero parece como si esta libertad sexual (la vaquera de Fuenfría) las asemejase a las bestias. No se las reconoce como suje-

---

20. Antes, 468, 471, 472, 474 (el cuento de Pitas Payas), 520, 526 y, luego, 837.

tos cuya voluntad sea respetable, sino que se las teme como a fieras.

4.4. *El caso ambiguo de la alcahueta*

Aparece primero Trotaconventos como una *mandada* al servicio del Arcipreste (697), que para eso le paga (822). Pero por lo acertado de sus consejos se convierte en la «leal y verdadera amiga», cuya muerte llora de manera por lo menos chocante Juan Ruiz. La vieja aparece como *persona* en cuanto es digna de la confianza y del cariño del amo a quien sirve; tiene de hecho un poder real, pues es imprescindible para entrar en relación con una dueña, y sobre todo este poder se valora en dinero: el que le exige por adelantado al Arcipreste. Este *salario* así como el saber práctico que saca de su experiencia le confieren, de hecho, a Trotaconventos cierta *independencia* y un estatuto de *casi-sujeto* sujeto que cumple órdenes y sobre todo sujeto desprovisto de sexualidad propia...

Protagonizado por un clérigo, el *Libro de Buen Amor* expresa a través de la transgresión sexual de la Iglesia, el derrumbe del fundamento ideológico de la sociedad medieval, dejando paso a la evocación fascinada y fascinante del impulso vital del amor por el otro sexo.

II. *La Celestina*

Con *La Celestina* asistimos a la *laicisación* de la problemática de la autoridad a través de la derrota del orden social antiguo, y al correlativo reconocimiento de una alteridad femenina.

El acierto genial de Rojas consiste en reunir los dos temas más significativos de la época —el tema de la pasión de amor y el tema del dinero—, encarnándolos en personajes cuyo destino se va elaborando a través de las relaciones que tejen entre sí, motivados en su conducta desde lo más hondo de su ser por una visión del mundo que los engloba. La historia de amor viene a ser así la expresión de la quiebra del poder patriarcal que ha perdido sus referentes tradicionales. Al relacionar entre sí el tema del dinero y el tema del amor en la dinámica vital de sus personajes, Rojas escribe algo más que un aviso contra los locos enamorados y las falsas alcahuetas: si bien pudo recoger un *caso* de los que ocurrían en la sociedad de entonces,[21] utilizando los esquemas textuales que le proporcionaba la literatura anterior, logra, radicalizando la conducta de sus personajes, expresar en distintos niveles el peligro de desagregación social que significa para la colectividad la nueva conciencia individualista, con el consiguiente protagonismo de mercaderes y mujeres.

1. *El espacio urbano*

Con una economía admirable Rojas recoge los elementos más significativos de la honda transformación que sufre la vida peninsular en los últimos siglos medievales. Sitúa a sus personajes en el lugar característico de tal transformación: la ciudad, símbolo de la emergencia del poder del dinero. La ciudad se hace muy presente con su puente, sus barrios, sus plazas, calles, iglesias, pero como lo recalcó acertadamente M.R.L. de Malkiel, no se trata de ninguna ciudad concreta sino de la esencia de la ciudad.[22] La expansión de las ciudades corre pareja al desarrollo económico, del que Rojas recoge uno de los elementos principales: los barcos, relacionando así la ciudad con el desarrollo de la marina.[23] La actividad pasada de Pleberio corresponde a la ciudad, a la par que le sitúa en el patriciado urbano.

Todos los personajes pertenecen a la ciudad, ya que sólo en la ciudad podría darse su comportamiento. Calixto pertenece a

---

21. M. Llanos Martínez Carrillo y M. Josefa Díez de Revenga, «Trotaconventos, Bertomeva, Celestina: historicidad de un tipo literario», en *Estudios Románicos, Homenaje al profesor Luis Rubio*, t. II, Murcia, Universidad de Murcia, 1987-1989, p. 835 y «Bertomeva-Celestina, edición de un Documento concejil de 1477», *Murgetana* (Murcia), 82 (1990). Véase también, sobre el origen árabe del personaje de la alcahueta, Juan Vernet, *La cultura hispanoárabe en Oriente y Occidente*, Barcelona, Ariel, 1978, p. 333.

22. *La originalidad artística de la Celestina*, Buenos Aires, Universitaria, 1970, pp. 162 y ss.

23. Vicens Vives, *op. cit.*, pp. 284 y ss.

la juventud dorada ciudadana que se divierte como sólo era posible en la ciudad. La ciudad es el nuevo espacio que permite a los distintos miembros de una familia noble poseer cada uno su mansión.[24] La visita sencilla entre familiares es asimismo un comportamiento dado por el espacio urbano, como lo ilustra la visita de Alisa a su cuñada. Las actividades de Celestina sólo son posibles en una ciudad, tanto por los oficios que le sirven de tapadera (el vender hilado y toda clase de productos de belleza implica una clientela numerosa y adinerada), como por su negocio verdadero (el número de clientes eclesiásticos que frecuentan su casa, surtiéndola de toda clase de regalos, es bien sugestivo de una ciudad ya importante).

Por fin, la acción progresa a través de las visitas que se hacen los personajes, visitas motivadas por el placer, la obligación o el interés: visitas interesadas las de Sempronio a casa de Celestina, de Celestina a casa de Calixto y a casa de Melibea (adonde se presenta como antigua vecina pobre, agradecida por los pasados favores); visitas de placer las de Calixto; visitas en las que coinciden interés y placer las de Pármeno a casa de Areusa, las de este y Sempronio a casa de Celestina, para comer la primera vez, para buscar su parte de provecho la segunda.

El desplazamiento constante de los personajes transparenta así la relación física que existe entre su comportamiento y el espacio ciudadano.

2. *La valoración de lo material y la búsqueda del goce*

La valoración de la vida material constituye uno de los ejes de la obra de Rojas. Son los consejos de Celestina a Pármeno: «Goza tu mocedad, el buen día, la buena noche, el buen comer y beber. Cuando pudieres haberlo no lo dejes».[25] Y arenga a Areusa de la misma manera: «¿De una sola gotera te mantienes? ¡No te sobrarán muchos manjares!».[26] Es la evocación

---

24. J.A. Maravall, *El mundo social de la Celestina*, Madrid, Gredos, 1972, cap. II.

25. Edición de Peter E. Russell, Madrid, Castalia, 1991, auto VII, p. 362. De aquí en adelante se cita por esta edición.

26. Auto VII, p. 376.

nostálgica de la riqueza pasada de su despensa entonces abastecida por la clerecía: «[...] apenas era llegada a mi casa cuando entraban por mi puerta muchos pollos y gallinas, ansarones, anadones, perdices, etc.».[27]

Si Celestina valora más esta abundancia en cuanto nació pobre, los ricos, por su parte, también se precian de su riqueza. Melibea sabe cuanto importa la riqueza cuando a Celestina, que se queja de su vejez acompañada de pobreza, le contesta brutalmente «otra canción dirán los ricos». Al ponderar los méritos de Melibea, Calixto menciona su «grandísimo patrimonio». Y sabemos, a través de su planto, que Pleberio ha dedicado su vida a aumentar sus bienes para que los goce su heredera.

El vivir bien en este mundo (vivir bien, vivir mejor) es la única motivación de las acciones humanas y todos los personajes —excepción hecha de Alisa— se comportan en función de su interés personal inmediato: satisfacción del estómago, satisfacción amorosa.

3. *El dinero*

El dinero aparece como un lenguaje común a los dos mundos; permite la comunicación entre el mundo de los rufianes y las prostitutas, y el de los señores. Es la violencia con la que Celestina corta los discursos de Calixto («Dile que cierre la boca y comience abrir la bolsa»), y a la que Calixto contesta con cien monedas de oro.

Sin dinero ni Sempronio ni Celestina hubiesen acudido en su auxilio para conquistar a Melibea. El dinero permite comprar la belleza física, como lo recalca la envidia que muestran Areusa y Elicia: a la reflexión de Sempronio que sin darle más importancia califica a Melibea de «graciosa y gentil» contesta Elicia, montando en cólera, que «aquella hermosura por una moneda se compra en la tienda», frase coreada por Areusa que pondera generalizando: «Las riquezas las hacen a éstas hermo-

---

27. Auto IX, pp. 420-421.

sas y ser alabadas; que no las gracias de su cuerpo».[28] El dinero rompe la relación tradicional entre amo y criado, como lo ejemplifica Sempronio. Ante la desesperación de su amo, pesa las ventajas que puede sacar al dejarle o al hablarle, y luego le advertirá a Celestina «al primer desconcierto que vea en este negocio no como más su pan».[29]

4. *La unidad social rota: el fallo de la nobleza*

Calixto es de sangre noble como nos lo indican las referencias que se repiten; posee un halcón, un caballo y tiene servidumbre. Pero no cumple con las obligaciones de su sangre y carece de las cualidades que distinguen tradicionalmente al noble del villano:

— Se caracteriza por su pasividad: rechazado por Melibea solo se le ocurre llorar, y tiene que ser Sempronio, su criado, quien le saque de su postración. Esta pasividad marca su conducta hasta el final.

— Es vil: sabe quién es Celestina; el autor se cuida de ponerle en antecedentes por boca de Pármeno, quien le hace un retrato muy sugestivo de las actividades oficiales y encubiertas de la Vieja, y sin embargo se humilla ante ella en términos tan ridículos como chocantes: «¡Mira que reverenda persona, qué acatamiento! [...] Dende aquí adoro la tierra que huellas y en reverencia tuya la beso».[30] Son expresiones que la conducta ulterior de Calixto nos obliga a tomar en serio, pero que parecen increíbles por parte de un noble a una alcahueta.

— Es miedoso, y su criado Pármeno es quien observa y subraya ese miedo cuando Celestina vuelve de su primera embajada a casa de Melibea (miedo más escandaloso cuanto es efecto de su pasión): «Temblando está el diablo como azogado».[31]

---

28. Auto IX, pp. 406-408.
29. Auto III, p. 280.
30. Auto I, p. 250.
31. Auto VI, p. 337.

— Es *grosero* con Melibea, primero no reparando en el escándalo que supondría hundir las puertas de su casa, y luego en la expresión de su deseo (recordemos la boga en tiempos de los Reyes Católicos de los manuales del perfecto amador).

— Es responsable de la perversión moral de Pármeno. Este fiel servidor al principio de la obra resiste los envites de Celestina e intenta por dos veces dar buenos consejos a su amo hasta que se desanima del todo, dando así la razón a Celestina, quien le había avisado: «Estos señores de este tiempo más aman a sí, que a los suyos. Y no yerran. Los suyos igualmente lo deben hacer».[32] Dolido, Pármeno reconoce que solo le queda ir «al hilo de la gente, pues a los traidores llaman discretos y a los fieles necios»,[33] sin dejar por tanto de escandalizarse de la indignidad de su amo.

Por fin, Calixto es responsable de la muerte de sus criados, a quienes, en su calidad de noble, debía amparar. Cuando le anuncian su muerte, se siente víctima de la Fortuna, importándole más que todo su goce amoroso; con palabras propias de un mercader establece un balance de su situación, concluyendo con un saldo positivo a su favor: «que más me va en conseguir la ganancia de la gloria que espero, que en la pérdida de morir los que murieron»[34] y echa toda la culpa de lo sucedido a la Vieja y a sus criados muertos.

De la misma manera, después de su visita nocturna al jardín de Melibea, vuelve a considerar su situación y termina por dar la primacía al placer experimentado, valorando la satisfacción de su pasión por encima de todos los lazos que le unen a la colectividad: «Ningún dolor igualará con el recibido placer [...]. No quiero otra honra ni otra gloria, ni otras riquezas, no otro padre ni madre, no otros deudos ni parientes».[35]

Movido únicamente por su propio interés, la satisfacción de su pasión, Calixto destroza el *tejido social*, y rechaza ocupar el lugar que por su rango le corresponde. Incluso, para justifi-

---

32. Auto I, p. 258.
33. Auto II, p. 277.
34. Auto XIII, p. 494.
35. Auto XIV, pp. 512-513.

car su actitud, hasta se apoya en una supuesta igualdad legal que desconoce la superioridad del estamento noble: «¿No ves que por ejecutar, la justicia no había de mirar ni deudo ni crianza? ¿No miras que la ley tiene de ser igual a todos?».[36]

Otro criado, Tristán, formulará el juicio definitivo: «Un ser tan débil». Y culminará la indignidad de Calixto con su muerte, muerte de ladrón y sin confesión. Incapaz de asumir su función social de *caballero cristiano*, este personaje viene así a ser el prototipo del fallo de la nobleza, únicamente ocupada en la consecución de sus placeres y responsable del desmoronamiento de la sociedad tradicional asentada sobre los deberes recíprocos de los estamentos.

5. La pérdida de la unidad: dos verdades, ¿dos sexos?

5.1. El amor como religión

La Iglesia ya no es portadora de ninguna Verdad ni se merecen sus miembros el menor respeto. Así, en el primer auto, cuando Celestina se refiere a »una moça que le encomendó un frayle», preguntándole Sempronio «qué fraile«, contesta la Vieja: «El ministro, el gordo». Queda de esta manera caracterizado en unas pocas réplicas el superior de un convento: es mujeriego y comilón. Se trata además de una mentira: acude Celestina a la explicación más plausible, basada en un incidente habitual.

La fe en Dios no supone ya ninguna proyección en la vida cotidiana. Dios existe,... como el Diablo, para satisfacer los deseos humanos, cualquiera que sea su meta: así Calixto le reza a Dios para que guíe a Sempronio cuando va en busca de Celestina: «¡O Todopoderoso, perdurable Dios! Tú que guías los perdidos [...] humildemente te ruego que guíes a mi Sempronio [...] y yo, indigno, merezca venir en el deseado fin».[37] Un poco más tarde él mismo decidirá ir a a rezar a la Magdalena para que «Dios aderece a Celestina y ponga en coraçon a

---

36. Auto XIV, p. 510.
37. Auto I, p. 234.

Melibea mi remedio o dé fin en breve a mis tristes días».[38] Calixto se comportará como un cristiano tan solo a la hora de morir pidiendo confesión.

Reduciéndose la práctica religiosa al sacramento de confesión antes de morir (y al pago de un tributo a la Iglesia), ha perdido su contenido afectivo —y coercitivo— dejando desamparado al individuo que vuelca en la experiencia amorosa su sed de adoración (y de amparo). Así Calixto sustituye a Dios por Melibea, con palabras sacrílegas: «Yo melibeo soy y a Melibea adoro y en Melibea creo y a Melibea amo». Convicción que repetirá luego con gran escándalo de Sempronio pues este basa su desprecio por las mujeres en la tradición cristiana. Parece como si abandonado por Dios, como escribe un poeta de la corte de Juan II,[39] el individuo buscara conocerse y encontrar un nuevo sentido a su vida a través de la pasión amorosa, haciendo del otro sexo el interlocutor imprescindible.

5.2. *Dos verdades, dos sexos*

A Celestina le corresponde afirmar la insuficiencia del símbolo de la unidad, en un contexto que remite a la posesividad sexual del hombre. Dándole como ejemplo a su prima, Celestina increpa la timidez de Areusa que no se atreve a engañar al hombre con quien tiene trato: «Ay, ay hija, si vieses el saber de tu prima y que tanto le ha aprovechado mi crianza y consejos y qué gran maestra está! [...] ¿Qué quieres hija de este número de uno? Más inconvenientes te diré de él, que años tengo a cuestas».[40]

---

38. Auto VIII, p. 396.

39. Auto I, pp. 220 y 222. Véanse la glosa de Jorge Manrique «Sin Dios, y sin vos y mí», en NBAE, t. 22, p. 251; la «Missa de amor» de Suero de Ribera en *ibíd.*, p. 189; el simulacro de comunión que precede la muerte de Leriano en *Cárcel de amor*.

40. Auto VII, pp. 375-377. Y véase el comentario de J.A. Maravall, *op. cit.*, pp. 29-30.

6. *El discurso femenino en la obra de Rojas*

6.1. *La evolución de Melibea*

Altanera, convencida de lo que se merece, lúcida, Melibea en su primer encuentro con Calixto reacciona como la niña bien criada que nos pinta su madre. Sin embargo rápidamente aparece su independencia de carácter. Cuando viene Celestina a su casa por primera vez, Melibea en seguida entabla una relación *personal* con la Vieja, mostrándose interesada por sus reflexiones. Su curiosidad la lleva a hacerle preguntas a una mujer a la que no debería prestar más atención de la que le impone su condición de doncella rica, para quien la caridad cristiana es una obligación social. En su reacción violenta y confusión que se sigue, al oír pronunciar el nombre de Calixto, podemos ver el primer paso de la toma de conciencia de su propio deseo de amor, toma de conciencia que dirige Celestina con la maestría de una partera. Al final de esta primera visita de Celestina, Melibea ya ha escogido obrar según su capricho y a escondidas de su madre, pues le pide a Celestina que vuelva «secretamente».

A solas, después, no puede contener su pasión y se da cuenta de la incompatibilidad de sus deseos con la moral aprendida. Llega a objetivar la moral cristiana, reduciendo la teología del pecado original a una convención social injusta: «¡O género femíneo, encogido y frágil! ¿Por qué no fue también a las hembras concedido poder descubrir su congojoso y ardiente amor como a los varones? ¿Que ni Calixto viviera quejoso ni yo penada?».[41]

Esta reflexión recuerda la de Diego de Valera en el *Tratado en defensa de virtuosas mujeres*:

> E así mesmo querría yo que me dixesen aquestos ¿cuál de las leyes costriñe las mujeres más guardar castidad que los ombres?[42]

---

41. Auto X, p. 427.
42. BAE, CXVI, p. 58.

Si la eficacia de una moral se juzga por el silencio que impone, la interrogación de Melibea implica de por sí una ruptura. A partir de este momento sólo le queda a Celestina hacer que Melibea le confiese su deseo para que, después de transgredir la prohibición social por medio del discurso, llegue a transgredirla en acto.

Melibea le declara muy explícitamente su mal a Celestina: «Madre mía, que comen este corazón serpientes dentro de mi cuerpo».[43]

«[M]i mal es de corazón, la izquierda teta es su aposentamiento, tiende sus rayos a todas partes.»[44]

Esta descripción metafórica la descifra sin dificultad la Vieja. Al oír Melibea de boca de Celestina lo que ella sabe pero procura encubrir, se desmaya, como si se diera cuenta de que al haber salvado la barrera del discurso ya nada puede retenerla: «Quebróse mi honestidad, quebróse mi empacho, aflojó mi mucha vergüenza».[45] Y Melibea se entrega a su pasión, pidiéndole a Celestina que concierte una cita.

El obstáculo al goce que residía primero en la interdicción de hablar —obstáculo moral— se ha reducido a un obstáculo material: las puertas de la casa separan a los dos amantes en la primera cita. Consciente de la gravedad del *yerro* (y no *culpa*) que a los ojos de la sociedad significa esta relación, calma a Calixto diciéndole que vuelva la noche siguiente por el jardín. Y pasada una primera reacción de desconsuelo/miedo asume el acto y le ruega a Calixto que vuelva: «Señor, por Dios, pues ya queda todo por ti, pues ya soy tu dueña [...] sea tu venida por este secreto lugar a la misma hora, porque siempre te espere apercibida del gozo con que quedo, esperando las venideras noches».[46]

Decidida a vivir su pasión, Melibea no cura de las exigencias sociales irritándose al oír a sus padres hablar de casarla. No piensa ni por un momento obedecer: «No piensen en estas vanidades ni en estos casamientos, que más vale ser buena

43. Auto X, p. 428.
44. Auto X, p. 430.
45. Auto X, p. 437.
46. Auto XIV, p. 504.

amiga que mala casada. Déjenme gozar mi mocedad alegre, si quieren gozar su vejez cansada».[47]

Y sólo siente no haber conocido a Calixto antes: «No tengo otra lástima sino por el tiempo que perdí de no gozarlo, de no conocerlo, después que a mí me sé conocer».[48]

Por supuesto el amor nada tiene que ver con el matrimonio. El amor según lo viene celebrando la literatura de la época es un modo privilegiado de hacer la experiencia de sí mismo, mientras que la relación conyugal es un compromiso social que implica el reconocimiento de obligaciones mutuas, debiendo la esposa darle descendencia al varón a cambio de lo cual este debe mantener a la familia.[49] En la dimensión mítica, propiamente religiosa, que adquiere en el siglo XV, el amor supone que se le disocie del matrimonio.[50]

Ahora bien, esta exaltación del yo individualista a través de la experiencia amorosa está a cargo de una mujer que no experimenta ningún sentimiento de culpabilidad cristiana cuando a la hora de suicidarse toma primero a Dios por testigo y luego le ofrece su alma. Pura convención social, la moral sexual nada tiene que ver con la religión y la fe en Dios. Su muerte voluntaria corona la ruptura entre el cielo y la tierra. Melibea cree haber encontrado la plenitud de su ser a través del amor compartido con Calixto, y muerto este, su propia vida carece de sentido y se comporta en función de su yo, como si no existiese ningún interés superior, como si su vida le perteneciera y no fuese de Dios. Rojas recoge el tema, que ya existía, de la muerte de amor (véanse *Cárcel de amor* y el *Cancionero castellano del siglo XV*), pero le da un alcance del todo nuevo al convertirlo en el punto de llegada de todo un

---

47. Auto XVI, pp. 535-536.
48. Auto XVI, p. 536.
49. Véase el modelo de buena ama de casa propuesto por Pérez de Guzmán: «Relación a las señoras e grandes dueñas de la dotrina que dieron a Sarra, mujer de Tobías el moço, su padre y su madre quando la embiaron con su marido», en *Cancionero castellano del siglo XV*, ordenado por Foulché Delbosq, Madrid, NBAE, t. 19, pp. 656 y ss.
50. Véanse, por ejemplo, las coplas de Álvarez Gato: «Porque le dixo una señora que servíe, que se casase con ella: "Dezís: Casemos los dos, / porque deste mal no mueras". / "Señora, no plega a Dios, / syendo mi señora vos, / cos haga mi conpañera"», NBAE, t. 19, p. 229.

proceso vital, al encarnarlo en un personaje que evoluciona en función de las circunstancias e intenta dominarlas hasta la muerte inclusive. Esta exacerbación de la conciencia individual que desemboca en una conducta propiamente anarquista, poniendo así en peligro a la colectividad, nadie mejor que una *encerrada doncella* la podía encarnar. La transgresión sexual de Melibea pone en peligro todo el edificio social, a la par que revela la gravedad de la crisis política y espiritual que atraviesa la sociedad. El sexo femenino era propiedad masculina en la forma codificada por la Iglesia, y Melibea se comporta como si fuese dueña de su sexo y por lo tanto de su vida.

La consiguiente ruptura con la autoridad patriarcal aparece asimismo en la relación tierna de Melibea con su padre, que es una relación de sujeto a sujeto. Parecen amigos y no padre e hija. Hay entre ellos una relación de cariño y de mutuo respeto, que ilustra primero la intención de Pleberio de consultar a su hija sobre su porvenir matrimonial y luego la voluntad de Melibea de explicarle las razones de su muerte; explicaciones que le da (simbólicamente) desde lo alto de una torre, después de haberle intimado silencio, como a un amigo que, ella lo sabe, no puede oponérsele y es, al revés, capaz de comprenderla. Explicaciones en las que no hay lugar para la culpabilidad, pero sí una reivindicación de responsabilidad. El comportamiento de Pleberio corresponde a la espera de su hija: respeta su decisión y, desconsolado, llora su soledad culpando a la Fortuna y al Amor. La actitud comprensiva de Pleberio que llora su impotencia ante el destino *representa* el descalabro del poder del Padre.

6.2. *Alisa: una figura obsoleta*

Alisa nos es presentada como una dama noble que cumple perfectamente con sus obligaciones de mujer rica y cristiana. No tiene otra voluntad sino la de su esposo, hasta el punto de no reconocerse siquiera el derecho a opinar y sorprenderse de que Pleberio la quiera consultar acerca del porvenir de su hija: «Pero como esto sea oficio de los padres y muy ajeno a las mujeres, como tú lo ordenares, seré yo alegre y nuestra hija obedecerá, según su casto vivir y honesta vida y humildad».[51]

De alguna manera se niega a ocupar el espacio de sujeto, que a su lado le reconoce Pleberio. No se ha percatado del cambio de los tiempos: está convencida de la inocencia absoluta de Melibea: «Y piensas que sabe ella que cosas sean hombres? ¿Si se casan o qué es casar? ¿O que del ayuntamiento de marido y mujer se procreen hijos? [...] Que yo sé bien lo que tengo criado en mi guardada hija».[52]

Ceguera de la que se siente ofendida Melibea que la ha oído: «Lucrecia, Lucrecia, corre presto... estórbales su hablar... si no quieres que vaya dando voces como loca, según estoy enojada del concepto engañoso que tienen de mi ignorancia».[53]

La ejemplaridad social del personaje hace más trágico su error. Da limosnas, visita a los enfermos (es el motivo por el cual deja sola a Melibea con Celestina). Alisa sabe quién es Celestina: antes de que suba la Vieja, Lucrecia pone a su ama en antecedentes y le da vergüenza pronunciar su nombre, pero Alisa se echa a reír del empacho de la criada: ¿qué tiene ella que ver con Celestina, fuera de las relaciones de caridad que le imponen su rango y su riqueza para con los pobres, sean lo que fueren? Alisa no concibe la posibilidad de relaciones de individuo a individuo entre ella y Celestina, que a sus ojos no es más que una encarnación de la pobreza tal como la valoriza la religión cristiana. La preocupará el visiteo de la Vieja cuando venga por tercera vez, es decir cuando ya no lo justifique la necesidad de socorro —y cuando ya es demasiado tarde, como lo advierte la propia Lucrecia.

Alisa es la encarnación de la mujer cristiana según el código social tradicional, y este es el ejemplo que le ha dado a Melibea, pero este ejemplo ya no sirve. Su comportamiento social ejemplar resulta ser un fracaso ya que su caridad se ve pagada por la traición.

Si el comportamiento de Pármeno ilustra la decadencia de la nobleza, haciéndole eco a la inversa, el de Alisa resulta ana-

51. Auto XVI, p. 534.
52. Auto XVI, p. 539.
53. Auto XVI, íd.

crónico y como tal sin efectividad: «el mundo es tal» dijo Pármeno y en este mundo Alisa está desfasada. Consecuencia de ello es su ceguera para con su hija, a la que no conoce. Su actuación como madre se salda con un fracaso trágico. A través de su personaje Rojas hace patente el fracaso del orden patriarcal antiguo, incapaz de resistir la embestida de la realidad nueva.

6.3. *Las frustraciones de Areusa y Lucrecia*

La frustración de Areusa es de carácter social. Niega rotundamente la superioridad que se origina en el nacimiento: a Sempronio que explica la natural atracción de Calixto y Melibea por el linaje escogido de ambos, opone un tajante: «Ruin sea quien por ruin se tiene. Las obras hacen linaje, que al fin todos somos hijos de Adán y Eva».[54] Y a continuación rechaza violentamente la condición de sirvienta: «Que jamás me precié de llamarme de otrie sino mía. Mayormente de estas señoras que agora se usan»,[55] violenta declaración que recibe la aprobación de Celestina. (Es de notar, de paso, que esta reivindicación de independencia constituirá otro de los temas abordados por los humanistas del XVI.)[56]

La frustración de Lucrecia es de carácter sexual, como aparece en los comentarios la primera vez que están Melibea y Calixto reunidos en el jardín.

6.4. *Celestina o la subversividad del sujeto femenino*

Celestina es la ilustración escandalosa de la corrupción de la sociedad tradicional por el dinero y de la correlativa disolución de los valores sociales y religiosos que la regían.

De origen bajo, sin herencia ni viña como ella dice, ha vivi-

---

54. Auto IX, p. 409. Cabe notar que esta frase la recogerá y desarrollará muy seriamente medio siglo más tarde el humanista Antonio de Torquemada en uno de sus *Coloquios satíricos*; citado por Jacqueline Ferreras, *Les Dialogues espagnols du XVIeme siècle ou l'expression littéraire d'une nouvelle conscience*, París, Didier Erudition, 1985, p. 725.

55. Auto IX, p. 415.

56. Véase Jacqueline Ferreras, *op. cit.*, pp. 452 y ss.

do del negocio que le sugirió su talento y le facilitó la desmoralización social. Vive de satisfacer, a cambio de un salario (dinero o regalos), los deseos puramente terrenales de los demás. Tiene un pequeño comercio de lujo que le sirve de tapadera y le permite entrar en todas las casas y para su verdadero comercio lleva un libro. (¡Piénsese que en España todavía no existen registros civiles!) Del comerciante tiene la habilidad, el espíritu de independencia y el conocimiento de la realidad; ¿a qué se dedica el comerciante sino a satisfacer necesidades puramente materiales a cambio de algo que escapa del orden moral: el dinero? Pero Celestina es una alcahueta y la madre de un lupanar.

Recogiendo elementos literarios preexistentes, Rojas logra ir más allá de lo accidental —los enredos de una vieja alcahueta— para, a través de su personaje, denunciar el escándalo y la amenaza que significan para la sociedad estamental medieval la irrupción del dinero y del nuevo grupo social constituido por los mercaderes. La superioridad de hecho del mercader sobre el noble resalta en el encuentro de Celestina con Alisa; en el que la Vieja se hace pasar por una mendiga necesitada y adopta un lenguaje de sumisión cristiana, el único que puede comprender Alisa; lenguaje semióticamente doble cuando le contesta a Alisa: «Yo te prometo, señora, en iendo de aquí, me vaya por esos monasterios donde tengo frailes devotos míos y les dé el mismo cargo que tú me das».[57]

Tal superioridad culmina en el éxito de su empresa. Celestina se atreve hasta con la hija única de un Pleberio que no le ofrece tampoco grandes resistencias, porque el dinero ha abolido, con los valores que vertebraban la sociedad tradicional, los frenos que amordazaban a las mujeres.

La increíble perturbación de la sociedad resalta todavía más si pensamos en el doble valor de la vejez de Celestina. Tradicionalmente, la vejez era depositaria de la sabiduría de los antepasados y, argumento infalible, su experiencia no admitía réplica. Más de una vez, Celestina que, en otros momentos, se queja de los males de la vejez, arguye de sus años y de

---

57. Auto IV, p. 305.

su experiencia para que sigan sus consejos. Pero su experiencia nada tiene que ver con la tradicional sabiduría que se le atribuía al viejo por estar cerca de la muerte, es decir de la vida eterna: su experiencia no es de tipo moral, sino comercial, y su vejez le sirve para reforzar el engaño. Domina la ciudad una puta vieja; el personaje de Celestina aparece como la irrisión sangrienta de una sociedad que ha perdido del todo su norte. Celestina es la encarnación de la subversividad femenina en cuanto individuo sujeto que monopoliza el comercio de la mercancía que es propiedad masculina: el virgo.

7. *La ambigüedad de la obra de Rojas*

7.1. *El reconocimiento de la alteridad femenina*

Son casi únicamente los personajes femeninos los que llevan la iniciativa de la acción —Sempronio es el que va a buscar a Celestina pero luego ella es quien la dirije—; la única mujer *pasiva*, que no tiene voluntad propia, Alisa, tiene a fin de cuentas un comportamiento equivocado socialmente, pues ni sabe proteger a su hija.

A la fuerza de carácter y generosidad de Melibea se opone la ausencia de cualidades morales de Calixto, a quien condena el autor al hacerle morir sin confesión, como sus criados.

Podríamos ver en el suicidio de Melibea una brecha en su independencia de sujeto; pero sería cometer un grave anacronismo al no contar con la concepción que en la época se hacía del amor: concebido como el peligro mayor para la autonomía del sujeto, se le concedía una dimensión propiamente religiosa.

Pleberio aparece como un nuevo tipo de hombre que reconoce la alteridad femenina.

7.2. *La moralidad del orden patriarcal tradicional*

Al tambalearse la estructura ideológica tradicional del poder patriarcal, la sociedad entera parece amenazada de muerte, y esta angustia es la que se transparenta en el prólogo del autor.

La aspiración a un nuevo orden social, fundado en la igualdad teórica de los seres humanos y en el mérito de cada uno, está irrisoriamente puesta en la boca de una prostituta.

La obra de Rojas puede interpretarse como un grito de alarma ante el peligro de desagregación social que supone la pérdida de los valores que regían la sociedad tradicional. Al mismo tiempo es de notar que consigue crear personajes autónomos que se determinan exclusivamente en función de sus intereses vitales (dinero, amor), demostrando así el carácter obsoleto de la moral cristiana tradicional. Y así es también como, en cuanto escritor, se muestra resueltamente *moderno*.

EL DESCUBRIMIENTO DE LA DIFERENCIA
SEXUAL EN LOS TEXTOS COLOMBINOS*

Margarita Zamora

El descubridor Américo Vespucio llega del mar. Él cruzado, erguido, ataviado en armadura, porta las armas de acepción europea. Detrás de él se encuentran las naves que llevarán a Europa occidental los tesoros de un paraíso. Ante él está la india «América», desnuda, yaciente, presencia todavía no nombrada de la diferencia, un cuerpo que despierta dentro de un espacio de vegetaciones y animales exóticos [...] Escena inaugural: después de un momento de estupor en este umbral marcado por columnatas de árboles, el conquistador escribirá el cuerpo del otro y trazará su propia historia. De ella, construirá un cuerpo historiado —el escudo— de sus cuidados y sus fantasmas. Ésta llegará a ser la América «Latina».[1]

La escena anterior que Michel de Certeau ha recreado espléndidamente en palabras, originaria de un grabado de Jan van der Straet (ca. 1575), ha llegado a convertirse en un emblema del descubrimiento: la mujer reclinada, desnuda dentro de un frondoso paisaje del Nuevo Mundo, recibiendo a la ori-

---

* Este ensayo es una versión abreviada de un capítulo de mi libro *Reading Columbus* (Berkeley, University of California Press, 1993). La editorial de la Universidad de California ha otorgado el permiso de incluirlo en este volumen. La traducción al español es de Rocío Cortés.
1. Michel de Certeau, *L'écriture de l'histoire*, París, Gallimard, 1975, p. 3.

lla de la playa al europeo armado, que lleva en la mano derecha un báculo terminado en crucifijo y en la izquierda un astrolabio. Discretamente escondida bajo la túnica se encuentra una espada. La evaluación crítica de Certeau en esta *escena inaugural* nos recuerda que ésta es solo una dentro de la extensa serie de representaciones gráficas y verbales del descubrimiento como un encuentro erótico entre el europeo completamente vestido y la india americana siempre desnuda, imagen fuertemente constituida dentro de la imaginación cultural occidental durante bastante tiempo.[2]

En el grabado de Van der Straet, como se mencionó anteriormente, las manos del europeo están cargadas de objetos. Por el contrario, las de la india se muestran completamente vacías, y la mano derecha, alargada hacia él, ambiguamente suspende el gesto entre lo que puede ser un saludo o una invitación. En efecto, es difícil determinar si la mujer se está levantando para abrazarlo, o si mientras se recuesta, lo invita a compartir su hamaca. De cualquier manera, en esta escena se sugiere más de lo que puede ser un simple encuentro erótico, el preludio a un intercambio cuyo carácter es poco ambiguo. «América» brinda al europeo su yaciente cuerpo desnudo; sus manos vacías muestran que no tiene más que ofrecer. Él corresponde, erguido en su armadura, con su conocimiento y su fe. La economía alegorizada en el encuentro de Van der Straet, por supuesto, va más allá de ser simplemente de carácter sexual. En el intercambio de géneros se incrustan valores culturales que privilegian la postura del hombre europeo en contraste con la de la india, enteramente receptiva, abierta y vacía, a pesar de su innegable y deseada belleza, que se intensifica por la alusiva escena pastoril que la rodea. El claro indicio de su denigración se encuentra al fondo de la escena. Difícilmente perceptible a primera vista, situado estratégicamente entre las dos figuras, apenas encima del insinuante brazo de la indígena, se

---

2. Por ejemplo, véase sobre esta imagen a Louis Montrose, «The Work of Gender in the Discourse of Discovery», *Representations*, 33 (invierno, 1991), 1-14; Hugh Honour, *The New Golden Land: European Images of America from the Discoveries to the Present Time*, Nueva York, Pantheon Books, 1975, y Bernadette Bucher, *Icon and Conquest: a Structural Analysis of the illustrations of de Bry's «Great Voyages»* (trad. Basia Miller Gulati), Chicago, University of Chicago Press, 1981.

halla una escena de canibalismo. La idílica, casi sublime modulación que Van der Straet ha creado en el encuentro representado en el primer plano, se interrumpe por el deseo implicado en el ademán del brazo de la india (vacío e insinuante), y la curva del mismo parece acunar la escena de canibalismo que se sitúa levemente encima y al fondo de éste. Otros tres indios, desnudos como ella, asan una pierna humana.

El ser al que Certeau denomina «presencia todavía no nombrada de la diferencia» parece ya desde el principio haber tenido nombre: el de Mujer. Las marcas textuales específicas de ese nombre —India, América (también podría haberse llamado Colombia)— no son importantes. Los valores genéricos culturales implican igualmente su compartida valencia semántica, son las claves verdaderas de su significado. En la interpretación seminal que Certeau hace del grabado de Van der Straet parece habérsele escapado el punto principal: cuando el conquistador llega a las playas de «América» en el cuerpo del otro, el de ella, ya ha sido inscrito en la modalidad femenina. La alegoría de Van der Straet no inventa nada, sino que traduce los signos de un discurso existente. No representa una «presencia todavía no nombrada» que espera ser escrita, sino que inscribe esa presencia en el cuerpo de una mujer, como un objeto en un intercambio previamente definido por la diferencia sexual. Para probar los términos fundamentales de dicho intercambio, de esa economía sexual, me propongo repensar la cuestión de género en el discurso del descubrimiento, tomando en cuenta el origen de la escena mítica de este primer encuentro en su contexto discursivo específico del que surgió: el diálogo textual entre la Corona y Colón, concerniente a la proyección *plus ultra* de la volición política y económica de Castilla y Aragón.

En las *Capitulaciones de Santa Fe* (17 de abril de 1492), el contrato previo al descubrimiento que estableció los términos, tanto prácticos como ideológicos, de la empresa de las Indias, se especificaron con detallado cuidado los derechos legales y las obligaciones adjudicadas a Cristóbal Colón en su primer viaje marítimo hacía al oeste. De la misma manera se determinó el carácter mercantilista e imperialista de la empresa. En las *Capitulaciones* los monarcas católicos apoderaron a Colón para que descubriera, toma posesión, gobernara y negociara en cualesquiera de las islas y tierras firmes que encontrara en su viaje hacia el oeste. Por esta labor, al almirante se le suministró autoridad penal y civil sobre cualquier territorio que descubriera, así como un formidable tercio de todo el cargamento marítimo, un tercio del rédito total de las operaciones de las flotas y un tercio del *quinto real* que se ganara en expediciones futuras, aun bajo el mando de otros. El resto pertenecería a la Corona.[3]

No obstante, no se mencionan ni el sitio en el que esas tierras podrían hallarse ni el tipo de gente que habitaría en ellas. Tampoco se hacen alusiones sobre el destino a tierras asiáticas que muchos historiadores creen fue la meta última del viaje.[4] Las *Capitulaciones* asumían únicamente que las anheladas islas y tierras fueran gobernables, en otras palabras, que estuvieran pobladas, y que sus habitantes tuvieran objetos de valor para el intercambio comercial. Sin embargo, el acentuado uso del modo subjuntivo en las *Capitulaciones* recalca la naturaleza hipotética de esas conjeturas, y de igual manera, las conjeturas modernas basadas en ellas. En su primera inscripción en las *Capitulaciones*, las indias (como siempre se le denomina al Nuevo Mundo en los textos colombinos) aparecen simplemente como «islas y tierras firmes», sin nombre y sin definición.[5] Por lo mismo, las islas y las tierras firmes de las *Capitulaciones* eran un significante vacío que constituía una nulidad semántica.

En este ensayo, sitúo los escritos de Colón en el contexto del diálogo entre el almirante y la Corona. La estructura contrapuntual de peticiones y respuestas en el mismo contrato se

---

3. El análisis iluminador de Djelal Kadir sobre el lenguaje de las *Capitulaciones* destaca los motivos imperialistas y propietarios que el documento describe y autoriza; véase *Columbus and the Ends of the Earth: Europe's Prophetic Rhetoric as Conquering Ideology*, Berkeley, University of California Press, 1992, especialmente pp. 67-76.

4. Antonio Rumeu de Armas especula que la vaguedad de las referencias al destino de Colón en las *Capitulaciones* y otros documentos previos al descubrimiento pueden haber sido el producto de un consciente y deliberado esfuerzo por parte de la Corona para obstruir las posibilidades de que otros reinos europeos lanzasen expediciones rivales. Véase *Nueva luz sobre las capitulaciones de Santa Fe de 1492 concertadas entre los Reyes Católicos y Cristóbal Colón. Estudio institucional y diplomático*, Madrid, Consejo Superior de Investigaciones Científicas, 1985, pp. 126-131.

5. Me refiero a la versión de las *Capitulaciones* que aparece citada en el capítulo 33 del primer libro de la *Historia de las Indias* de Bartolomé de Las Casas. El documento original firmado por los Reyes Católicos ha desaparecido. Para una descripción de cuatro copias tempranas fidedignas, véase Cecil Jane, *Select Documents illustrating the Four Voyage of Columbus*, 2 vols., Londres, Hakluyt Society, 1930, 1, p. 27.

refuerza por una frase que se encuentra al final del *Diario* de
la primera navegación. Allí, el inicio del viaje y el acto de escribir se justifican precisamente en términos de los estatutos encontrados en las *Capitulaciones*:

> Y partí del dicho puerto muy abastecido de muy muchos
> mantenimientos y de mucha gente de la mar a tres días del mes
> de agosto del dicho año en un viernes antes de la salida del Sol
> con media hora, y llevé el camino de las Islas de Canaria de
> vuestras altezas que son en la dicha mar oçeana para de allí
> tomar mi derrota y navegar tanto que yo llegase a las yndias y
> dar la embaxada de vuestras altezas a aquellos prínçipes y cum-
> plir lo que así me avían mandado. Y para esto pense de escrevir
> todo este viaje muy puntualmente de día en día todo lo que yo
> hiziese, viese y passasse.[6]

Con el propósito de cumplir con el mandato de la Corona,
según dice el propio Colón, decidió escribir un detallado informe con todos los acontecimientos que ocurrieran durante el
viaje. Aparentemente Colón pronto se dio cuenta que para
cumplir con la disposición del descubrimiento era preciso no
sólo observar y llevar a cabo exploraciones, sino también in-
formar a la Corona sobre los hallazgos.

Aquí también Colón reconoce que aceptar el encargo real
llevaba consigo la responsabilidad de mantener a la Corona
informada, y más específicamente, de llenar el vacío semántico resultante del discreto tratamiento que se hace en las
Capitulaciones sobre las islas y tierras, que se dirigiría Colón.
A través de su discurso, concebido de acuerdo a los precep-
tos económicos y políticos especificados en el contrato, Colón responderá a las preguntas que se suscitan implícitamen-
te en las *Capitulaciones* y que quedan sin respuesta, acerca
de la naturaleza de las tierras y de la gente que está por
descubrir.

Al combinar la retórica del testimonio y la interpretación, los
escritos de Colón constituyen un poderoso acto de representación, cuyo efecto en el desarrollo de las nociones de diferen-

---

6. Consuelo Varela (ed.), *Cristóbal Colón: Textos y documentos completos*, Madrid,
Alianza, 1984, pp. 16-17.

cia occidentales todavía está vigente en nuestros días. La interpretación de la realidad indiana presentada en sus textos articula un modelo conceptual de la otredad manifestado a través de una serie de metáforas sobre la diferencia. Cuando se leen los textos colombinos como una unidad discursiva, y no como documentos aislados y autónomos, los tropos que la componen revelan una coherente estrategia hermenéutica de feminización y erotización que finalmente logra que la diferencia sexual sea la característica determinante del signo *las Indias*.

Saussure caracteriza el sentido lingüístico como producto de la disimilitud, sugiriendo que en la manera más básica los signos cobran valencia semántica en relación con todo lo que no significan. Esta hipótesis se ejemplifica intensamente en el *Diario*. En la anotación del 16 de octubre, solo cuatro días después de haber encontrado tierra, se incluyen las observaciones siguientes sobre la flora y la fauna de las islas: «Y vide muchos árboles muy disformes de los nuestros [...]. Aquí son los peçes tan disformes de los nuestros, qu'es maravilla».[7] Y al día siguiente:

> [...] y los árboles todos están tan disformes de los nuestros como el día de la noche, y así las frutas y así las yervas y las piedras y todas las cosas. Verdad es que algunos árboles eran de la naturaleza de otros que ay en Castilla; porende avía muy gran diferençia, y los otros árboles de otras maneras eran tantos que no ay persona que lo pueda dezir ni asemejar a otros de Castilla.[8]

Tal insistencia en la diferencia de la norma europea como la característica semántica definitiva del signo *las Indias* es tan acentuada en las observaciones tempranas de Colón que llega a convertirse en repetición monótona. Incluso persiste como una característica importante en el discurso del descubrimiento a través de la relación de su cuarto y último viaje.

Frecuentemente en el *Diario* la disimilitud se explica en términos de lo maravilloso:

---

7. *Ibíd.*, pp. 36-37.
8. *Ibíd.*, p. 38.

[...] y aves y paxaritos de tantas maners y tan diversas de las nuestras que es maravilla. Y después ha árboles de mill maners y todos dan de su manera fruto, y todos güelen qu'es maravilla, que estoy el más penado del mundo de no los cognosçer.[9]

El carácter de tales exclamaciones es evidentemente eufórico. Sin embargo, el entusiasmo no puede ocultar el hecho de que en la hermenéutica colombina más temprana, la diferencia representa lo inefable, aquello que se resiste a la interpretación y a la asimilación. El calificativo *maravilloso* no ayuda a resolver la situación. Para Colón, *maravilla* es análogo, en el ámbito natural, a lo que *milagro* es en el ámbito de la fe, aquello que no se puede expresar o explicar. La exclamación puede emplearse como un objetivo para disimular el enmudecimiento del narrador ante la diferencia, un enmudecimiento que no es producto de una deficiencia personal, sino de la incapacidad esencial de los inadecuados discursos a su disposición para expresar tal diferencia.

Alliende de las sobredichas yslas e hallado otras muchas en las Yndias, de que no curo de dezir en la presente carta. Las quales, con estas otras, son en tanta fertilidad, que aunque yo lo supiese dezir, no hera maravilla ponerse dubda en la crehençia; los aires temperatísimos, los árboles y frutos y yervas son en estrema fermosura y mui diversos de los nuestros, los rríos y puertos son tantos y tan estremos en bondad de los que las partidas de christianos ques maravilla.[10]

El discurso colombino representa *eso* como *no esto*. Las Indias se definen en términos de lo que no son (Castilla, África y los paisajes comunes al Viejo Mundo). Casi ochenta años después, el francés Jean de Léry, en su *Voyage fait en terre du Bresil, autrement dite Amérique* (1578), todavía recurre a la diferencia como signo definitivo de América y expresa con candidez su incapacidad para articular la nueva realidad: «Los

9. *Ibíd.*, p. 41.
10. «Carta a los Reyes», en Antonio Rumeu de Armas (ed.), *Libro Copiador de Cristóbal Colón: Correspondencia inédita con los reyes Católicos sobre los viajes de América. Estudio histórico-crítico y edición*, 2 vols., Madrid, Testimonio, 1989, 2, p. 437.

gestos y las expresiones [de los nativos] son tan distintas de las nuestras, que confieso tener dificultad en representarlos no sólo en palabras sino aun por medio de la pintura».[11]

La disimilitud del paisaje natural es inicialmente articulado como un vacío semántico, apenas velado por un discurso de lo inefable. Mas cuando se intenta expresar la disimilitud correspondiente a los indígenas, se lleva a cabo en términos de carencia o de deficiencia. En su conocido libro sobre la cuestión del «otro», Tsvetan Todorov señala que Colón no podía o no quería percibir las diferencias fundamentales de la cultura arawaka.[12] Sin embargo, una lectura cuidadosa de los textos demuestra que, por el contrario, no solo existen diferencias sobradamente reconocidas en los textos colombinos, sino que éstas son en efecto un componente esencial del proceso de interpretar la nueva realidad. La diferencia no es simplemente una disimilitud percibida de pasada en estos textos, sino que es la base misma en la representación colombina. El primer contacto con los nativos de Guanahaní, el 12 de octubre, se describe de la siguiente manera:

> Y creo que ligeramente se harían Cristianos, que me pareçió que ninguna secta tenían. Yo plaziendo Nuestro Señor levaré de aquí al tiempo de mi partida seis a Vuestras Altezas, para que deprendan fablar.[13]

Una observación similar que reafirma sus primeras impresiones se repite en una carta de enero de 1494 perteneciente al segundo viaje:

> Yo screví, agora a un año, a Vuestras Altezas de todo lo que me pareçía de todos estos pueblos, de su conversación con nuestra fee santa, que paresçía mui ligera, entendiéndo nos ellos, y fuésemos entendidos; yo muy más lo afirmo, porque veo que seta alguna no le ynpide.[14]

11. Citado por J.H. Elliot, *The Old World and the New, 1492-1650*, Cambridge, Cambridge University Press, 1970, p. 22.

12. Tsvetan Todorov, *La conquete de l'Amerique: La question de l'autre*, París, Seuil, 1982, p. 48-49.

13. Consuelo Varela (ed.), *op. cit.*, p. 31.

14. Antonio Rumeu de Armas (ed.), *op. cit.*, 2, p. 461.

En la carta a Luis de Santángel (15 de febrero de 1493) se observa otra deficiencia: «Andovieron tres iornadas y hallaron infinitas poblaciones pequeñas i gente sin número, mas no cosa de regimiento».[15] La retórica tiene ingenio; sin embargo, los términos del razonamiento son difícilmente aceptables. La diferencia percibida en la cultura arawaka en tres áreas fundamentales de comportamiento humano —religión, lengua y gobierno— es expresada como una deficiencia, aunque probablemente no sea porque Colón tuviera razones para creer que no tenían ninguna religión (¿cómo podría haberlo determinado en un contacto tan breve?), o alguna forma de gobierno (Colón más tarde reconoce que tenían «reyes»), o que no podían hablar (¿podemos creer que el primer encuentro ocurrió en completo silencio?). En este contexto, la noción de deficiencia debe entenderse como una valoración: los indígenas no tenían ni religión ni idioma ni gobierno dignos de nombrarse, según el juicio de Colón basado en la escala de valores europea.

La valoración es de hecho, el punto crítico en la hermenéutica colombina. La diferencia podría ser representada como una ausencia, carencia o deficiencia, mas no podría carecer de algún valor o ser neutral a éste. Los estatutos en las *Capitulaciones* se expresan en un discurso que enfoca y resalta cuestiones de poder y de explotación económica. Colón contesta de una manera ideológicamente complementaria por medio de un discurso de apropiación y dominación, pero el carácter interpretativo de su respuesta aboga en términos distintos a los empleados por la Corona. Por ejemplo, en lugar de las escurridizas mercancías estipuladas en las *Capitulaciones* (oro, especias y piedras preciosas), la tierra misma —fértil, productiva y hermosa— es el tesoro más valioso en la economía natural del *Diario*. Los pasajes que alaban la tierra abundan en los textos colombinos; los que se encuentran en el *Diario* son particularmente intensos por ser productos del primer encuentro.

> En toda Castilla, no ay tierra que se pueda comparar a ella en hermosura y bondad. Toda esta isla y la de la Tortuga son todas labradas como la campiña de Córdova; tienen sembrado

---

15. Consuelo Varela (ed.), *op. cit.*, p. 140.

en ellas ajes, que son unos ramillos que plantan, y al pie d'ellos naçen unas raízes como çanahorias, que sirven por pan y rallan y amassan y hazen pan d'ellas, y después tornan a plantar el mismo ramillo en otra parte y torna a dar cuatro y cinco de aquellas raízes que son muy sabrosas: propio gusto de castañas [...]. Y los árboles de allí diz que eran tan viçiosos que las hojas dexavan de ser verdes y eran prietas de verdura. Era cosa de maravilla ver aquellos valles y los ríos y buenas aguas y las tierras para pan, para ganado de toda suerte, de qu'ellos no tienen alguna, para güertas y para todas las cosas del mundo qu'el hombre sepa pedir.[16]

La tierra se convierte en una mercancía reemplazante, el objeto deseado en el acto de posesión. En la carta a Santángel la isla de Cuba (Juana) se describe en los siguientes términos: «Ésta es para desear, e vista, es para nunca dexar».[17] El texto evoca en el lector un anhelo por la tierra, por medio de una retórica del deseo que inscribe las Indias en un discurso psicosexual cuyas coordenadas principales son la belleza y la fertilidad, y finalmente, la posesión y la dominación.[18]

Sin embargo, el problema aquí radica en las cuestiones de poder político y valor económico expresadas en las *Capitulaciones*, a las cuales se ha añadido una dimensión estética a la existente dimensión comercial. Los textos colombinos muestran un curioso discurso dicotómico cuyas partes, al principio, pueden parecer contradictorias. Por un lado, las idealizadas y poéticas descripciones de los paisajes naturales y humanos recuerdan al clásico *locus amoenus* y a las leyendas del Siglo de Oro. Estos pasajes enfatizan invariablemente la belleza física y

---

16. *Ibíd.*, p. 83.

17. *Ibíd.*, p. 143.

18. José Antonio Maravall explica que Colón toma posesión de las islas que descubrió según la fórmula jurídica utilizada para ello establecida en los textos alfonsinos. Estos textos, la expresión más completa de la cultura jurídico-política de Europa antes del descubrimiento, delimitaban un territorio, no solo como espacio, sino como una entidad cualitativa. Tomar posesión de un territorio implicaba un elaborado proceso de interpretar la relación de *pertenecer a* para establecer un derecho de posesión. Este ensayo intenta analizar precisamente este proceso; o sea, los términos en los que se articula la justificación de la posesión y dominación dispuestos en las *Capitulaciones* en los textos colombinos. Véase su *Estudios de historia del pensamiento español*, 2 vols., Madrid, Ediciones Cultura Hispánica, 1984, 2, pp. 397-399.

espiritual del elemento indígena. Por otro lado, el modo discursivo imperialista y mercantilista, una explícita respuesta al tono y a los términos de lo estatutos esbozados en las *Capitulaciones*, transmiten un marcado desdén por los indios. Aunque parezca haber desavenencias entre estos dos modos, se verá más tarde que forman parte complementaria de una unidad discursiva.

Aunque los modos discursivos poetizados-idealizados y los mercantilistas-imperialistas son radicalmente diferentes en sus términos específicos, muchas veces aparecen contiguamente en el texto. En la manera de puntuarse, en su división estructural, estilo, contexto o disposición, existe una mínima diferencia entre estos dos modos.[19] En muchos de los paisaje testimoniales en el *Diario* la escritura fluye sin interrupción entre un modo y otro, y el efecto discordante:

> Esta costa toda y la parte de la isla que yo vi es toda cuasi playa, y la isla la más famosa que yo vi, que si las otras on muy hermosas, ésta es más. Es de muchos árboles y muy verdes y muy grandes, y esta tierra es más alta que las otras islas falladas, y en ella algún altillo, no que se le pueda llamar montaña, mas cosa que aformosea lo otro, y parece de muchas aguas. Allá, al medio de la isla, d'esta parte al Nordeste haze una grande angla, y a muchos arboledos y muy espessos y muy grandes. Yo quise ir a surgir en ella para salir a tierra y ver tanta fermosura, mas era el fondo baxo y no podía surgir salvo largo de tierra, y el viento era muy bueno para venir a este cabo, adonde yo surgí agora, el cual puse nombre Cabo Fermoso, porque así lo es. Y así no surgí en aquella angla, y aun porque vide este cabo de allá tan verde y tan fermoso, así como todas las otras cosas y tierras d'estas islas que yo no sé adónde me vaya primero, ni me se cansan los ojos de ver tan fermosas verdura y tan diversas de las nuestras, y aun creo que a en ellas muchas yerbas y muchos árboles que valen mucho en España para tinturas

---

19. En el *Diario*, Las Casas a menudo alterna en estos pasajes entre la voz narrativa en primera y tercera persona; sin embargo, claramente esto forma parte de su manipulación editorial. El texto original de Colón sin duda alguna fue narrado completamente desde el punto de vista de la primera persona. Sobre la intervención editorial lascasiana en los textos colombinos véase mi *Reading Columbus*, especialmente los capítulos 3-5.

y para medicinas de espeçería, mas yo no los cognozco, de que llevo grande pena. Y llegando aquí a este cabo, vino el olor tan bueno y suave de flores o árboles de la tierra, que era la cosa más dulçe del mundo. De mañana, antes de que yo de aquí vaya, iré en terra a ver qué es; aquí en el cabo no es la población salvo allá más dentro, adonde dizen estos hombres que yo traigo qu'está el rey y que trae mucho oro. Y yo de mañana quiero ir tanto avante que halle la poblaçión y vea o aya lengua con este rey que, según estos dan las señas, él señorea todas estas islas comarcanas, y va vestido y trae sobre sí mucho oro, aunque no doy mucha fe a sus dezires, así por no los entender yo bien como en cognoscer qu'ellos son tan pobres de oro que culalquiera poco qu'este rey traiga los pareçe a ellos mucho. Éste, a qui yo digo Cabo Fermoso, creo que es isla apartada de Samoeto y aun a[y] ya otra entremdedidas pequeña. Yo no curo así de ver tanto por menudo, porque no lo podría fazer en çincuenta años, porque quiero ver y descubrir lo más que yo pudiere para bolver a Vuestras Altezas, a Nuestro Señor aplaziendo, en Abril. Verdad es que fallando adónde aya oro o espeçería en cantidad, me deterné fasta que yo aya d'ello cuando pudiere, y por esto no fago sino andar para ver de topar en ello.[20]

Con su divagada exuberancia y proliferante observación sobre las cualidades estéticas de la tierra, este pasaje es representativo de las descripciones geográficas en los textos colombinos. No obstante, el poético o idealizado modo de dicción, utilizado para provocar una apreciación estética en el lector, abruptamente cambia de rumbo hacia consideraciones bastante prosaicas concernientes a evaluaciones de carácter económico y de viable explotación de las tierras y de la riqueza de los habitantes. Este desplazamiento conceptual y retórico puede parecer contradictorio al lector, mas aparentemente no lo era así para el narrador: el impulso manifestado de seguir inexorablemente hacia adelante y sin tardanza en busca de oro y de especias, casualmente precede al reconocimiento de que aquel cabo de tierra, notable únicamente por su belleza, detiene a Colón hasta la mañana siguiente. La yuxtaposición libre de tensión entre los dos propósitos que compiten entre sí es

---

20. Consuelo Varela (ed.), *op. cit.*, pp. 39-40.

impresionante si se piensa que le informe está dirigido a la Corona, patrocinadora de los gastos de la expedición, y que sin duda esperaba ansiosamente los frutos de su inversión.

La idealización de la tierra es comparable con la realizada sobre el elemento humano, en la apreciación de la belleza física del indio y de su adaptabilidad complementaria para la evangelización. Las prolongadas descripciones esmeradamente detalladas abundan en el *Diario*:

> Luego que amaneció, vinieron a la playa muchos d'estos hombres, todos mançebos, como dicho tengo, y todos de buena estatura, gente fermosa; los cabellos no crespos, salvo corredíos y gruessos como sedas de cavallo, y todos de la freente y cabeça muy ancha, más que otra generación que fasta aquí aya visto; y los ojos muy fermosos y no pequeños; y ellos ninguno prieto, salvo de la color de los canarios [...]. Las piernas muy derechas, todos a una mano, y no barriga, salvo muy bien hecha.[21]

Es casi imperceptible la ausencia de pincel o aun de un lente fotográfico en presencia de la habilidad de Colón para representar verbalmente lo que ve. En la descripción que hace al siguiente día, observa con igual interés la tumultuosa bienvenida con la que fueron recibidos los españoles y la generosidad y voluntad con la que los indígenas los abastecimieron de agua y comida, aparentemente (dice el almirante) porque creían que los españoles venían del cielo. Cuando Colón relata el episodio en el que busca un sitio adecuado para construir una fortaleza, describe la falta de destreza militar de los indígenas y añade:

> Vuestras Altezas cuando mandaren puédenlos todos llevar a Castilla o tenellos en la misma isla captivos, porque con cincuenta hombre los ternán todos sojuzgados, y les harán hazer todo lo que quisieren.[22]

Concluye el episodio con la siguiente observación: «[...] y se hazen guerra, la una a la otra, aunque estos son muy símpliçes

---

21. *Ibíd.*, p. 31.
22. *Ibíd.*, p. 33.

y muy lindos cuerpos de hombres». La noción que admira en especial en este pasaje es que, de alguna manera, la simplicidad marcial de los indígenas está relacionada con su belleza física; es decir que su belleza explica, y aun justifica, su falta de destreza para la guerra. Tales observaciones revelan que la frontera entre la idealización y la denigración en estos textos es bastante difusa. Por un lado, la hermosura corporal se complemente con una belleza de espíritu, con un encanto particular que los caracteriza. Pero esos mismos atractivos llegan a degradar a los indios al articularse para definir las relaciones entre indígenas y españoles; y de esta manera, justifican la proyección del poder europeo en la subyugación de los nativos.

El deseo junto con el desdén cohabita en los textos colombinos, coherentemente y sin contradicción en el mismo espacio discursivo. En la carta a Santángel, se hacen las siguientes observaciones:

> La gente d'esta isla y de todas las otras que he fallado y havido ni haya havido noticia, andan todos desnudos, hombres y mugeres, así como sus madres los paren, haunque algunas mugeres se cobijan un solo lugar con una foia de yerba o una cosa de algodón que para ello fazen. Ellos no tienen fierro ni azero ni armas, ni son para ello, no porque no sea gente bien dispuesta y de fermosa estatura, salvo que son muy temerosos a maravilla... que muchas vezes me ha acaecido embiar a tierra dos o tres hombres a alguna villa pra haver fabla, i salir a ellos d'ellos sin número, y después que los veían llegar fuían a no aguardar padre e hijo. Y esto no porque a ninguno se aya hecho mal, antes a todo cabo adonde yo aya estado y podido haver fabla, les he dado de todo lo que tenía [...] sin recibir por ello cosa allguna, mas con así temerosos sin remedio.[23]

Aquí se especifica claramente la distinción entre belleza física y valor moral: los indios únicamente tienen la primera de las dos; son seres atractivos físicamente pero moralmente deficientes. De manera notable, los repetidos comentarios referentes a su desnudez, típicamente funcionan para resaltar la vul-

---

23. *Ibíd.*, pp. 141-42.

nerabilidad de los nativos para enfrentarse o no a los españoles, y no como se esperaría para resaltar su belleza física.[24]

En uno de los pasajes citados anteriormente, se usa la palabra *mancebo* para describir a los indios que reciben a Colón y a su flota en la playa. Aunque la preferencia por este vocablo puede interpretarse como un tributo que idealiza su juvenil belleza, entre otras connotaciones de la palabra se encuentran las de un inconcluso desarrollo masculino sexual, intelectual y moral. En el primer diccionario del español (1611) Covaburribas define *mancebo* como niño-hombre todavía bajo la tutela de su padre. Las implicaciones paternalistas evocadas con la elección de este vocablo son evidentes en el siguiente pasaje proviniente de una carta-relación del segundo viaje con fecha del 20 de abril de 1494:

> Todos fechos son como de niños [...], estos fazen lo que been fazer porque, si alguno furta o faze otro mal, es de la misma manera que entre los niños se haze; ellos son sotiles que luego hazen to que veen hazer, mas es çierto y para su govierno y plazer, ningún ayuntamiento hazen al oro ni de otra cosa alguna; salvo por ynvidia, de que son ocupados, cogen oro u otra cosa para que se les dé lo que desean, la cual ynbidia es propia como de niños.[25]

La inferioridad arawaka se define en relación con la superioridad española, que inicialmente se manifiesta como una benevolente custodia:

> Yo defendí que no se les diesen cosas tan siviles como pedazos de escudillas rotas y pedazos de vidrio roto y cabos de agugetas; haunque cuando ellos esto podían llegar, los parescía haver la mejor ioya del mundo: que se acertó haver un marinero por una aguujeta, de oro de peso de dos castellanos y medio [...]

---

24. Es rara la ocasión en que Colón repara en un indio que carezca de atractivo. Cuando lo hace, como en la inscripción del 13 de enero en el *Diario*, concluye que el hombre en cuestión debía ser caníbal. La falta de atractivo físico se une significativamente a la aberración moral: «El diz que era muy disforme en la acdatura más que otro que oviese visto: tenía el rostro todo tiznado de carbón [...]. Juzgó el Almirante que devía ser de los caribes que comen los hombres», *ibíd.*, p. 114.

25. Antonio Rumeu de Armas (ed.), *op. cit.*, pp. 475-476.

Fasta los pedazos de los arcos rotos de la pipas tomavan y davan lo que tenían como bestias.[26]

La comparación explícita que se hace entre los indios y las bestias —para explicar las diferencias cualitativas de aptitud intelectual entre ellos y los europeos— convierte la generosidad de los arawakos, aspecto principal en la idealización espiritual que hace Colón de los indios, en inhabilidad para discriminar entre lo inapreciable y lo invaluable, deficiencia intelectual característica de los animales.[27] Esta desigualdad de intercambio, como Stephen Greenblatt bien lo ha notado, se convirtió en un lugar común en la literatura europea de exploración y conquista, en las descripciones sobre la inferioridad intelectual de los indígenas:

> El sueño europeo [...] es desproporcionadamente desigual en el intercambio de obsequios: Te doy una cuenta de vidrio por una perla que vale la mitad de tu tribu. El concepto de valor económico relativo —la noción de que una cuenta de vidrio o un cascabel seguramente sería una preciosa curiosidad en el Nuevo Mundo— es ajeno a la mayoría de los europeos; estos creen que los salvajes simplemente no entienden el valor natural de las cosas y por lo tanto, se les puede embaucar para que intercambien tesoros por bagatelas, signos llenos por signos vacíos.[28]

No obstante, la comparación de los indígenas con las bestias, no se debe interpretar como una denegación de su humanidad. Todo lo contrario, Colón consistentemente afirma que la gente recién descubierta puede y debe ser convertida a la fe cristiana. Pero mientras que no se duda del aspecto humano

---

26. Consuelo Varela (ed.), *op. cit.*, p. 142.
27. En la carta a la Corona con fecha del 4 de marzo de 1493, un pasaje casi idéntico al que se acaba de citar incluye un elemento adicional, la falta de propiedad privada para designar la inferioridad de los indios. Véase Rumeu de Armas, *El Libro Copiador...*, 2, pp. 437. Como André Saint-Lu ha observado, la falta de ropa aparece repetidamente en los escritos colombinos como un símbolo de barbarismo; véase «La perception de la nouveauté chez Christophe Colomb», en *Études sur l'impact culturel du Nouveau Monde*, París, Editions L'Harmattan, 1981, 1, pp. 11-24.
28. Stephen Grenblatt, *Marvellous Possessions: The Wonder of the New World*, Oxford, Clarendon Press, 1991, p. 110.

en sí mismo de los indios, sí se les juzga como una clase de seres humanos inferiores, pusilánimes, militarmente ineptos, carentes de la facultad para discriminar. Aunque se describe a los caribes como seres agresivos en la carta a Santángel, es evidente la inferiodidad con la que se les percibe:

> Assi que monstruos ne he hallado ni noticia, salvo de una isla que es Carib, la segunda a la entrada de las Indias, que es poblada de una iente que tienen en todas las islas por muy ferozes, los cualles comen carne umana. Estos tienen muchas canuas, con las cuales corren todas las islas de India, roban y toman cuanto pueden. Ellos no son más disformes que los otros, salvo que tienen en costumbre de traer los cabellos largos como mugeres... Son ferozes entre estos otros pueblos que son en demasiado grado covardes, mas yo no los tengo en nada más que a los otros.[29]

Más allá del visible desdén expresado en este pasaje, la alusión a los monstruos de nuevo sugiere la característica fundamental de la representación colombina de la realidad del Nuevo Mundo: la diferencia. Sin embargo, la deficiencia y la disimilitud ahora están intrincadamente ligadas en la interpretación del significado de esa realidad.

La tríada —monstruos, caribes, mujeres— forma una compleja metáfora que manifiesta la inferioridad cuya fuente ideológica se remonta a las nociones aristotélicas de la diferencia. Aristóteles mantenía que el principio masculino gobernaba el funcionamiento del universo. De este modo, la desviación de este principio constituía una degeneración. La feminidad era un paso hacia la imperfección, que en su manifestación extrema conducía a la monstruosidad. El triunfo del elemento femenino sobre el principio masculino, aunque necesario para la proliferación de las especies y por lo tanto no monstruoso en su origen, da pie a la imperfección y, consecuentemente, a la posibilidad de monstruosidad. En la *Política* esta ontología de la diferencia adquiere una dimensión sociopolítica pragmática. El concepto aristotélico de la esclavitud natural, articulado en

---

29. Consuelo Varela (ed.), *op. cit.*, pp. 144-145.

el primer libro, es el centro de una teoría de dominación y subyugación que pretendía explicar la inferioridad innata de ciertos tipos de seres humanos para justificar el poder empleado por la élite masculina en la subyugación de otros. Según Aristóteles, el esclavo por naturaleza es un ser dotado físicamente pero intelectual y moralmente deficiente. Todas las criaturas desde su nacimiento, afirma Aristóteles, están marcadas ya sea para la dominación o para la subyugación, y el gobierno de aquellos considerados superiores sobre los considerados inferiores es tanto natural como apropiado. Por supuesto, en este esquema, la mujer es inferior al hombre:

> De nuevo, el hombre es superior por naturaleza, y la mujer inferior; uno gobierna y el otro es gobernado; este principio de necesidad se extiende a todo el género humano. En donde exista tal diferencia como entre el alma y el cuerpo, o entre el hombre y los animales (como es el caso de aquellos cuyo negocio es usar su cuerpo, y que no pueden hacer otra cosa), el tipo más bajo, es esclavo por naturaleza, y es mejor para él y para todos los seres inferiores, que se encuentran bajo el gobierno de su amo.[30]

En este contexto, el uso de *monstruo* que emplea Colón denota a alguien que no se amolda ya en apariencia, ya en comportamiento a la norma europea, alguien que pertenece a las categorías aristotélicas de sirvientes o esclavos naturales, animales, mujeres y hombres intelectual y moralmente deficientes. La antropofagía de los caribes y su larga cabellera femenina —símbolos de diferencia e inferioridad— les resultan monstruosos a Colón.[31] En la descripción que Colón hace de los indí-

---

30. La afirmación en este pasaje de que los caribes no son muy distintos a los otros indios, excepto en su larga cabellera, no encaja con una observación en el *Diario* que afirma su considerable diferencia física; véase la inscripción del 13 de enero. La aparente contradicción quizá pueda explicarse por el contexto: que aquí la similitud entre los agresivos caribes y los apacibles arawakos se enfatiza para establecer la superioridad española con respecto a ambos grupos.

31. Claude Kappler, en su *Monstres, démons et merveilles a la fin du Moyen Âge*, París, Payot, 1980, demuestra como las nociones aristotélicas de la otredad contribuyeron a definir las conceptualizaciones sobre la monstruosidad en la Edad Media. La mentalidad medieval combinó la noción aristotélica con la contribución agustiniana de que la monstruosidad se justificaba en el plan divino para maravillar a causa de la pluralidad del universo y al mismo tiempo causar repulsión por la diferencia, característica que siempre denotaba inferioridad.

genas, igual que en la descripción aristotélica del esclavo natural, la inferioridad se expresa en términos de carencia, especialmente en las áreas de capacidad intelectual y moral, mientras que la superioridad se concibe como la propiedad de un complemento pleno de los atributos que constituyen el aspecto humano en su forma más alta. Tanto en los textos colombinos como en la *Política*, el concepto de dominación se presenta como un acto filantrópico y paternalista: los *pudientes* (los hombres de la élite enteramente humanos o ciudadanos) suplementan la deficiencia de los *no pudientes*, o esclavos naturales, mediante intervenciones paternalistas. La dominación de los esclavos naturales por la élite los ayuda hacia un mejoramiento vital. De esta manera, el concepto de superioridad no solo connota poseer o tener, sino también implica, y de especial manera, tener la capacidad de suplir las deficiencias naturales de otros seres, es decir, de completar, de llenar un espacio vacío.

La inferioridad es un rasgo distintivo de diferencia en los textos colombinos. El otro rasgo, como se ha visto, es la idealización. El discurso colombino oscila continuamente entre esos dos polos, entre el desdén y el deseo:

> [...] he fecho [...] grande amistad con el Rey de aquella tierra, en tanto grado que se perciava de me llamar y tener por hermano. E haunque le mudase la voluntad a hoffender esta gente, él ni los suios no saben qué sean armas, y andan desnudos como ya he dicho. Son los más temerosos que ay en el mundo, así que solamente la gente que allá queda es para destroir toda aquella tierra.[32]

> Esta gente, como ya dixe, son todos de muy linda estatura, altos de cuerpos e de muy lindos gestos, los cabellos muy largos e llanos y traen las cabeças atadas con unos pañuelos labrados, como ya dixe, hermosos, que pareçen de lexos de seda y almaizares.[33]

La característica importante en estos pasajes es la interpretación de correspondencia entre la dominación europea sobre

---

32. Consuelo Varela (ed.), *op. cit.*, p. 144.
33. *Ibíd.*, p. 210.

los indígenas y la instauración del derecho de posesión española. Las idealizadas y afeminadas descripciones de los indígenas, como las que aparecen en el segundo pasaje, están tan al servicio de la interpretación del desequilibrio de poder como los pasajes evidentemente denigrantes.

En la hermenéutica colombina, la dicotomía entre español e indígena se conforma en la ideología del contraste masculino-femenino y se articula a través de la afeminación retórica del término *indio*. Entre las numerosas observaciones que aparecen en el *Diario* y en las que se asignan características afeminadas a los indios, se encuentran los pasajes relacionados con los atributos físicos de los arawakos, su cobardía y su aparentemente espontáneo servilismo hacia los españoles:

> [...] y alguno de los de mi compañía salieron en tierra tras ellos, y todos fugeron como gallinas.[34]
> [...] y se folgavan mucho de nos hazer plazer.[35]
> [...] Esta gente es muy mansa y muy temerosa, desnuda como tengo dicho, sin armas y sin ley.[36]

En estos y otros pasajes, se define a los indios a través de específicas oposiciones de género, las cuales están jerarquizadas dentro de los parámetros de la cultura de Occidente: valentía/cobardía, activo/pasivo, fuerza/debilidad, mente/cuerpo. Al activar estas dicotomías culturales en sus escritos, Colón interpreta la diferencia entre europeos e indios dentro de una diferencia de género, no simplemente en el sentido biológico sexual, sino como una diferencia de tipo ideológico que se inscribe sobre una economía cultural, en la que el género se convierte fundamentalmente en una cuestión de valor, poder y autoridad.

En su *Relación* a la Corona sobre el tercer viaje, Colón hace una asombrosa y aparentemente aberrante observación. Se refiere a la nueva tierra descubierta como *otro mundo*. Además, asegura que la tierra no es redonda, como todas las autoridades sobre el tema creían; tiene más bien forma de pera, o de seno

---

34. *Ibíd.*, p. 34.
35. *Ibíd.*, p. 36.
36. *Ibíd.*, p. 51.

de mujer. Cuando zarpó hacia el *otro mundo*, sostenía que navegaba hacia la curvatura del seno, hacia el sitio en el que se encontraba el paraíso terrenal. Declara que el Jardín del Edén está situado en el pezón, sitio bastante apropiado por ser el punto más cercano al cielo. Esta sorprendente interpretación sobre la forma y el sitio del Paraíso, significativamente afianzada al término *otro mundo*, ilustra la culminación del proceso de afeminación —aun erotización en este caso— del signo *las Indias*, cuyas fuentes se encuentran ya en el *Diario*. La metáfora del seno paradisíaco no es ninguna aberración, sino un emblema o una encarnación producto de un proceso hermenéutico que comenzó a partir del 12 de octubre de 1492.[37]

Según Colón, los hombres no tienen acceso al Paraíso si no es por medio de la intervención divina. Como se observa tanto en la literatura clásica como en la medieval, el Jardín del Edén es símbolo de lo ideal, de anhelo y de inalcanzable posesión, de deseo y de inaccesibilidad.[38] Sin embargo, mediante la erotización de la *Relación*, el Paraíso entra abruptamente —como una fruta-seno— en la estructura discursiva de apropiación y dominación: se convierte en algo asequible. Mediante una metáfora, Colón entrega la combinación de las Indias y el Paraíso a Fernando e Isabel, de acuerdo a lo estipulado en las *Capitulaciones*. A pesar del precepto divino que vetaba la entrada al Paraíso, los monarcas Católicos precisaban persuadir a Dios para que les abriera sus puertas. Sin duda, la apremiante insistencia de Colón en que la Corona utilizara el oro de las Indias para montar una cruzada que liberara la Tierra Santa fue motivada por el deseo de entrar en el Paraíso, si no en esta vida, sí en la otra.

A lo largo de la Edad Media y aun en el Renacimiento, se manifiesta la correspondencia entre la imagen del Paraíso y del deseo sexual como ideal inaccesible; este tema aparece en las

---

37. Se explica que este proceso culmine en la *Relación* del tercer viaje, al menos parcialmente, por las circunstancias históricas. Para el tercer viaje, la empresa de las Indias estaba tan desprestigiada, que para lograr la colonización de la Española, la Corona se vio obligada a perdonar a cualquier criminal (excepto herejes, sodomitas y falsificadores) que quisieran zarpar con Colón.

38. Sobre el simbolismo del jardín en la literatura del medievo y el Renacimiento véase a A. Bartlett Giamatti, *The Earthly Paradise and the Renaissance Epic*, Princeton University Press, 1966.

obras de numerosos escritores como Dante, Ariosto, Spenser y Shakespeare. Sin embargo, la articulación hecha por Colón sobre el asunto, refleja su familiaridad, no con Dante, sino con el tratamiento popular del tema del Paraíso en el contexto de la literatura mercantil y de conquista. Más próxima a las propias ambiciones de Colón y más apreciada por lo que sabemos sobre la preferencia de sus lecturas, fue la relación hecha por Marco Polo sobre sus viajes al Lejano Este, texto clave para Colón durante el período en el cual formuló la naturaleza y metas de la empresa de las Indias.[39] En el discurso mercantilista del *Libro de Marco Polo* se establece la relación entre comercio, deseo y paraíso en sus descripciones sobre la antigua ciudad China de Kin-sai, o Quinsay (Hangzhou): «Al final del tercer día se alcanza la noble y magnífica ciudad de Kin-sai, nombre que significa "ciudad celestial", y que merece por su preeminencia entre todas las otras que existen en el mundo, tanto por su esplendor y belleza, como por sus abundantes deleites, que pueden inducir al habitante la fantasía de que está en un paraíso». El elemento erótico se hace más explícito en las siguientes páginas, en la descripción que Marco Polo hace de una de las principales delicias de Kin-sai, sus prostitutas: «Así intoxicados por placeres sensuales, cuando [los mercaderes] regresan a sus casas informan que han estado en Kin-sai, o la ciudad celeste, y esperan con ansiedad el momento en el que se les permita volver al paraíso». Notablemente, Kin-sai es precisamente la ciudad que Colón identifica como destino en el *Diario* y en la carta del segundo viaje, en la que esperaba encontrar al Gran Can.[40]

Para Colón, el enlace metafórico de la erotización de la diferencia sexual, de la idealización del territorio y de la interpretación de la otredad tuvieron un antecedente contemporá-

---

39. Algunos estudiosos afirman que Colón no conoció el *Libro de Marco Polo* hasta 1497, cuando recibió un ejemplar del inglés John Day. Los textos colombinos más tempranos, sin embargo, sugieren de una manera convincente, que el autor tenía conocimiento del texto de Polo, particularmente su geografía, durante el primer y el segundo viaje, como se verá en seguida. El más reciente defensor de la teoría de que Colón no conocía el *Libro* de Polo hasta 1497 es Juan Gil, como lo afirma en un ensayo introductorio a su edición de *El Libro de Marco Polo anotado por Cristóbal Colón. El Libro de Marco Polo de Rodrigo de Santiella*, Madrid, Alianza, 1987.

40. Las citas provienen de *The Travels of Marco Polo*, Nueva York, Dorset Press, 1987, pp. 290 y 296, traducidas al español por Rocío Cortés.

neo importante en los romances sobre las batallas contra los moros de la reconquista cristiana. En los romances, el conflicto militar a menudo se relaciona con situaciones o temas eróticos, y el otro (el enemigo) puede aparecer como el objeto de deseo de desdén del sujeto. Por ejemplo, el bien conocido romance *Abenámar, Abenámar* articula el cerco cristiano de la morisca ciudad de Granada como una seducción. El cristiano asediador se presenta como pretendiente, la ciudad se personifica como una renuente mujer y la apropiación territorial representada por el cerco mismo se erotiza a través de una retórica de compromiso amoroso.

En los textos colombinos, la afeminación y la erotización del signo *las Indias* se articula en dos operaciones aparentemente contradictorias: la idealización y la denigración. No obstante, en un sistema cultural donde lo masculino se estima por encima de lo femenino, la erotización del subalterno femenino implica tanto deseo como desdén. La erotización como una operación retórica permite que la idealización y denigración del objeto afeminado ocupen el mismo espacio discursivo sin que exista una desarticulación ni contradicción entre éstas.[41] La superficie contradictoria —la oscilación entre la visión romántica y difamatoria de las Indias— ahora se revela como complementaria, como un par de actitudes coligadas a la ideología propuesta en las *Capitulaciones*.

La denigración de las Indias que Colón construye en la relación del cuarto viaje culmina en un discurso apocalíptico fundamentado en un providencialismo cristiano. La naturaleza y las Indias se vuelven contra Colón con una fuerza que amenaza la misma existencia de la expedición. En un momento en que la tripulación está cansada y enferma, en que las naves se encuentran en pésimas condiciones y en que los indios repentinamente han perdido su docilidad, el delirante Colón escucha una voz en la oscuridad que le asegura que él es el escogido por Dios y que, por lo mismo, debe soportar y perseverar.

---

41. Catherine MacKinnon comenta que la erotización es un mecanismo primordial en el proceso de subordinación de la mujer en las culturas patriarcales; véase *Sexual Harassment of Working Women: a Case of Sexual Discrimination*, New Haven, Yale University Press, 1979, p. 221.

Las Indias finalmente se han convertido en una especie de Medusa, en una devoradora de hombres, en una arpía indomable. Únicamente mediante la intervención divina, Colón y su tripulación podrán salvarse de su ira.[42]

El paradigma femenino, en su dimensión negativa aristotélica, se convirtió en el componente central sobre el que los españoles del siglo XVI construyeron la otredad del Nuevo Mundo y quienes continuaron definiendo al amerindio en términos de la hegemonía española.[43] En contraste con estos últimos textos, el discurso colombino se sitúa dentro de un terreno más medieval en su idealización cristiana-caballeresca de lo femenino; no obstante, su discurso es considerablemente más sutil y complejo. Las interpretaciones del siglo XVI convirtieron una formulación dialéctica en una de carácter monoléctica por medio de la eliminación del elemento idealizador del paradigma colombino (como lo hicieron Vitoria y Sepúlveda) o por medio de la supresión de la dimensión negativa o despectiva (la estrategia de Las Casas).

En su discusión sobre falocentrismo y diferencia en *La jeune née*, Hélène Cixous arguye que la cultura occidental define la otredad en relación con la similitud; bajo este esquema comparativo se construye una dicotomía jerarquizada en el que se privilegia el nivel de semejanza. La identidad, explica

---

42. Gilberto Araneda Triviños afirma que la visión antiidílica y antiedénica presente en la relación del cuarto viaje, destruye y suplanta el mito de las Indias como Paraíso que se describe en los escritos colombinos anteriores; véase «Los relatos colombinos», *Ideologies and Literature* 3, 1 (primavera 1988), 81-96. Sin embargo, los componentes idealizadores y denigrantes se constituyen en operaciones complementarias en la interpretación de la diferencia basada en la dicotomía sexual. Helen Carr también observa esta misma conjunción de la positivo y lo negativo en la afeminación del indio en la cultura colonial norteamericana; véase «Woman/Indian: the "American" and His Others», en Francis Barker *et al.* (eds.), Colchester, University of Essex, 1985, 2, p. 49:

«Así que hombre/mujer, esposo/esposa, seductor/seducido, violador/víctima, todos pueden transferirse a la relación europeo/no europeo y al derecho de supremacía europeo que se percibió como algo natural. Al transferir esta diferencia, toda la ambivalencia hacia la otredad inescrutable de la mujer puede también proyectarse hacia el no europeo. De esa manera, el primer efecto de esta transferencia es naturalizar el deseo de posesión y legitimar el derecho de poseer; el segundo efecto es proveer un lenguaje por el que se pueda expresar el miedo del incalculable potencial para resistir del Otro y para perjudicar al futuro poseedor.»

43. Rolena Adorno, «El sujeto colonial y la construcción de la alteridad», *Revista de Crítica Latinoamericana*, 14, 28 (1988), 55-68.

Cixous, puede ser el resultado de una semejanza inherente o de un proceso de asimilación y apropiación. Puede darse por un deseo de poseer algo que no se tiene, considerado como algo distinto, no solo como algo diferente, sino como algo inferior a lo propio.[44] Así, la mujer se introduce en el sistema cultural no solo como algo opuesto al hombre, sino como una entidad inferior al hombre. Ésta adquiere su valor como un elemento usable, como una mercancía intercambiable entre los hombres, argumento que Luce Irigaray ha discutido.[45] Un pasaje en el *Diario* ejemplifica como la mujer se convierte en un artículo mercantil. La redacción, escalofriantemente brusca, va al grano:

> Y despúes enbié a una casa que es de la parte del río del Poniente, y truxeron siete cabeças de mugeres, entre chicas e grandes e tres niños. Esto hize por que mejor se comportan los hombres en España haviendo mugeres de su tierra que sin ellas.[46]

Como es bien sabido, el término *cabeças* no se utiliza para referirse a los seres humanos, sino para indicar cuantía de ganado. A pesar de eso, Colón lo emplea únicamente para identificar a las mujeres indias ya que no lo hace cuando se refiere a los niños. La imagen del ganado es desafortunadamente apropiada: las siete mujeres fueron recogidas y traídas a bordo para apaciguar a los indios que habían sido capturados anteriormente. Estas mujeres no eran las esposas de esos indios; eran solamente especímenes del mismo tipo, provenientes de la misma isla. Se podría sospechar que también iban a satisfacer a los tripulantes españoles durante el largo viaje de regreso; sin embargo, el texto guarda silencio sobre este aspecto.

A lo largo de este ensayo he sugerido que el discurso colombino responde, en términos de Cixous, a «una economía política de lo masculino y lo femenino». Dicho de otra manera, estos textos interpretan los temas centrales de poder, auto-

---

44. Hélene Cixous y Catherine Clément, *La jeune née*, París, Union Générale d'Éditions, 1975.
45. Luce Irigaray, *Ce sexe que n'en est pas un*, París, Minuit, 1977.
46. Consuelo Varela (ed.), *op. cit.*, p. 56.

ridad y de apropiación en base a la dicotomía sexual.[47] Colón no simplemente describe la diferencia novomondana que en sí es una operación neutral valorativamente, sino que interpreta la diferencia en un diálogo que acata los términos políticos y económicos estipulados en las *Capitulaciones de Santa Fe* y en los otros documentos contractuales previos a la primera navegación. Por lo tanto, el descubrimiento se inscribe en un discurso sexual que se define por una contradicción: el deseo por el Otro coexiste con un profundo sentido de alienación producido por el rechazo de la diferencia. Como en la alegoría del primer encuentro entre los europeos y los amerindios creada por Van der Straet, justo detrás del invitante cuerpo desnudo del Otro femenino yace un cuerpo mutilado, una advertencia sobre los peligros del contacto. El anhelo del ideal alterna continuamente con la denigración de aquello que se considera como bárbaro, es decir, ajeno e inferior. Las Indias según Colón —un signo afeminado y erotizado, deseado y denostado— se inscribió dentro del intercambio colombino como un valor femenino, pensado para consumirse dentro de una economía cultural en la que *descubrir* significa sacar ventaja al desvelar una debilidad, y *feminidad* es sinónimo de explotación.

---

47. Noé Jitrik discute la retórica de la apropiación en los textos colombinos desde una perspectiva marxista; véase *Los dos ejes de la cruz*, Puebla, editorial de la Universidad Autónoma de Puebla, 1983. No obstante, Jitrik no se percata del papel fundamental que tienen en los textos colombinos la afeminación y la erotización del signo *las Indias*. Cuando se toma en consideración la cuestión de género, lo que en un principio parecía ser una contradicción, asume su profundo significado sociocultural.

LOS PROBLEMAS DE LA INTERPRETACIÓN: LA MALINCHE Y SU PAPEL COMO LENGUA

Margo Glantz

Calar hondo...

Calar hondo para descubrir el secreto de las tierras recién descubiertas parece haber sido una de las preocupaciones esenciales de Cortés. Esas frases se repiten a menudo en la primera carta de relación y en la segunda. En el pliego de instrucciones que Diego Velázquez le entrega a Cortés antes de salir de Cuba se lee:

> Trabajaréis con mucha diligencia e solicitud de inquirir e saber el secreto de las dichas islas e tierras, y de las demás a ellas comarcanas y que Dios Nuestro señor haya servido que se descubrieran e descubrieren, así de la maña e conversación de la gente de cada una dellas en particular, como de los árboles y frutas, yerbas, aves, animalicos, oro, piedras preciosas, perlas, e otros metales, especiería e otra cualesquier cosas, e de todo traer relación por ante escribano [...].[1]

---

1. «Instrucciones de Velázquez a Cortés», en José Luis Martínez, *Documentos cortesianos*, México, FCE, 1990, t. I, pp. 45-57, cit. p. 55. Cf. Hernán Cortés, *Cartas de Relación*, México, Porrúa, 1976, pp. 9, 10, 14 y 15. Cf. Beatriz Pastor, *Discursos narrativos de la conquista: mitificación y emergencia*, Hanover, Ediciones del Norte, 1988 (reed. y corr.), pp. 93 y 155.

Y es obvio que no es posible calar hondo ni descubrir secretos si se carece de lengua, es decir de intérprete. La primera buena lengua indígena que Cortés obtiene es Malinalli, Malintzin o Malinche, esa india que, como él dice, «hubo en Potonchán».[2]

¿Cómo hacer para descubrir el secreto que también a ella la encubre? Todos los cronistas la mencionan a menudo, con excepción de Cortés, quien sólo una vez la llama por su nombre en la quinta carta de relación.[3] Coinciden, además (incluso el marqués del Valle), en señalar que Marina formaba parte de un tributo o presente entregado al conquistador después de la batalla de Centla, al principio de su periplo;[4] en dicho tributo se incluyen 20 mujeres para moler maíz, varias gallinas y oro. Forma parte de un paquete tradicional, o mejor de un lote, semejante al constituido para el trueque o rescate, pero en el que por lo general no entran las mujeres; cuando ellas se añaden al lote, es un símbolo de vasallaje (los cempoaltecas «fueron los primeros vasallos que en la Nueva España dieron la obediencia a su Majestad» [Bernal, p. 89]), aunque también puede ser de alianza, como puede verse luego en las palabras del cacique tlaxcalteca Maxixcatzin: «démosles mujeres [a los soldados principales de Cortés] para que de su generación tengamos parientes» (Bernal, p. 174).

López de Gómara formula de esta manera el intercambio:

---

2. Cortés, *op. cit.*, segunda carta, p. 45.

3. *Ibíd.*, quinta carta, p. 242.

4. Cortés indica en la quinta carta, ya mencionada: «[...] Yo le respondí que el capitán que los de Tabasco le dijeron que había pasado por su tierra, con quienes ellos habían peleado, era yo; y para que creyese ser verdad, que se informase de aquella lengua que con él hablaba, que es Marina, la que yo siempre conmigo he traído, porque allí me la habían dado con otras veinte mujeres» (p. 242). Bernal Díaz del Castillo, *Historia Verdadera de la Conquista de la Nueva España*, México, Patria, 1983, pp. 87-88. Andrés de Tapia, «Relación», en Carlos Martínez Marín (ed.), *Crónicas de la conquista*, en *Clásicos de la literatura mexicana. Los cronistas: conquista y colonia*, México, Promexa, 1992², pp. 437-470, p. 446; menciona solo ocho fray Francisco de Aguilar, *Relación breve de la conquista de la Nueva España*, ed., est. prel., not. y apénd. Jorge Gurría Lacroix, México, UNAM, 1988, p. 67; también son ocho para Hernando Alvarado Tezozomoc, «Crónica Mexicana», en Martínez Marín, *op. cit.*, pp. 555-574, p. 566; Francisco López de Gómara, *Historia de la Conquista de México*, pról. y crono. J. Gurría Lacroix, Caracas, Biblioteca Ayacucho, 1984, p. 40; Bartolomé de las Casas, *Historia de las Indias*, ed. Agustín Millares Carlo, est. prel. Lewis Hanke, México, FCE, 1976, pp. 242 y 244; Diego Muñoz Camargo, *Historia de Tlaxcala*, ed. Germán Vázquez, Madrid, Historia 16, 1986, p. 188; Bartolomé Leonardo de Argensola, *Conquista de México*, introd. y not. Joaquín Ramírez Cabañas, México, Pedro Robredo, 1940, pp. 97-98.

Así que pasado el término que llevaron, vino a Cortés el señor de aquel pueblo y otros cuatro o cinco, sus comarcanos, con buena compañía de indios, y le trajeron pan, gallipavos, frutas y cosas así de bastimento para el real, y hasta cuatrocientos pesos de oro en joyuelas, y ciertas piedras turquesas de poco valor, y *hasta veinte mujeres de sus esclavas para que les cociesen pan y guisasen de comer al ejército*; con lo cual pensaban hacerle gran servicio, *como los veían sin mujeres*, y porque cada día era menester moler y cocer el pan de maíz, en que se ocupan mucho tiempo las mujeres. [...] Cortés los recibió y trató muy bien, y les dio cosas de rescate, con lo que holgaron mucho, *y repartió aquellas mujeres esclavas entre los españoles por camaradas* [...] [Gómara, pp. 39-40].[5]

En este caso específico, las mujeres cumplen un doble servicio, acompañarán al ejército para alimentarlo y funcionarán *como camaradas* de los oficiales, eufemismo usado por López de Gómara para no mencionar su verdadero papel, el de concubinas o barraganas, contrato sospechoso, o para usar un término más moderno, el de soldaderas. En realidad, como se dice en el texto, son esclavas: «Los primeros conquistadores y pobladores europeos aplicaron la institución de la esclavitud a los indios de México por dos vías principales: la guerra y el rescate», explica Silvio Zavala.[6] Desde el inicio de la Conquista uno los recursos para conseguir intérpretes era apoderarse de los indios, para que como califica Las Casas «con color de que aprendiesen la lengua nuestra para servirse dellos por lenguas, harto inicuamente, no mirando que los hacían esclavos, sin se lo merecer» (Las Casas, t. III, p. 208). Si sólo hubiese cumplido con la doble función antes mencionada, Marina hubiese caído en el anominato; al añadir a su género otra cualidad, la de ser bilingüe, es decir, conocer tanto el maya como el náhuatl, y también por ser de natural «entremetida y desenvuelta», según palabras de Bernal, acaba refinando su papel, para trascender la categoría del simple esclavo.

---

5. La cursiva es mía salvo indicación en contrario.
6. Silvio Zavala, *El servicio personal de los indios en la Nueva España. (Suplemento a los tres tomos relativos al siglo XVI)*, México, El Colegio de México, El Colegio Nacional, 1989, t. IV, p. 199.

Entremetida y desenvuelta

Pero me detengo un poco: ¿qué es, en realidad, un o una *lengua*? En el primer *Diccionario de la Lengua Castellana*, Covarrubias lo define como «el intérprete que declara una lengua con otra, interviniendo entre dos de diferentes lenguajes». A partir de esto, haré unas observaciones pertinentes, que se deducen de las fuentes históricas, y es bueno volver a tomar en cuenta:

1. Antes de tener lengua, los españoles se entienden con los naturales usando de una comunicación no verbal, «diciéndoles por sus meneos y señas», según Las Casas (t. III, p. 207), o Bernal: «y a lo que parecía [...] nos decían por señas que qué buscábamos, y les dimos a entender que tomar agua» (p. 9).

2. Luego, al apoderarse a la fuerza de los naturales «para haber lengua», no se espera una verdadera comunicación. Las Casas expresa verbalmente sus dudas, acerca de Melchorejo: «[...] traía el Grijalba un indio por lengua, de los que de aquella tierra había llevado consigo a la isla de Cuba Francisco Hernández, con el cual se entendían en preguntas y respuestas algo» (t. III, p. 204); de quien también dice Gómara: «Mas como era pescador, era rudo, o más de veras simple, y parecía que no sabía hablar y responder» (p. 23).

3. Por su peso cae que el lengua debe saber hablar, «declarar una lengua con otra», «intervenir». Ni Juliancillo ni Melchorejo, los indios tomados durante el primer viaje de Hernández de Córdoba, y distinguidos así con ese diminutivo paternalista, son capaces de cumplir al pie de la letra con su oficio de lenguas, que por otra parte no es el suyo. Tampoco lo pueden hacer la india de Jamaica, sobreviviente de una canoa de su isla que dio al través en Cozumel, y que ya habla maya (Bernal, p. 25), ni el indio Francisco, náhuatl, torpe de lengua (Bernal, pp. 34 y 36), encontrados ambos durante el segundo viaje, el de Grijalba.[7]

4. El sexo de los lenguas que se eligen es, por regla general, el masculino, con algunas excepciones, la recién mencionada,

---

7. Cf. Margo Glantz, «Lengua y conquista», *Revista de la Universidad* (México), 465 (octubre 1989).

la india jamaiquina, por ejemplo, y la Malinche. El Conquistador Anónimo afirma que los mexicas es «la gente que menos estima a las mujeres en el mundo».[8] En consecuencia, sólo por azar se piensa en ellas, como bien lo prueba su escasez.

5. Los prisioneros de rescate o de guerra utilizados como lenguas suelen ser deficientes, proceden de mala fe («[...] y creíamos que el intérprete nos engañaba [...]»),[9] no sólo eso, los indígenas vueltos lenguas a fuerza, traicionan: «[...] e aquel mensajero dijo que el indio Melchorejo, que traíamos con nosotros de la Punta de Cotoche, se fue a ellos la noche antes, les aconsejó que no diesen guerra de día y de noche, que nos vencerían, que éramos muy pocos; de manera que traíamos con nosotros muy mala ayuda y nuestro contrario» (Bernal, p. 78).

6. Consciente de esto, y advertido por los primeros expedicionarios de que algunos españoles, hombres barbados, están en poder los naturales de Yucatán, Cortés dedica esfuerzos consistentes para encontrarlos. El resultado es la adquisición de «tan buena lengua y fiel» (Bernal, p. 71), Jerónimo de Aguilar, cautivo entre los mayas.

7. Salidos de territorio maya, el antiguo cautivo español ya no sirve como intérprete: «Todo esto se había hecho sin lengua —explica Gómara— porque Jerónimo de Aguilar no entendía a esos indios» (p. 46). En ese momento crucial aparecen Malintzin, la india bilingüe, entregada por Cortés a Alonso Hernández Portocarrero, muy pronto alejado de esta tierra como procurador de Cortés en España, queda libre en ese mismo año de 1519 al morir aquel en la prisión española donde lo había puesto el obispo Rodríguez de Fonseca, amigo de Velázquez y enemigo jurado de Cortés. La mancuerna lingüística se ha sellado. Su ligazón es tan intensa que fray Francisco de Aguilar los fusiona, habla de ellos como si fueran uno solo, «la lengua Malinche y Aguilar» (p. 413); y el cronista mestizo Die-

---

8. El Conquistador Anónimo, «Relación de algunas cosas de la Nueva España y de la Gran Ciudad de Temextitán, México, hecha por un gentilhombre del señor Fernando Cortés», en Carlos Martínez (ed.), *op. cit.*, p. 402.

9. Juan Díaz, «Itinerario de la Armada del Rey Católico a la Isla de Yucatán, en la India, en el año 1518, en la que fue Comandante y Capitán General Juan de Grijalva. Escrito para su Alteza por el Capellán Mayor de la dicha Armada», en Carlos Martínez (ed.), pp. 1-16, p. 8.

go Muñoz Camargo (p. 189) los une en matrimonio, desde Yucatán: «habiendo quedado Jerónimo de Aguilar [...] cautivo en aquella tierra, procuró de servir y agradar en tal manera a su amo [...] por lo que vino a ganarle tanta voluntad, que le dio por mujer a Malintzin»; y Fernando de Alva Ixtlixóchitl (p. 229) reitera: «Malina andando el tiempo se casó con Aguilar». En realidad, es Cortés quien de ahora en adelante está ligado indisolublemente a la Malinche, «[...] Marina, la que yo siempre conmigo he traído» (p. 242). Se ha formado un equipo perfecto de intérpretes sucesivos, tal y como se ve dibujado en un códice inserto en la *Descripción de la ciudad y provincia de Tlaxcala*, de Muñoz Camargo: «El indio informa, Marina traduce, Cortés dicta y el escribiente escribe».

8. Cortés no necesita un simple *lengua*, necesita además un *faraute*. En las *Cartas de Relación* esa palabra se repite varias veces («dándoles a entender por los farautes y lenguas» [p. 16]). López de Gómara especifica que cuando Cortés advirtió los merecimientos de Malintzin, «la tomó aparte con Aguilar, y le prometió más que libertad si le trataba verdad entre él y aquellos de su tierra, pues los entendía, y él la quería tener por su faraute y secretaria» (*ibíd.*). En ese mismo instante, la Malinche ha dejado de ser esclava, ha trocado su función de *proveedora* —moler y amasar el maíz— y de camarada —ser la concubina de un conquistador— para convertirse en secretaria y faraute de Cortés. Lo ha logrado porque es, recuerda Bernal, de buen parecer, entrometida y desenvuelta.

Y aquí se dijo entremetido el bullicioso

¿Qué es entonces un *faraute*, palabra casi desaparecida de nuestra lengua? Un faraute es, con palabras de Covarrubias, «el que hace principio de la comedia el prólogo; algunos dicen que faraute se dijo a ferendo porque trae las nuevas de lo que se ha de representar, narrando el argumento. Ultra de lo dicho significa el que interpreta las razones que tienen entre sí dos de diferentes lenguas, y también el que lleva y trae mensajes de una parte a otra entre personas que no se han visto ni careado, fiándose ambas las partes dél; y si son de malos propósitos le dan sobre éste otros nombres infames». La Real Academia concuerda con esas acepciones y agrega una que a la letra dice: «El principal en la disposición de alguna cosa, y más comúnmente el bullicioso y entremetido que quiere dar a entender que lo dispone todo». Como sinónimo inscribe la palabra *trujamán* que, según la misma fuente, «es el que por experiencia que tiene de una cosa, advierte el modo de ejecutarla, especialmente en las compras, ventas y cambios».

No cabe duda de que todas esas acepciones le quedan como anillo al dedo a la Malinche. Una de las funciones del faraute es entonces la de lanzadera entre dos culturas diferentes. En parte también, la de espía, pero sobre todo la de intérprete de ambas culturas, además de modelador de la trama, como puede verse muy bien cuando en el *Diccionario* de la Real Academia se agrega: «El que al principio de la comedia recitaba o representaba el prólogo y la introducción de ella, que después se llamó loa». Y es en este papel justamente que aparece Malinche en la tradición popular recogida en el territorio de lo que fue el antiguo imperio maya.[10]

Un faraute puede muy bien ser entremetido. «Entremeterse —vuelve a explicar el *Diccionario* de Covarrubias— es meter alguna cosa entre otras, que en cierta manera no es de su jaez y se hace por disimularla y regañar con ella. Entremeterse es ingerirse uno y meterse donde no le llaman, y de que aquí se dijo entremetido el bullicioso.» Malinche ha demostrado que sabe las dos lenguas, es decir se ha entremetido entre los españoles y los indios y ha enseñado su calidad: es por lo tanto bulliciosa. En una carta que le escribe a Carlos V, fray Toribio Motolinía se expresa así respecto de fray Bartolomé de Las Casas:

---

10. Mercedes de la Garza, «Visión maya de la conquista», en Mercedes de la Garza (ed.), *En torno al nuevo mundo*, México, UNAM, 1992, pp. 63-76. La Malinche se ha convertido literalmente en faraute, o corifeo de una obra dramática sobre la conquista de México, *Diálogo u «original» del baile de la conquista*, en *Guatemala indígena*, Guatemala, Centro Editorial José de Pineda Ibarra, 1961, vol. 1, 2, p. 104. Allí, «los personajes son doce caciques aliados y dos hijas del rey Quicab, a las que llaman Malinches, porque en un momento de la obra una de ellas ofrece su ayuda y sus favores a Alvarado», y más tarde, en un canto entonado por ellas, narran la caída de los quichés: «Llanos del Pinal, si sabéis sentir, / llorad tanta sangre de que vestís; [...]» (p. 71).

Yo me maravillo cómo Vuestra Majestad y los de vuestros Consejos han podido sufrir tanto tiempo a un hombre tan pesado, inquieto e inoportuno y *bullicioso* y pleitista [...].[11]

El bullicioso es el inquieto que anda de aquí para allá, suerte de lanzadera, de entremetido, de farsante. Todo bullicioso es hablador, y Malintzin lo es, ese es su oficio principal, el de hablar, comunicar lo que otros dicen, entremeterse en ambos bandos, intervenir en la trama que Cortés construye. Cumple a todas luces con el papel que se le ha otorgado: es lengua, es faraute, es secretaria y, como consecuencia, mensajera y espía.

Habían de ser sordas y mudas...

Parece ser que las niñas y las muchachas mexicas no hablaban durante la comida, además se las sometía «a una especial parsimonia en el hablar», al grado que Motolinía tenía la impresión de que «habían de ser sordas y mudas».[12] De ser esto una regla general, la figura de Malinche es aún más sorprendente. López Austin aclara que

> En ciertos sectores de la población urbana las mujeres adquirían una posición de prestigio al abandonar las penosas y rutinarias actividades intrafamiliares para participar en las relaciones externas. Así, existe la mención de que las mujeres pertenecientes a familias de comerciantes podían invertir bienes en las expediciones mercantiles. Las fuentes nos hablan también de mujeres que llegaron a ocupar los más altos puestos políticos, y en la historia puede aquilatarse la importancia de personajes como Ilancuéitl, que tuvieron una participación de primer orden en la vida pública. Sin embargo, en términos generales, la sociedad enaltecía el valor de lo masculino [...].[13]

---

11. Pierluigi Crovetto, *I Segni del Diavolo e i Segni di Dio. La carta al Emperador Carlos V (2 gennaio 1555) di Fray Toribio Motolinía*, Roma, Bulzoni, 1992, p. 8.

12. José María Kobayashi, *La educación como conquista (empresa franciscana en México)*, México, El Colegio de México, 1985², p. 53.

13. Alfredo López Austin, *Cuerpo humano e ideología*, México, UNAM, 1984², p. 329.

Si bien la excesiva pasividad que por las fuentes escritas por los misioneros podría deducirse, en relación con las mujeres, ha sido muy controvertida, el hecho escueto es que no se tiene noticia de ninguna otra mujer que, durante la conquista de México, haya jugado un papel siquiera parecido al de la Malinche. En la crónica del clérigo Juan Díaz, capellán de la expedición de Grijalva, se hace mención de un hecho singular, durante una transacción de rescate:

> El dicho cacique trajo de regalo a nuestro capitán *un muchacho como de veinte y dos años*, y él no quiso recibirlo [...].

Más tarde, sin embargo, Grijalva que nunca quiere recibir nada, como reitera Díaz, acepta «[...] a una india tan bien vestida, que de brocado no podría estar más rica [...]» (*ibíd.*, p. 13). Aunque por este dato pudiera inferirse que también se incluían los esclavos varones como parte de un rescate, lo cierto es que en las crónicas sólo he encontrado esta excepción, y en la inmensa mayoría de los casos se hace únicamente mención de lotes de muchachas entregadas como esclavas. Entre ellos, el tantas veces mencionado obsequio de veinte doncellas, entre las cuales se encuentra Malintzin. Como regla general, aunque con excepciones, las otras mancebas se mantienen en el anonimato.[14] Más sorprendente es entonces, repito, el papel primordial que jugó en la conciencia no sólo de los españoles sino también de los indígenas, al grado de que, como es bien

---

14. La investigadora norteamericana Francis Karttunen habla en el artículo «In their Own Voice: Mesoamerican Indigenous Women Then and Now» (*Suomen Antropologi*, 1 [1988], 2-11), de algunas mujeres indígenas de principios del México virreinal, cuya conducta parece ser semejante a la de la Malinche en cuanto a su autonomía, su inteligencia y su actividad decisiva; la información aparece en unos Huêhuehtlahtolli (sabiduría antigua, máximas para el comportamiento habitual), documentos conservados en la Biblioteca Bancroft de la Universidad de California, Francis Karttunen y James Lockhart, *The Art of Nahuatl Speech: the Banccroft Dialogues*, en *UCLA Latinoamerican Studies*, Los Ángeles, UCLA Latin American Center Publications, 1987, vol. 65 (Nahuatl Studies Series, 2). Y Pilar Gonzalbo, por su parte, ha encontrado numerosos ejemplos de españolas, criollas, mestizas e indias, cuya conducta es absolutamente emancipada y que contradice la idea general de que la mujer se encontraba supeditada de manera superlativa al hombre. Sin embargo, los campos de actuación estaban perfectamente delimitados. El paso de uno a otro ámbito se identifica y se califica siempre como si se adoptara una actitud —y una actividad— varonil, tanto en las culturas prehispánicas como durante el virreinato.

sabido, Cortés era llamado, por extensión, Malinche. Diego Muñoz Camargo la enaltece grandemente:

> [...] mas como la providencia tenía ordenado de que las gentes se convirtiesen a nuestra santa fe católica y que viniesen al verdadero conocimiento de Él por instrumento y medio de Marina, será razón hagamos relación de este principio de Marina, que por los naturales fue llamada Malintzin *y tenida por diosa en grado superlativo*, que ansí se debe entender por todas las cosas que acaban en diminutivo es por vía referencial, como si dijéramos agora mi muy gran Señor —huelnohuey—, y ansi llamaban a Marina de esta manera comúnmente Malintzin [Camargo, pp. 186-187].

Si el sufijo *tzin* aplicado a Malinalli (que en náhuatl quiere decir varias cosas, cuyo significado es simbólico y hasta esotérico, como por ejemplo una trenza, una liana, una hierba trenzada...) equivale al reverencial castellano *doña*, Malinche ha adquirido verdadera carta de nobleza.[15] Señora o doña, mujer muy honrada y principal, reverenciada, acatada, de buena carta y generación, Marina va adquiriendo estatura divina entre los naturales, como consta también en varios códices, por ejemplo, los fragmentos del *Códice Cuauhtlatzingo* donde, al reseñar los triunfos de Cortés, aparece doña Marina, ataviada como la diosa del agua, Chilchiuhtlicue,[16] y en el lienzo de Tlaxcala, su colocación en el espacio del códice y sus ademanes revelan que ocupa una jerarquía de gran autoridad. Este dato podría quizá remacharse con el tipo de trabajos donde se analizan con mayor precisión los numerosos códices en donde Marina es personaje esencial, y confirma la tradición en que se basa Muñoz Camargo para hablar de ella como si tratara de una diosa. Pienso que a pesar de la ritualización de los comportamientos en la sociedad náhuatl, y por tanto del estrecho margen de acción que parece correspon-

---

15. Cf. Georges Baudot, «Política y discurso en la conquista de México: Malintzin y el diálogo con Hernán Cortés», *Anuario de Estudios Americanos* (Sevilla), XLV (1988), 67-82.

16. Agradezco a Cecilia Rossell haberme comunicado este dato, también reiterado por Ángeles Ojeda. Cf. el trabajo de Gordon Brotherston que abre este libro para el análisis del personaje Malinche en los códices contemporáneos.

derle, la mujer debe haber tenido mucho peso en la sociedad mexica, sin embargo no me parece probable que se deifique a una mujer que cumple simplemente con las reglas de su cotidianidad, aunque ésta haya sido totalmente violentada por la invasión de los españoles. Sólo puede deificarse a alguien excepcional, y por lo general cuando las mujeres descuellan se tiende a deshistorizarlas y a convertirlas en mitos: la deificación es una de las formas de la mitificación. Marina acaba representando todos los roles y es figura divinizada entre los naturales, y reverenciada por los españoles. A pesar de relativizar su elogio, cuando lo inicia diciendo, «con ser mujer de la tierra», la admiración de Bernal es enorme: «[...] qué esfuerzo tan varonil tenía, que con oír cada día que nos habían de matar y comer nuestras carnes... jamás vimos flaqueza en ella» (p. 172). Diego de Ordás testifica en Toledo, el 19 de julio de 1529, a fin de que Martín Cortés, el hijo bastardo del Conquistador y la Malinche —entonces apenas de seis años y legitimado unos meses atrás—, recibiera el hábito de Caballero de Santiago:

> [que] Doña Marina es india de nación de indios, e natural de la provincia de Guasacualco, que es en la dicha Nueva España, a la cual este testigo conoce de nueve o diez años a esta parte [...] e que es habida por persona muy honrada e principal e de buena casta e generación [...].[17]

Figura legendaria, personaje de cuentos de hadas cuando se la hace protagonista de una historia singular, extrañamente parecida a la de Cenicienta: hija de caciques, a la muerte de su padre es entregada como esclava a los mayas, y como toda princesa que se precie de serlo, la sangre azul recorre con precisión su territorio corporal, presta a descender como Ión en Eurípides, José en la Biblia, Oliver Twist en Charles Dickens, o Juan Robreño en Manuel Payno, para habitar la figura del niño expósito, figura por esencia deambulante aunque, al mis-

---

17. En Manuel Romero de Terreros, *Hernán Cortés, sus hijos y nietos, caballeros de las órdenes militares*, México, Antigua Librería Robredo de José Porrúa e hijos, 1944², pp. 14 y ss.

mo tiempo, ocupe quizá el hierático lugar de las damas de la caballería o la escultórica imagen de las predellas medievales.[18] ¡Quién sabe!, concretémonos ahora a su figura de lengua.

La de la voz

En las crónicas españolas, Malinche carece de voz. Todo lo que ella dice o interpreta, todos sus propósitos se manejan mediante el discurso indirecto. En la versión castellana editada por López Austin del códice florentino, Marina ocupa la misma posición en el discurso que la que ha tenido en las demás crónicas: es enunciada por los otros. Esta posición se altera justo al final: los dos últimos parlamentos le corresponden en su totalidad a Marina. Lo señalo de paso, sería necesario detenerse e intentar explicar cómo se articula esta discrepancia.[19]

En general, y en particular en Bernal, las expresiones utilizadas son muy generales: «según dijeron», «y dijeron que», «y digo que decía», «les preguntó con nuestras lenguas», «y se les declaró», «les hizo entender con los farautes», «y les habló la Doña Marina y Jerónimo de Aguilar». Más tarde, se van refinando las frases y se especifica mejor la función de los lenguas: «Y doña Marina y Aguilar les halagaron y les dieron cuentas», frase en donde se advierte que los farautes no sólo ejecutan lo que se les dice, sino una acción personal. Y se puede culminar con esta explicación de Bernal: «un razonamiento casi que fue de esta manera, según después supimos, aunque no las palabras formales», en la que se maneja la idea de que Malinche ha interpretado a su manera los mecanismos de pensamiento y las propuestas de los españoles.

La interpretación es una acción consistente y continua. Su

---

18. Sonia Rose-Fuggle, «Bernal Díaz del Castillo frente al otro: Dioña Marina, espejo de princesas y de damas», en *La représentation de l'Autre dans l'espace ibérique et ibéro-américain*, París, Presses de la Sorbonne Nouvelle, 1991, pp. 77-87 (citado por Georges Baudot, «Malintzin, imagen y discurso de mujer en el primer México virreinal», texto inédito presentado en el Coloquio Internacional «La Malinche: sus padres y sus hijos», 1-4 de diciembre, 1992).

19. Bernardino de Sahagún, *Historia General de las cosas de Nueva España*, introducción, paleografía, glosario y notas Josefina García Quintana y Alfredo López Austin, México, Conaculta/Alianza, 1989.

existencia es evidente. Se infiere en muchos casos o se subraya en muchos otros. Y sin embargo, en el cuerpo del texto se oye la voz de Cortés —y la de otros personajes— cuando se dirige a sus soldados, es decir, cuando no necesita interpretación; pero también cuando la necesita, esto es, cuando se dirige a sus aliados indígenas o a sus enemigos mexicas, por persona interpuesta, la intérprete.

La voz es el atributo principal, o más bien literal, de la lengua. Quien no tiene voz no puede comunicar. Designar al intérprete con la palabra *lengua* define la función retórica que desempeña, en este caso, la sinécdoque, tomar parte por el todo: quien se ve así despojado de su cuerpo es solamente una voz con capacidad de emisión, y es la lengua, obviamente, la que desata el mecanismo de la voz. La voz no es autónoma y, sin embargo, por razones estratégicas y por su mismo oficio, la lengua es un cuerpo agregado o interpuesto entre los verdaderos interlocutores, el conquistador y los naturales. En los códices es la Malinche la que aparece intercalada entre los cuerpos principales.[20] Este mismo hecho, el de ser considerada sólo por su voz, reitera la desaparición de su cuerpo o, mejor, lo convierte en su cuerpo esclavo. Si refino estas asociaciones, podría decir que además de tener que prescindir de su cuerpo —por la metaforización que sufren sus personas al ser tomados en cuenta sólo por una parte de su cuerpo—, actúan como los ventrílocuos, como si su voz no fuese su propia voz, como si estuvieran separados, o tajados de su propio cuerpo. Esta aseveración se vuelve literal en una frase de fray Juan de Zumárraga, cuando furioso ante los desmanes del lengua García del Pilar, enemigo de Cortés, y aliado de Nuño de Guzmán, exclama:

> [...] *aquella lengua había de ser sacada y cortada* —escribía el obispo al rey— porque no hablase más con ella las grandes maldades que habla y los robos que cada día inventa, por los cuales ha estado a punto de ser ahorcado por los gobernadores pasados dos o tres veces, y así le estaba mandado por don Hernando que no hablase con indio, so pena de muerte.[21]

---

20. He utilizado aquí algunas frases de mi artículo citado anteriormente en la nota 7.
21. Citado en José Luis Martínez, *Hernán Cortés*, México, UNAM-FCE, 1991, p. 549.

La mutilación a la que se les somete se subraya si se advierte que, sobre todo en el caso específico de la Malinche, este cuerpo, a mitad entre sujeto y objeto, debe, antes de ejercer su función, bautizarse.[22] La ceremonia del bautizo entraña de inmediato el abandono del nombre indígena y la imposición de un nombre cristiano. En el caso de Malinche, ella deja de ser Malinalli para convertirse en Marina. Curiosamente, esta alteración de la identidad, el ser conocido por otro nombre, es decir, convertirse en otra persona, que en los lenguas indígenas anteriores, Melchorejo, Juliancillo, Francisco —y aun en Aguilar—, significa también cambiar de traje, comporta una extraña mimetización onomástica, en la crónica de Bernal. El conquistador, Hernán Cortés, es rebautizado y adquiere el nombre de la esclava; es el Capitán Malinche, y ella deja de ser la india Mallinalli para ser nombrada solamente Marina por el cronista. Bernal sabe muy bien que utilizar un apodo para designar a Cortés puede producir extrañeza en los lectores; por ello, aclara de esta manera:

> Antes que más pase adelante quiero decir cómo en todos los pueblos por donde pasamos, o en otros donde tenían noticia de nosotros, llamaban a Cortés Malinche; y así le nombraré de aquí adelante Malinche en todas las pláticas que tuviéramos con cualesquier indios, así desta provincia como de la ciudad de México, y no le nombraré Cortés sino en parte que convenga; y la causa de haberle puesto aqueste nombre es que, como doña Marina, nuestra lengua, estaba siempre en su compañía, especialmente cuando venían embajadores o pláticas de caciques, y ella lo declaraba en lengua mexica, por esta causa le llamaban a Cortés el capitán de Marina, y para ser más breve, le llamaron Malinche [...] [pp. 193-194].

Pero no se queda allí la cosa, las transformaciones onomásticas se siguen produciendo, siempre en vinculación con Marina, como si el hecho de haber sido Malinalli y luego Malintzin —otra transformación fundamental dentro de la otra cultura—

---

22. El significado de *bautizarse* entre los indígenas sería, después de la conquista, «ser destruido». Cf. De la Garza, art. cit.: «[...] preparad ya la batalla, si no queréis ser bautizado [como sinónimo de destruido]» (p. 71).

es decir dejar de ser esclava para convertirse en señora, en *tzin* o en doña, hiciese que los personajes conocidos como lenguas, farautes o intérpretes también se modificaran y recibieran en la conquista de México una nueva denominación, la de Malinches, transformación que a su vez había sufrido el nombre de Malintzin en la defectuosa captación fonética que los españoles tenían de ese nombre. Esta hipótesis mía parece comprobarse con las siguientes palabras de Bernal que completan su explicación sobre estos significativos cambios de nombre:

> [...] y también se le quedó este nombre —Malinche— a un Juan Pérez de Arteaga, vecino de la Puebla, por causa que siempre andaba con doña Marina y Jerónimo de Aguilar deprendiendo la lengua, y a esta causa le llamaban Juan Pérez Malinche, que renombre de Arteaga de obra de dos años a esa parte lo sabemos. He querido traer esto a la memoria, aunque no había para qué, porque se entienda el nombre de Cortés de aquí adelante, que se dice Malinche [...] [p. 194].

Cualquiera diría, después de esta larga justificación bernaldiana que, desde el momento mismo en que doña Marina se vuelve uno de los factores esenciales para efectuar la conquista, el adjetivo o apellido Malinche que se le da a Cortés se vuelve el paradigma del intérprete. Puede remacharse este razonamiento mediante la identificación de la palabra Malinche con la dualidad traidora-traductora que se le atribuye y que se concentra en la palabra malinchismo: los nombres utilizados anteriormente para designar su oficio —faraute, lengua, intérprete— carecen de eficacia para calificarlo. Sabemos también, y aquí se ha mencionado, que en náhuatl Malinche quiere decir la mujer que trae Cortés, el sufijo agregado a su nombre denota posesión.

Retomando el hilo: vuelvo a plantear la pregunta que hice anteriormente. ¿Por qué, entonces, Marina, la de la voz, nunca es la dueña del relato? Su discurso soslayado por la forma indirecta de su enunciación, se da por descontado, se vuelve, en suma, «un habla que no sabe lo que dice», porque es un habla que aparentemente sólo repite lo que otros dicen. Su discurso —para usar una expresión ya manoseada— es el del otro o el de los otros. La palabra no le pertenece. Su función de intermediaria, ese bullicio —y recordemos que la palabra *bullicio* implica de inmediato un movimiento y un ruido— es su respuesta a la otra voz, aquella que en verdad habla, porque permanece, la voz escrita. ¿Será que al pertenecer Marina a una cultura sin escritura, dependiente sobre todo de una tradición oral, es la enunciada, en lugar de ser la enunciadora? ¿Acaso al haberse transferido su nombre a Cortés, el poder de su voz ha pasado a la de él? ¿Acaso, por ser sólo una voz que transmite un mensaje que no es el suyo, no significa? Apenas reproduce la de aquellos que carecen de escritura, según la concepción occidental, esa voz «limitada, como dice de Certeau, al círculo evanescente de su audición». Esta ausencia es la enunciación —este discurso indirecto, oblicuo, en que desaparece la voz de Marina— contrasta de manera violenta con la importancia enorme que siempre se le concede en los textos.

Cortar lengua

En su *Crónica mexicana*, don Hernando Alvarado Tezozomoc, describe así el asombro de Moctezuma al enterarse de las habilidades de Malinche:

> [...] y quedó Moctezuma admirado de ver la lengua de Marina hablar en castellano y cortar la lengua, según que informaron los mensajeros al rey Moctezuma; de que quedó bien admirado y espantado Moctezuma se puso cabizbajo a pensar y considerar lo que los mensajeros le dijeron: y de allí a tres días vinieron los de Cuetlaxtan a decir cómo el Capitán don Fernando Cortés y su gente se volvieron en sus naos en busca de otras dos naos que faltaban cuando partieron de Cintla y Potonchán, adonde le dieron al capitán las ocho mozas esclavas, y entre ellas la Marina.[23]

Tezozomoc, como sabemos bien, es un historiador indio, descendiente directo de Moctezuma, sobrino y nieto a la vez

---

23. Hernando Alvarado Tezozomoc, *Crónica mexicana*, en Martínez Marín (ed.), *op. cit.*, p. 566.

del tlatoani azteca. Se dice que en su crónica «la forma del pensamiento, incluso la sintaxis, son náhuatl»,[24] si esto es así, es importante subrayar la expresión *cortar lengua* que utiliza para sintetizar la supuesta capacidad de Malintzin para hablar el castellano. Cortar lengua podría asociarse con el sobrenombre que según Clavijero tenía también la joven «[...] noble, bella, piritosa y de buen entendimiento, nombrada Tenepal, natural de Painalla, pueblo de la provincia de Coatzacualco».[25] Miguel Ángel Menéndez, citado por Baudot, afirma que Tenepal proviene de *tene* («afilado, filoso, puntiagudo, cortante», y por extensión, persona que tiene facilidad de palabra, que habla mucho); *tenepal* podría asimismo originarse en *Tenpalli*, palabra que Méndez traduce por «labio», y *tenepal* puede significar alguien que «tiene gruesos labios» es decir «que habla mucho».[26] Dentro de este contexto, parece evidente que la expresión *cortar lengua* usada por Tezozomoc está vinculada a Tenepal. Habría que llevar más lejos las correspondencias, pero por lo pronto, lo que en realidad me importa subrayar aquí, es el diferente tratamiento que se le da a doña Marina en las crónicas de origen indio o mestizo y su enorme capacidad para la interpretación en una sociedad que, evidentemente, está vinculada a la tradición oral y donde los códices necesitan de la palabra memorizada para interpretarse. Malinche ya habla castellano, al decir de Tezozomoc, desde el inicio del avance de Cortés hacia la capital mexica, y los españoles son aquellos hombres descritos por los viejos que

[...] predestinaron como sabios que eran, que había de volver Quetzálcoatl en otra figura, y los hijos que habían de traer

24. *Ibíd.*, preámbulo de Carlos Martínez Marín, pp. 557-558.

25. Francisco Javier Clavijero, *Historia antigua de México*, prólogo Mariano Cuevas, México, Porrúa, 1976, pp. 299-300.

26. Miguel Ángel Menéndez, *Malintzin en un fuste, seis rostros y una sola máscara*, México, La Prensa, 1964. Cf. Baudot, *op. cit*, p. 6 (versión mecanografiada). He consultado varios historiadores, lingüistas y antropólogos, especialistas en lengua náhuatl, Georges Baudot, Alfredo López Austin, Carlos Martínez Marín, Jorge Klor de Alba, sobre estas acepciones de la palabra tenepal. Aunque no puede asegurarse que la interpretación de Menéndez sea la única, el carácter altamente metafórico de la lengua náhuatl permite suponer que puede utilizarse en la acepción que le he venido dando en este ensayo. Aprovecho la ocasión para agradecerles su interés y su ayuda.

habían de ser muy diferentes de nosotros, más fuertes y más valientes, de otros trajes y vestidos, y *que hablarán muy cerrado*, que no los habremos de entender, los cuales han de venir a regir y gobernar esta tierra que es suya, de tiempo inmemorial [Tezozomoc, p. 568].

En este contexto, parece meritorio que sólo *puede penetrar en ese lenguaje cerrado* —en esa habla apretada— quien tenga la lengua filosa y los labios muy gruesos para *poder cortar lengua*. Y esa habilidad tajante, esa capacidad de hendir, de abrir aquello que está cerrado, en este caso un lenguaje, sólo puede hacerlo una diosa. Así convergen en este punto dos de las expresiones entresacadas y subrayadas por mí dentro de las crónicas que he venido analizando: para *calar hondo* en la tierra es necesario *cortar lengua*. Y en su papel de intermediaria, de faraute, la Malinche ha logrado atravesar esa lengua extraña, apretada, la de los invasores, aunque para lograrlo se sitúe entre varios sistemas de transmisión, los de una tradición oral vinculada a un saber codificado, inseparable del cuerpo e ininteligible para quienes prefieren la escritura a la palabra, para quienes han transferido la lengua a la mano, o en palabras de Bernal: «Antes que más meta la mano en lo del gran Moctezuma y su gran México y mexicanos, quiero decir lo de doña Marina».

LA MUJER PETRARQUISTA: «HOLLINES Y PECES». POÉTICA RENACENTISTA A TRAVÉS DE LA ÓPTICA DE SOR JUANA

Emilie L. Bergmann
Leah Middlebrook

«El soneto es la forma poética renacentista por excelencia; «la más hermosa composición [...] de mayor artificio y gracia de cuantas tiene la poesía italiana y española», opinó Fernando de Herrera en las *Anotaciones* al Soneto I de Garcilaso. Los primeros sonetos de Boscán y Garcilaso señalan la colaboración peninsular en los proyectos tanto estéticos como ideológicos del renacimiento italiano. Desde los orígenes de la forma en el siglo XIII en Italia, puede verse como *transhistórica*; no obstante, en «la variedad temática y sintáctica de este fenómeno poético» en los siglos XVI y XVII en la poesía castellana, el soneto tiene una estrecha relación con la tradición petrarquista (Rivers, 1993, p. 8). La influencia más visible del soneto petrarquista consiste en los aspectos formales, como la rima, la versificación y la sintaxis; pero la forma lleva consigo un lenguaje poético en el cual están inscritos los conceptos del *yo* renacentista, del amor neoplatónico y una perspectiva sobre la mujer, que predominan en la poética petrarquista, síntesis y transformación de las tendencias poéticas anteriores. Es una poética basada en la articulación del deseo imposible del *yo* poético masculino hacia un *imposible* objeto femenino, ya predominante en la poesía cancioneril. La poética petrarquista formaliza un diálogo no entre hombre y mujer, sino entre hombres, mediado por el tercer elemento del cuerpo fetichizado y despedazado de la mujer callada, ausente o muerta. El monólogo del *yo* masculino está dirigido hacia otros sujetos masculinos, sus coetáneos en un discurso homosocial, y los antepasados, con quienes entabla una rivalidad edípica (De Jean, pp. 6-7; Navarrete, p. 29). La forma breve del soneto es el campo de batalla en el que cada generación poética tiene que superar y vencer a la figura patriarcal de Petrarca y de las generaciones anteriores. Este diálogo está arraigado en las condiciones de la producción poética en las cortes europeas del Renacimiento, y en los proyectos castellanos de imperio en Europa y América, a pesar de la casi ausencia de referencias a esta.

Medievo, subjetividad femenina y maternidad en la poesía

Solo con dar un vistazo a la representación femenina en la lírica hispánica entre las *kharjas* del Al-Andalus y las *cantigas d'amigo* gallego-portuguesas por un lado, y la poesía castellana del barroco por otro, resalta la diferencia entre las enamoradas de la tradición popular arábigo-andaluza, quienes cantan sus deseos a un público interno al poema, a la madre o a otras mujeres, y quienes son partícipes activas en los amores que bosquejan los poemas, y la mujer petrarquista. Sería una exageración atribuir a las mujeres medievales esta voz sin notar la compleja serie de ficciones que la enmarcan en el imaginario masculino; sin embargo, se puede contrastar la voz de la mujer inventada por los poetas del medievo con la ausencia de un deseo correspondiente de parte de la mujer petrarquista. En el contexto del *muwashshahat*, la voz femenina de las *kharjas* pierde el encanto de la voz percibida por los críticos: «pura [...] [n]ítida, exacta, como si brotara ahora de la garganta en flor y de los labios que transparentaban la sangre moza», una expresión popular, espontánea y auténtica de una «"[e]terna doncella enamorada"» (Alonso, p. 312; citado en Kelley, p. 4). Al momento de percibir esta voz como de alguna edad de oro anterior a la poética letrada, Alonso impone la fragmentación petrarquista en la mujer que imagina como quintaesencia de lo femenino.

Como resultado de los cambios sociales e ideológicos en los siglos XVI y XVII, la mujer perdió mucho más que el poder en el mundo político, profesional y económico (Kelly Gadol; El Saffar, 1992, p. 863). Perdió tambien la representación —por ficticia que fuera— de una autonomía discursiva, como se puede notar en el contraste entre la voz del deseo femenino en las jarchas y el silencio de la mujer en la poesía petrarquista. En las *kharjas* arábigo-andaluces, la voz de una joven está dirigida al amante o a una figura maternal en la narrativa implícita en esa lírica; por ejemplo: «Qué faré, mamma? / Meu *al-habib* est ad yana» y «¡Mamma, *ayy habibi! / Suaal-chumella shaqurellah*, / el collo albo, / e boquella *hamrellah*» (Frenk Alatorre, 1978, n.os 4 y 6, p. 36). («¿Qué haré, madre? Mi amado está a la puerta»; «Madre, ¡qué amigo! Su guedejuela es rubia, el cuello blanco y la boquita coloradita».) El deseo femenino está representado en los *romances viejos* más populares, que narran el adulterio por el que la mujer es castigada, por ejemplo en «La amiga de Bernal Francés», y «El rey que mucho madruga», o perdonada, como en «Gerineldo» (Cruz, 1990). El apego de estas narrativas está en su aspecto subversivo, así como el romance ampliamente difundido en las versiones sefarditas de «La doncella guerrera», en que una joven se viste de hombre para servir en lugar de su padre: su transgresión no está castigada sino premiada por el amor de un amante noble o un príncipe. Los cambios entre la poesía popular medieval y la poesía de las capas más altas de la sociedad renacentista se inscriben en el conjunto de transformaciones sociales, de disminución de posibles perspectivas y voces, camino hacia una ortodoxia monológica hacia fines del siglo XVII, que suscita resistencias e incluye contradicciones y conflictos internos.

Transiciones y rupturas en la representación femenina

A pesar de que los poetas cortesanos siguieron escribiendo romances, algunos de los cuales se hacen eco de las *cantigas d'amigo*, como el romancillo de Góngora «La más bella niña», la producción sonetil representa el predominio de la nueva estética vinculada al humanismo neoplatónico.

Es posible que, como ha señalado Gentil da Silva, la ley del Humanismo viniera a ser para las mujeres la ley del aislamiento dentro del recinto doméstico. [...] Lo que sí está claro es que a partir del siglo XVI, la mayoría de los moralistas optaron por dejar de lanzar improperios misóginos y se dedicaron en gran medida a elaborar modelos de perfectas doncellas, perfectas casadas, perfectas viudas y perfectas monjas, para tratar de convencer a las mujeres de que se ajustaran a las normas de acción que correspondían a los papeles y estados en los que trataban de ser ubicadas por el poder masculino [Vigil, pp. 16-17].

El rechazo de la poética tradicional peninsular, en el cual hace hincapié Herrera en su prólogo a las anotaciones de Garcilaso a la par que afirma la hegemonía lingüística castellana (Zavala, 1992, p. 63), implica a su vez: el rechazo de la expresión del deseo femenino por boca de la mujer o narrado por una voz masculina, y de la representación del cuerpo femenino como lugar de significación. El distanciamiento de la figura maternal es un mecanismo clave de la poética renacentista y de lo que denomina Ruth A. El Saffar la evolución de la psiquis colectiva en la transición a la modernidad. Según ella, al desplazarse la cosmología orgánica medieval para convertir en objeto a la mujer y a la naturaleza mediante la metodología científica renacentista hubo también como resultante una intensificación del silencio y de la pasividad de la mujer. Como en el siglo XVI los misóginos se quejaban de la lascivia y locuacidad de la mujer, los del siglo XVII se quejan de su vanidad, su pereza y su dependencia del hombre (1994, p. 63). Este cambio histórico no tiene el mismo efecto a través de los niveles sociales y las regiones geográficas: la vida cotidiana campesina no varió tanto entre el medievo y el siglo XVIII como la de la mujer urbana.

En cuanto a la representación literaria de la mujer, y la falta de imágenes de la maternidad, María Rosa Lida de Malkiel afirma que

[...] sabido es que la convención del Siglo de Oro elimina a la madre del teatro y de la novela, como no sea en el papel ridículo de rival de su hija o en el papel odioso de su tercera y encubridora [1962, p. 494].

Este fenómeno literario corresponde a la intensificación de sentimientos conflictivos hacia la madre (según Ruth El Saffar), y las teorías psicoanalíticas sobre las relaciones infantiles con el objeto psíquico —por ejemplo, las de Melanie Klein y de D.W. Winnicott— que aclaran las fantasías de terror e idealización que caracterizan las relaciones del recién nacido con la sombra poderosa que se va reconociendo como la Madre. Ruth El Saffar indica como esta figura abrumadora influye en el desarrollo de representación de la mujer en la literatura del siglo XVI:

> La escritura influida por el sentimiento de contingencia y desamparo *vis à vis* de la madre pondrá énfasis alternativa en los aspectos destructivos y satisfacientes de esa dependencia. En la poesía amorosa de los *cancioneros*, en los manuales de los inquisidores perseguidores de brujas, en las romances sentimentales [como *Grisel y Mirabella*], y en las discusiones de la cuestión de la mujer puede percibirse la dinámica de miedo y dependencia que sugiere un período anterior al Renacimiento en el cual la resistencia a, junto con el cautiverio dentro de la figura de la Madre, es la experiencia colectiva predominante [1992, p. 864].

El rechazo de la imagen de la Madre omnipotente en el siglo XVI dio como resultado una imagen mutilada y transformada, justamente el cuerpo femenino que yace en los cimientos de la poética petrarquista. El análisis que hace Nancy Vickers de la fragmentación petrarquista y los vínculos entre el yo masculino y el prohibido cuerpo femenino (el cuerpo de la madre) explican cómo son compatibles en la poesía de Francisco de Quevedo el petrarquismo más exquisito con sus descripciones repugnantes del cuerpo femenino de la mujer madura en los sonetos satíricos y misóginos.

El cambio en el discurso cultural sobre la mujer sí tenía vigencia en la vida de las mujeres cuyo comportamiento como esposas y madres se percibía como base de la estabilidad social, en su papel de formación de servidores del Estado. Por eso, Luis Vives trata el tema de las lecturas de las doncellas y les prohíbe las obras de *entretenimiento* a favor de los libros de devoción. Se observa cómo las obras didácticas estudiadas por

Vives se dirigen hacia la separación absoluta entre la devoción *perfecta* espiritual y el cariño físico en la maternidad. Su consejo a las madres en la *Educación de la mujer cristiana* les avisa del peligro de *regalar* a los hijos y de mostrarles afecto (Bergmann, p. 366). El argumento de Vives desautoriza a las madres negando que estas sepan lo que es el amor, para después afirmar que su propia madre sí sabía lo que es el verdadero amor maternal, que consiste en no demostrar el más mínimo indicio de lo que se siente:

> ¿Queréis ser amadas de veras, sobre todo en aquella edad en que ya saben qué cosa es el amor puro y santo? Haced que no os amen cuando ignoran todavía qué es amor, y más que a sus padres prefieren pasteles, miel o azúcar. Madre ninguna amó con mayor ternura a su hijo que la mía me amó a mí. Y ningún hijo más que yo se sintió menos amado de su madre. Casi nunca me sonrió; nunca se me mostró indulgente. [...] Así que de ninguna otra persona huía más, de nadie sentía más aversión que de mi madre cuando yo era niño. Y ahora su memoria es para mí la más sagrada, y todas las veces que me asalta su recuerdo [...] la abrazo y beso en espíritu con la más dulce de las gratitudes [II, xi, 1.144b].

La gratitud que siente el gran humanista por su madre se debe a la falta de amor en su niñez, una ausencia que ahora ha sido suplementada por su erudición, su autoridad en el mundo jerárquico. Otra vez se percibe la relación entre un texto del XVI y la teoría contemporánea del sujeto, pues Vives asocia su individuación, su separación de la cédula maternal, con el proceso de sustituir el cariño íntimo de los padres por un pastel. El deseo del dulce sabor abre la puerta hacia el orden simbólico, la capturación por el lenguaje y la entrada en la subjetividad discursiva; más el efecto de esta subjetividad *moderna* en la imagen de la mujer es evidente en la asociación de la frialdad y prohibición maternal y su instalación en el plano de *la más sagrada*. Sus abrazos y besos son perfectos, por ser solamente espirituales.

Los consejos de Vives abren la posibilidad de toda una sociedad de mujeres petrarquistas —sagradas, inalcanzables, deseadas— solicitadas por los hombres humanistas que las persiguen con sus redes de palabras. Sin embargo, no todos los lectores y escritores (incluso lectoras y escritoras) respondieron de manera unívoca a los libros didácticos ni a las normas poéticas de la época.

Garcilaso de la Vega y la maternidad

Los comentarios de Herrera inscriben como *clásica* la poesía de Garcilaso, pero al mismo tiempo que trazan su filiación incluyen tanto la poesía de Garcilaso como la de Herrera y sus comentarios en el paradigma edípico de competencia y conflicto. Sin embargo, el estudio de Ted McVay muestra como Garcilaso, en la égloga III, se adhiere a «las convenciones estéticas estrechas y autoritarias» de la *poesía italianizante* mientras simultáneamente subvierte y protesta las restricciones masculinizantes impuestas por esa estética (pp. 229-230). La creación del espacio apartado para que las ninfas puedan tejer sus tapices introduce un espacio femenino en la economía masculina, y después sustituye a los personajes femeninos por los pastores que cantan la ausencia de sus amadas; su canto encarna lo inacabado (p. 230). En la écfrasis del tapiz de Venus lamentando la muerte de Adonis, McVay nota que la descripción de Adonis tambien hace visible lo que no debe asomarse en la economía masculina: el cuerpo masculino (p. 234).

En el soneto XIV el yo del amante se identifica con la figura materna que no puede obedecer la enseñanza de los autores didácticos que tanto criticaron a las madres que *regalaban* demasiado a sus hijos:

> Como la tierna madre — quel doliente
> hijo le 'stá con lágrimas pidiendo
> alguna cosa de la qual comiendo
> sabe que ha de doblarse el mal que siente
> y aquel piadoso amor no le consiente
> que considere el daño que, haciendo
> lo que piden, haze— va corriendo
> y aplaca el llanto y dobla el accidente;
> assí a mi enfermo y loco pensamiento,

que en su daño os me pide, yo querría
quitalle a este mortal mantenimiento
mas pídemele y llora cada día
tanto que quanto quiere le consiento,
olvidando su muerte y aun la mía.

[OC, p. 103]

La función del amor materno difiere entre este soneto y el que imita, el 285 del *Canzoniere* de Petrarca, en el cual Laura, ya muerta, le aconseja como «pietosa madre al caro figlio» (Cruz, p. 22). En ambos casos, la figura del poeta ocupa el lugar y papel de la madre, apropiando su voz y sus emociones, vistos por los escritores didácticos y teológicos a través del siglo XVI como excesivas, fuente de toda malcrianza de hijos y de la resultante desorden social.

Lo que desarrollamos como un desalojamiento psíquico de la madre hacia el plano de la imagen de la mujer idealizada se expresa en la poesía petrarquista a través de las metáforas de la fragmentación y *petrificación*, literalmente, del cuerpo femenino. El soneto renacentista suele pintar a la mujer hecha de mármol, nieve, marfil, hielo: fría, dura, impenetrable, invulnerable a las flechas del amor y a los deseos del amante. No puede responder a las peticiones más emocionadas; la mujer que aceptara tal deseo dejaría de ser objeto legítimo del deseo. El modelo petrarquista reúne y transforma una red compleja de estrategias descriptivas anteriores, incluso la tradición del *blasón*. Este modelo nunca se presenta en su totalidad: Laura «siempre está presentada como parte o partes de una mujer [...] tiene la textura de metales o piedras; su imagen es la de una colección de objetos disociados» (Vickers, p. 266). La fragmentación y el aislamiento de las partes del cuerpo femenino son una estrategia clave de la poética petrarquista.

Recordemos además que Lope de Vega caracteriza el papel del soneto en la *comedia nueva* como «para los que aguardan»; así sirve como una poética de inmovilidad, de éxtasis, en la cual los personajes están alejados en el tiempo y se representan solamente en el espacio. El enfrentamiento con el tiempo y la petición del amante en los sonetos de *carpe diem* a que la dama *goce* de su juventud, es decir, que le permita al amante gozar de ella, no es una excepción a la caracterización espacial, estática y objetificada de lo femenino. En cambio, ese *topos* sitúa a la dama como opuesta a la conciencia temporal, de la naturaleza de la vida misma. El soneto de sor Juana, «Este que ves, engaño colorido», muestra la lógica engañosa del *carpe diem*, de la representación de la mujer y de la mirada masculina reflejada en el espejo de la otra. Este soneto revela el *falso silogismo* del *carpe diem*, reuniendo los elementos del tiempo y de lo femenino. La representación espacial se percibe como ilusión peligrosa a las mujeres, y la voz femenina en el soneto se apodera del tiempo, estereotipado como masculino. La problemática ideología del soneto petrarquista se hace patente cada vez que una mujer intenta escribir dentro de esta tradición (Jones, p. 4).

Resistencia femenina a la representación petrarquista

A pesar de la educación humanística de algunas mujeres urbanas privilegiadas, los estudios no les dieron acceso a los mecanismos del poder: estaban excluidas de las universidades, la jerarquía eclesiástica y los puestos administrativos que ocupaban los letrados. Incluso para dejar su nombre en la historia literaria, a las mujeres que escribían poesía o prosa les hacía falta un pariente o protector que les facilitara la publicación de sus obras. Al estudiar el conocido ejemplo de Louise Labé, poeta francesa del siglo XVI, y de otras francesas, inglesas e italianas, Ann Rosalind Jones observa: «La oposición feroz con que las mujeres tuvieron que negociar el empleo de las convenciones eróticas se manifiesta en las numerosas formas de ataque masculino a las poetas; o sea, se reconstituía su figura para transformarla en objeto de consumo general. Los contemporáneos de Louise Labé la acusaron de vender su cuerpo a todos, construyendo una analogía entre la presentación de sus sonetos a los clientes de la imprenta.» (Jones, p. 7).

Louise Labé en el Lyon del siglo XVI y sor Juana Inés de la Cruz en la Nueva España del siglo XVII se enfrentaron con la problemática representación del deseo y del cuerpo femenino. Nuestro título, «hollines y peces», remite al comentario satírico de los retratos poéticos de la mujer desde Homero a Petrarca en el romance de sor Juana «Sobre si es atrevimiento». El poema, como otros de los retratos burlescos de la poeta novohispana, renuncia al propósito de pintar a Elvira, la condesa de Galve, tras los esfuerzos inútiles de comparar *luces, colores, trastos* de los pintores Timantes y Apeles, y *afeites* de los Poetas.

> En Petrarca hallé una copia
> de una Laura, o de una duende,
> pues dicen que sér no tuvo
> más del que en sus versos tiene.
> Cubierta, como de polvo,
> de Griego, una copia breve
> hallé de Elena, de Homero
> olvidada en un retrete.
> [...]
> A Proserpina, en Claudiano,
> ni aun me dió gana de verle
> la su condenada faz,
> llena de hollines y peces.

[OC, I, p. 124, núm. 43, vv. 33-48]

Los poetas han rebajado a las mujeres más renombradas por su belleza: la famosa Elena se encuentra «olvidada en un retrete», la amada y musa de Petrarca se rinde *copia* o *duende* o mera imitación o fantasma. Sor Juana traduce y transforma en «hollines y peces» la frase de Claudiano «picei caligine regni» (OC, I, p. 425, n. al v. 48), que parece formar parte de la serie, de amantes conocidos pero en realidad remite a la historia de una madre e hija separadas por el poder de un dios, y no al amor entre mujer y hombre como en los casos de Elena y Laura. Los versos de sor Juana se resignan a la imposibilidad de representar la belleza física de la Condesa sin destrozarla como han hecho los Poetas con otras mujeres. Sor Juana afirma la materialidad y la opacidad que resiste el conocimiento tanto como la representación: se postra a «la tierra que pisas y / los pies, que no sé si tienes». Afirma la materialidad de la obra de arte y el proceso de producción artística, con la lista de *trastos* y colores de los pintores, y con la frase, «hollines y peces», como si los Poetas hubieran fabricado la tinta con la cual escriben sobre la mujer.

El petrarquismo no solamente representa un cuerpo femenino despedazado, de miembros y atributos esparcidos, sino también el sepulcro de lo femenino erigido sobre la base filosófica del neoplatonismo, en contraste con la violencia lúdica de los debates misóginos y profeministas del medievo tardío: «[...] si hay algún término que pueda caracterizar la sinceridad ideológica de un autor medieval ante la mujer y la erótica, este es la ambigüedad [...] Un ejemplo clásico de esta duplicidad lo constituyen las retractaciones de notorios antifeministas como Andreas Capellanus, Pere Torrellas y Martínez de Toledo, cuya intencionalidad puede muy bien ser lúdica o paródica» (Boyer, 1988, pp. 251-252). El amor ha dejado de ser juego o guerra metafórica entre dos combatientes activos; la imagen gongorina del *tálamo* que es «a batallas de amor campos de pluma» es del poema largo, experimental, su *Soledad Primera*, tal como el *Polifemo* plasma de nuevo el cuerpo erótico, tanto femenino como masculino, entretejido el uno con el otro en un paisaje sumamente pagano. Hay pocas excepciones a esta exclusión de la voz la presencia y la totalidad corpórea de la mujer: Francisco de Aldana, basándose en los *Dialoghi d'Amore* de León Hebreo y desviándose del neoplatonismo, propone un erotismo de presencia corpórea y diálogo íntimo y científico: el cuerpo y el acto erótico constituyen las circunstancias de la ciencia (Terry, p. 239) Góngora afirma igualmente la sensualidad erótica y el peligro de lo erótico en su soneto amoroso *La dulce boca que a gustar convida* (p. 258).

El apóstrofe es la figura más característica de la lírica europea, y su función es el distanciamiento de la mujer en espacio y tiempo, dejando al yo lírico a solas para crear el objeto deseado, sin su intervención. Este soneto de Aldana se desvía de la norma retórica, de enajenación y objetificación, plasmando un diálogo entre amantes. El soneto está basado en los *Diáloghi d'Amore* de León Hebreo, pero afirma de una manera poco común la interrelación entre cuerpo y espíritu, con la imagen de la esponja y de la interpenetración mutua de líquidos y cuerpos (Terry, p. 239).

> *¿Cuál es la causa, mi Damón, que, estando*
> *en la lucha de amor juntos, trabados*
> *con lenguas, brazos, pies, y encadenados*
> *cual vid que entre el jazmín se va enredando,*
> *y que el vital aliento ambos tomando*
> *en nuestros labios, de chupar cansados,*
> *en medio a tanto bien, somos forzados*
> *llorar y suspirar de cuando en cuando?*
> *Amor, mi Filis bella, que allá dentro*
> *nuestras almas juntó, quiere en su fragua*
> *los cuerpos ajuntar también tan fuerte*
> *que, no pudiendo, como esponja el agua,*
> *pasar del alma al dulce amado centro,*
> *llora el velo mortal su avara suerte.*
> [1984, p. 45; 1985, pp. 201-202]

La poesía amorosa de Aldana introduce de manera semejante la inmediatez, la sensualidad y el amor correspondido no
solamente con la voz sino con el cuerpo entero. Filis y Damón
hablan mientras se abrazan en una escena excepcional: «¿En
qué otro soneto amoroso del siglo XVI se encontrarán las palabras *lenguas*, *braços* y *pies*, ni mucho menos *chupar*?» (Rivers,
1955, p. 156). El examen del amor en la poesía de Aldana ha
de leerse no solamente a la luz de León Hebreo, sino tambien
a la del discurso científico de la *Carta a Arias Montano*, en la
cual la aproximación epistemológica es igualmente intelectual
y sensual. Comparten esta preocupación epistológica Aldana y,
a fines del siglo siguiente, sor Juana Inés de la Cruz, con una
restauración del papel clave del cuerpo, incluso el cuerpo femenino, en la ciencia humana, una restauración indirecta pero
significativa, del cuerpo materno.

Bibliografía

ALDANA, Francisco de, *Poesías castellanas completas* (ed. J. Lara Garri-
do), Madrid, Cátedra, 1985.
—, *Sonetos* (ed. Raúl Ruiz), Madrid, Hiperion, 1984.
ALONSO, Dámaso, «Cancioncillos "de amigo" mozárabes (primavera

temprana de la lírica europea)», *Revista de filología española*, 33 (1949), pp. 297-329.

AZAR, Inés, «Tradition, Voice and Self in the Love Poetry of Garcilaso», *Studies in Honor of Elias Rivers* (eds. Bruno Damiani y Ruth El Saffar), Potomac, Maryland, 1989, pp. 24-35 (Scripta Humanistica).

BOYER, Agustín, *Estudio descriptivo del «Libro de las virtuosas e claras mugeres» de don Álvaro de Luna. Fuentes, género y ubicación en el debate feminista del siglo xv*, Berkeley, University of California, 1988.

CRUZ, Anne J., «La búsqueda de la madre: psicoanálisis y feminismo en la literatura del siglo de oro», en *Historia silenciada de la mujer española, siglos xv-xix* (ed. Alain Saint-Saens), Madrid, Alianza (de próxima aparición).

—, «The Princess and the Page: Social Transgression and Marriage in the Spanish Ballad Gerineldos», *Scandinavian Yearbook of Folklore*, 46 (1990), pp. 33-46.

—, «Studying Gender in the Spanish Golden Age», en *Cultural and Historial Grounding for Hispanic and Luso-Brazilian Feminist Literary Criticism* (ed. Hernán Vidal), Minneapolis, Institute for the Study of Ideologies and Literatures, 1989, pp. 193-222.

DA SILVA, José-Gentil, «La mujer en España en la época mercantil: de la igualdad al aislamiento», en *La mujer en la historia de España (siglos xvi-xx). Actas de las segundas jornadas de investigación interdisciplinarias organizadas por el Seminario de Estudios de la Mujer de la Universidad Autónoma de Madrid*, Madrid, Servicio de Publicaciones de la Universidad Autónoma, 1984, pp. 11-33.

EL SAFFAR, Ruth Anthony, «The Evolution of Psyche Under Empire», en *Cultural and Historial Grounding for Hispanic and Luso-Brazilian Feminist Literary Criticism* (ed. Hernán Vidal), Minneapolis, Institute for the Study of Ideologies and Literatures, 1989, pp. 165-192.

—, «The 'I' of the Beholder: Self and Other in Some Spanish Golden Age Texts», *Hispania*, 75 (octubre 1992), pp. 862-874.

—, *Rapture Encaged: The Suppression of the Feminine in Western Culture*, Londres, Routledge, 1994.

FRENK ALATORRE, Margit (ed.), *Poesía española de tipo popular*, Madrid, Cátedra, 1977.

GARCILASO DE LA VEGA, *Obras completas* (ed. Elias L. Rivers), Madrid, Castalia, 1974.

GÓNGORA, Luis de, *Sonetos completos* (ed. Biruté Ciplijauskaité), Madison, Wisconsin, Medieval Seminary, 1981.

GRAVDAL, Kathryn, «Metaphor, Metonymy, and the Medieval Woman Trobairitz», *Romanic Review*, 83, 4 (noviembre 1992), 411-423.

JONES, Ann Rosalind, *The Currency of Eros: Women's Love Lyric in Europe, 1540-1620*, Bloomington, Indiana University Press, 1990.

KELLEY, Mary Jane, «Virgins Misconceived: Poetic Voice in the Mozarabic *Kharjas*», *La Corónica*, 19, 2 (1990-1991), 1-23.

KELLY GADOL, Joan, «Did Women Have a Renaissance?», en *Becoming Visible: Women in European History*, Boston, Houghton Mifflin, 1977, pp. 137-164.

LIDA DE MALKIEL, María Rosa, «La mujer ante el lenguaje: Algunas opiniones de la antigüedad y del Renacimiento», *Boletín de la Academia Argentina de Lenguas*, 5 (1937), pp. 237-268.

—, *La originalidad artística de «La Celestina»*, Buenos Aires, Editorial Universitaria, 1962.

McVAY, Ted E., «Beheaded Women: Masculine/Feminine Dualities in Garcilaso's *Égloga III*», *Romanic Review*, 83, 2 (1992), pp. 227-244.

NAVARRETE, Ignacio, «Decentering Garcilaso: Herrera's Attack on the Canon», *PMLA*, 106, 1 (enero 1991), pp. 21-33.

OLIVARES, Julián, y Elizabeth S. BOYCE, *Tras el espejo la musa escribe: Lírica femenina de los siglos de oro*, Madrid, Siglo XXI, 1993.

RIVERS, Elias L., «Certain Formal Characteristics of the Primitive Love Sonnet», *Speculum*, 33 (1958), pp. 42-55.

—, «Estudio preliminar», en *El soneto español en el siglo de oro*, Madrid, Akal, 1993, pp. 5-22.

—, *Francisco de Aldana, El Divino Capitán*, Badajoz, Institución de Servicios Culturales, 1955.

TERRY, Arthur, «Thought and Feeling in three Golden-Age sonnets», *Bulletin of Hispanic Studies*, 59 (1982), pp. 237-246.

VICKERS, Nancy J., «Diana Described: Scattered Woman and Scattered Rhyme», *Critical Inquiry*, 8, 2 (1981), pp. 265-280.

VIGIL, Mariló, *La vida de las mujeres en los siglos XVI y XVII*, Madrid, Siglo XXI, 1986.

VIVES, Juan Luis, *Formación de la mujer cristiana*, en *Obras completas*, (ed. Lorenzo Riber), Madrid, Aguilar, 1947, t. I, pp. 985-1.175.

ZAVALA, Iris M., «The Art of Edition as the Techné of Mediation: Garcilaso's Poetry as Masterplot», en *The Politics of Editing* (eds. Nicholas Spadaccini y Jenaro Talens), Minneapolis, University of Minnesota Press, 1992, pp. 52-73.

REPRESENTACIONES FEMENINAS EN LA POESÍA CORTESANA Y EN LA NARRATIVA SENTIMENTAL DEL SIGLO XV

María Eugenia Lacarra

La representación de las mujeres en la poesía cortesana y en la narrativa sentimental tiene elementos en común, sin duda debido a que ambos géneros están destinados al mismo público y a que con frecuencia están escritos por los mismos autores. No obstante, solo en la poesía encontramos la representación de mujeres pertenecientes a todos los estamentos. Entre las nobles, que son las más numerosas, se delinean básicamente dos tipos: la dama bella y virtuosa a quien el poeta alaba y/o declara su amor, generalmente no correspondido, y la dama a quien el poeta vitupera, acusándola fundamentalmente de promiscuidad sexual. Es frecuente encontrar poetas que escriben con igual soltura sobre ambos tipos, debido sin duda a la interdependencia entre la alabanza de la mujer típica del *fin'amors* y el denuesto típico del vituperio, pues es evidente que la existencia de una se predica sobre la de la otra. Esto se debe a que el poeta fundamenta su amor por la dama en su carácter excepcional, que la distingue y separa del resto de las mujeres, que son naturalmente inclinadas al vicio. La amada es exaltada y divinizada y en este proceso se la despoja de todos los atributos que como mujer le son naturales, incluido su propio cuerpo. Esta idealización extrema la hace única y digna de ser amada, al atribuírsele la posesión de todas las

159

virtudes, singularmente la castidad. En contraposición, se presume que el resto de las mujeres son naturalmente malas y lujuriosas, lo que las hace indignas de ser amadas. La caracterización de la amada exige a la dama rechazar el amor, pues de aceptarlo perdería la castidad que la distingue de las demás mujeres. Esta rígida concepción de la amada necesita de su lejanía, porque su presencia se define paradójicamente por su ausencia y por su silencio, y su representación es una proyección de los deseos del poeta.[1]

El código amoroso presenta la relación entre el amador y la dama de manera similar a la relación entre el vasallo y su señor, en la que el caballero es el vasallo y la dama el señor. Esta inversión de papeles en la relación hombre-mujer se limita a las relaciones eróticas. Por otra parte, el matrimonio está virtualmente excluido del código amoroso, ya que se insiste en que el coito, supremo galardón que la dama concede al caballero por su servicio, debe ser voluntario, mientras que en el matrimonio no se presume la voluntariedad del coito debido a la exigencia del pago de la deuda conyugal.[2]

La inversión de papeles se explica a partir de la concepción médica del amor, que desde Hipócrates y sobre todo a partir de los avances de la medicina árabe, se consideraba una enfermedad mental con sus causas, síntomas y curas correspondientes. La causa primera se atribuía al mal funcionamiento del cerebro provocado por la corrupción de la facultad estimativa. Esta anomalía producía un tipo de locura que afectaba a la interpretación de la realidad. Por ello, el enfermo de amor percibía incorrectamente a la dama como a una criatura perfecta y magnífica y creía que su posesión le depararía la felicidad, por lo que si no la alcanzaba se obsesionaba y podía llegar a morir.[3] Los médicos señalaban también como cocausa

---

1. J.L. Huchet, *L'amour discourtois. La «Fin' amors» chez les premiers troubadours*, Toulouse, Bibliothèque Privat, 1987, llega a conclusiones interesantes a este respecto desde una perspectiva lacaniana. Su equiparación entre cortesía y misoginia me parece acertada. Véase mi reseña, «*L'amour discourtois*: del miedo a la castración a la prepotencia del discurso», *Ínsula*, 498, pp. 5-6.

2. Véase E.M. Makowski, «The Conjugal Debt and Medieval Canon Law», *Journal of Medieval History*, 3 (1977), pp. 99-114.

3. Bernardo Gordonio, *Lilio de medicina* (ed. John Cull y Brian Dutton), Madison, Hispanic Seminar of Medieval Studies, 1991, cap. XX, p. 107.

de la locura de amor la excesiva producción de semen o su retención por falta del ejercicio sexual. La pérdida de la razón se manifestaba de inmediato. El enamorado, enajenado de su entendimiento y dominado por su voluntad, se sentía indigno de la dama y se ponía a su servicio para merecerla. De esta manera el que antes era señor, se hacía siervo. Los síntomas más característicos eran la tristeza, los súbitos cambios de humor, la reclusión y deseo de soledad, la pérdida del apetito, la arritmia, la palidez. La terapia que se tenía por más eficaz era la unión sexual con la amada. Si esto no era posible, se aconsejaba el coito con otras mujeres. Además se indicaban otras terapias que distrajeran al enamorado de su obsesión, como los viajes, la caza o la conversación con los amigos. De todas maneras, la enfermedad se consideraba grave y si no se cortaba pronto el enfermo podía llegar a morir por inanición o por problemas cardíacos.[4]

De la terapia mencionada se sigue que la dama, transformada por el amador en su señora, se percibía simultáneamente como causa y cura de su amor. De ahí, que este la responsabilizara de su estado y le pidiera que lo sanara, si no por amor al menos por piedad. Esta concepción de la dama como todopoderosa, capaz de dar y quitar la vida del enamorado, explica los frecuentes paralelos que hacen los poetas entre ella y Dios y la extrema perfección que le atribuyen. El continuado servicio, lealtad y amor a la dama, así como el sufrimiento y penalidades debían ser pagados por ella con el último galardón, que era su propio cuerpo, de la misma manera que, tras la muerte, Dios paga a quien le sirve bien en este mundo con la gloria eterna. De ahí las frecuentes vocaciones a la amada como Dios, a la cópula como gloria, a la pena como la ausencia del bien (que es la amada), a la muerte como la unión última con la amada-Dios.[5] Esto explica también por qué se insiste en que el servicio amoroso mejora y ennoblece al caballero y por qué el léxico amoroso se enraíza también en el léxico jurídico y militar, además de en el religioso y médico. Naturalmente, el recha-

4. *Ibíd.*
5. Véase Keith Whinnom, *La poesía amatoria cancioneril en la época de los Reyes Católicos*, Durham, University of Durham, 1981.

zo de la dama se interpretaba como crueldad, enemistad y falta de generosidad, pues actuaba como el mal señor que no galardona los servicios de sus vasallos. La equiparación de la amada/señor con un castillo que el caballero debía conquistar por medio de la guerra era en sí misma una inversión absurda de la fidelidad, pues que el leal vasallo intentara servir al señor/dama asaltando su fortaleza para una vez vencida apoderarse de él/ella y de su bien más preciado (virginidad), era en términos feudales un delito de traición.

La expresión literaria de la poesía amorosa o laudatoria refleja el léxico y las relaciones sociales del feudalismo. Las metáforas utilizadas proceden del léxico religioso, jurídico, militar y médico. Sin embargo, el conflicto entre los objetivos del código amoroso, las doctrinas religiosas y el código feudal era, no obstante los paralelos léxicos, evidente. La Iglesia había canalizado sexualidad y procreación bajo la institución del matrimonio y anatemizaba la sexualidad que tuviera como objetivo el placer. Por otra parte, los deberes del caballero también entraban en conflicto con el código amoroso porque los nobles debían respetar la política matrimonial y se consideraba traición o alevosía seducir a las hijas o mujeres de otros señores o nobles.

Un buen ejemplo que ilustra la idealización de la dama, así como el léxico que la conforma, es el siguiente poema de Gómez Manrique titulado «Suplicaçiones»:

> O vos la mas linda dama
> de quantas biuen agora
> o vos mi sola Señora
> de mis males causadora
> por quien mi bien se derrama
> o mas buena de las buenas
> y mejor
> de las nombradas mejores
> poned ya fin a mis penas
> y dolor
> ques mayor de los mayores
> O vos la tanto graçiosa
> que vos no se conparor
> o vos la tan singular
> que non fallo vuestro par

en el mundo de fermosa
o vos a quien mi saber
no Sabria
alabar en aquel grado
que vuestro gran mereçer
mereçia
doledvos de mi cuydado

O vos luz de las prudentes
prima de las virtuosas
espejo de las fermosas
donde las muncho famosas
se miran y paran mientes
De los bienes de fortuna
tanto bien
adornada y guarneçida
no seays tan inportuna
contra quien
por vos desama su vida

O vos flor de las donzellas
gentiles y bien criadas
de biudas y de casadas
y avn de las ençerradas,
la mejor de todas ellas
contra uiçios sin medida
muncho fuerte
de las virtudes esclaua
no querays ser omeçida
de mi muerte
dandome pena tan braua

O vos fuente de belleza
morada de discriçion
tenplo de grand perfeçion
do fazen abitaçion
buen donayre y gentileza
acaten ya vuestros ojos
no turbados
con yra que me tengays
a los continos enojos
y cuydados
que vos señora me days

Fyn

> *O vos por quien mi beuir*
> *es a mi mesmo enojoso*
> *o vos por quien sin rreposo*
> *con dolor muy doloroso*
> *beuire fasta morir*
> *o vos la cuya bondad*
> *y fermosura*
> *ordena todo mi daño*
> *vsando de piadad*
> *y de mesura*
> *poned fin a mal tamaño.*[6]

Como vemos las cualidades que hacen a la dama digna de ser amada son, además de la belleza y la nobleza, la prudencia, la mesura, la honestidad, la modestia, la castidad, la templanza, la bondad, la lealtad y la fortaleza contra los vicios. Paralelamente, casi todas las amadas comparten con estas virtudes un defecto: la crueldad y falta de piedad hacia sus amadores por no corresponder a su amor. De ahí que las llamen enemigas y hasta homicidas, como hace Gómez Manrique a la dama a quien dedica la loa citada. Sin embargo, esta crueldad es parte inextricable de las virtudes que poseen, fundamento de las cuales son la honestidad y castidad.

En efecto, cuando un poeta quiere vituperar a una dama, la falta de la castidad y modestia son la base sobre la que se asienta el vituperio, como ocurre en el poema de Diego de San Pedro titulado «A vna señora que le rogo que le besasse y ella le respondio que no tenia culo»:

> *Mas hermosa que cortes*
> *donde la virtud caresce*
> *el culo no le negues*
> *quen el gesto le tenes*
> *si en las nalgas os fallesce*
> *Y si ay algun primor*
> *para no tener ninguno*
> *yo digo que algun gordor*

---

6. (ID3352) MP3-48 (64-66). *Cancionero de Gómez Manrique*, en Brian Dutton (ed.), *El cancionero del siglo xv, c. 1360-1520. II. Manuscritos*, Salamanca, Universidad de Salamanca, 1990, pp. 473-474 (Biblioteca Española del siglo XV).

> *el coño y el saluonor*
> *os ha hecho todo vno*
> *assi como el dueraton*
> *pierdel nombre entrando en duero*
> *assi por esta razon*
> *perdio el nombre ell abispero*
> *quando entro en el coñarron.*[7]

La acusación de promiscuidad que de manera tan directa y con lenguaje tan vulgar ilustra este poema es típica de los poemas jocosos.[8] Muchos son los poemas que ilustran cómo faltando la castidad no hay belleza, nobleza, bondad ni gentileza posible, como ocurre en la «Coplas que hizo de mal dezir contra vna mueger» de Guevara, donde se detallan uno por uno los feos rasgos de la mujer.[9] La ideología no admite términos medios. La mujer o es divina o es mala, o es Ave o Eva. El autor del primer acto de *Celestina* ironiza agudamente sobre esta dualidad cuando ante la afirmación de Pármeno de que Melibea es mujer, Calixto reacciona ofendido ante lo que considera un insulto: «¿Mujer? ¡Oh grosero! ¡Dios, Dios!».[10] En efecto, la línea imaginaria que separa a la una de las otras es fácil de cruzar y la burla grosera viene naturalmente, como ocurre en el poema de Diego de San Pedro antes citado.

La caracterización de la villana admite más variaciones que las dos señaladas en la representación de la dama. Así, a la villana se la alaba ocasionalmente por su castidad, se la vitupera por su lujuria, pero sobre todo se le presume una liviandad juguetona que se acepta, porque a una villana no se le exige la conducta virtuosa que se espera de la dama. La mayor flexibilidad en su representación se manifiesta en la estructura poética, de modo que el poeta ocasionalmente le concede la palabra en

---

7. (ID6764) 11CG-989 (226). En el *Cancionero general de 1511 de Hernández del Castillo*, en Brian Dutton (ed.), *El cancionero del siglo xv... V. Impresos*, Salamanca, Universidad de Salamanca, 1991, p. 522 (Biblioteca Española del siglo XV).

8. Las menciones de los órganos genitales *gordor* (pene), *saluonor* y *abispero* (ano), *coño* y *coñarron* (vulva/vagina) son evidentes, así como la acusación de promiscuidad.

9. (ID6754) 11CG-973. Veáse Dutton, *op. cit.*, V.

10. Fernando de Rojas, *La Celestina* (ed. de María Eugenia Lacarra), Barcelona, Ediciones B, 1990, p. 115.

el propio texto, dando lugar al diálogo con el caballero e incluso haciéndola portavoz única de su propia voz poética. El léxico habitual es el propio de las actividades laborales de los villanos, como son el agrícola —la vendimia, la molienda, la elaboración de los alimentos— o el artesanal de los distintos oficios, aunque no está del todo ausente el léxico militar. Así, abundan los sustantivos concretos referidos al espacio, al estado civil y a las características físicas. La villana está en la fuente, en el olivar, al pie de la sierra, etc., frecuentemente dedicada a tareas del campo. El estado civil, doncella o casada, se menciona con frecuencia, así como el lugar geográfico, «De Lozoya a Nava Fría», «en Mata d'Espino», «Cerca de Roma». A las preguntas de los poetas, las villanas responden con frecuencia informándoles de su estado civil. Si se niegan a corresponder a sus avances, la hermosura de la mujer es realzada y hasta puede ser comparada a las nobles. La belleza física se hace más explícita y se mencionan la ropa y los adornos, la modestia y la limpieza de la mujer. Las que no son bellas son caricaturizadas en atuendo y cuerpo, pero sin la virulencia con que se vitupera a las damas por deshonestas. Finalmente de las villanas no se exige castidad como de las damas.

El tono de los poemas dedicados a villanas es generalmente alegre a diferencia del tono tristemente morboso y masoquista característico de los poemas dedicados a las amadas. Con las villanas no se trata de amor sino de juego, y este tono lúdico se mantiene incluso cuando el poeta es rechazado. No son infrecuentes los poemas puestos en boca de la propia mujer, como es el caso del siguiente villancico de Pedro Manuel de Urrea:

> *Heruiendo tengo la olla*
> *con cebolla*
> *«madre heruiendo esta mi olla»*
> *Vn mancebo he combidado*
> *a cenar que no a comer*
> *por poder tomar plazer*
> *en lugar bien apartado*
> *La carne el me la dado*
> *yo la cebolla*
> *madre herviendo esta mi olla*

Es mancebo muy garrido
yo contenta y el contento
qual para mi pensamiento
yo misma tengo escogido
El lugar es escondido
allargolla
madre herviendo esta mi olla
Es vn gentil ballestero
que acierta en el blanco o negro
de lo qual mucho me alegro
quando arma muy de ligero
Y avnque mas da en mi terrero
no se abolla
madre herviendo esta mi olla

Razon es que yo le alabe
que encierrome y no paresco
y quando alli me amortesco
viene abrirme con su llave
Echame agua muy suaue
que siempre brolla
madre herviendo esta mi olla

Es de esfuerço singular
mas los dos somos vencidos
turbanse nos los sentidos
al tiempo del pelear
Yo le he visto ya en lugar
que se atolla
madre herviendo esta mi olla

Fin

Pero no me marauillo
de flaqueza si le viene
que tan «molida me tiene
como a vna parua el trillo»
Hagole yo su caldillo
de vna polla
madre herviendo esta mi olla.[11]

11. (ID7575) 16UC-210 (88'). *Cancionero de Pedro Manuel de Urrea*, Toledo, 1516, en Dutton, *op. cit.*, V, p. 582.

Las contradicciones inherentes al amor cortés se hacen más evidentes a medida que su práctica literaria pasa de la poesía lírica a la narrativa, y se hace necesario describir el desarrollo temporal de la relación amorosa. El conflicto entre las instituciones legales y el código amoroso, entre las obligaciones caballerescas y la obediencia a la dama en nombre de la ley superior del Amor se empiezan a percibir como incompatibles con las obras de Chretien de Troyes. La literatura posterior percibirá las contradicciones de forma todavía más acusada al querer desarrollar la narración en un ambiente social progresivamente más concreto en el espacio y en el tiempo. Surgen virulentos ataques, más o menos camuflados, al código cortesano y se inician las representaciones paródicas y satíricas que ridiculizan la vaciedad de las formas y la falta de verdadera nobleza de aquellos que las practican. Autor tras autor expresa la imposibilidad de llevar a la práctica la perfecta unión espiritual y física de los amantes debido a la interferencia del mundo de la realidad que les rodea, subrayando unos la hipocresía mientras otros se contentan con describir la frustración y la inevitable tragedia que supone intentar armonizar contrarios. Así se presentan de una parte amantes que intentan vivir un ideal literario, sin darse cuenta de sus propias y bajas motivaciones sexuales, y de otra amantes cínicos que practican hipócritamente la convención, simplemente como una táctica que les llevará a la consecución de sus objetivos. Los primeros acaban trágicamente por su incapacidad de distinguir entre la realidad ordinaria y su idealización; los segundos son presentados como actores consumados que saben bien las reglas rituales del juego y que consiguen sus objetivos a costa de la manipulación y de la desvirtuación del ideal cortesano.

En la narrativa sentimental nos encontramos con una situación afín en algunos aspectos a la de los poemas corteses, pero radicamente distinta en otros. Aquí el amador se enamora igualmente de la dama por su beldad, nobleza y virtudes que la distinguen de las demás mujeres, cuya inferioridad física y moral se da como regla general.[12] A diferencia de la poe-

---

12. Es necesario consultar la excelente bibliografía de Keith Whinnom, *The Spanish Sentimental Romance, 1440-1550: A Critical Bibliography*, Research Bibliograp-

sía, sin embargo, la ficción sentimental requiere la presencia y participación de la mujer, quien ineludiblemente tiene que aceptar o rechazar las propuestas del amador. El diálogo que mantienen ambos con frecuencia epistolar y revela las contradiciones inherentes al discurso erótico masculino, que, de una parte, pone de manifiesto el conflicto de intereses entre hombres y mujeres en la relación amorosa y, de otra, el peligro de la pasión para al orden social establecido. Los razonamientos de las damas requeridas de amores señalan estas contradicciones. Por ello, la mayoría concluye que aceptar el amor es contrario a la defensa de su honra e incluso a la de su vida, porque debido a la doble moral el amor acarrea a las mujeres más inconvenientes y peligros que ventajas.

Estos razonamientos los vemos claramente en La *Cárcel de amor* de Diego de San Pedro. Leriano, perdido el entendimiento y dominado por su deseo ha quedado prisionero por el amor de Laureola, a quien culpa de su situación. Tras pedir al Autor que le sirva de intermediario, este visita a Laureola y trata de convencerla de que sane a Leriano, cuya vida peligra, pues yace «en una prisión dulce para su voluntad y amarga para su vida, donde [...] dolor le atormenta, pasión le persigue, desesperança le destruye, muerte le amenaza, pena l[e] secuta, pensamiento l[e] desvela, deseo le atribula, tristeza le condena, fe no le salva; supe dél que de todo eres tú causa».[13] La petición combina magistralmente el elogio extremo con la velada amenaza, a la vez que insiste en que su cooperación no le dañará porque Leriano sólo quiere que se duela de él:

> Si la pena que le causas con el merecer le remedias con la piedad, serás entre las mugeres nacidas la más alabada de cuantas nacieron; contenpla y mira cuánto es mejor que te alaben porque redemiste, que no que te culpen porque mataste; mira en qué cargo eres a Leriano, que aun su pasión te haze servicio, pues si la remedias te da causa que puedas hazer lo mismo que Dios, porque no es en menos estima el redemir quel

---

hies & Checklists, Londres, Grant & Cutler, 1983, y el suplemento a la misma preparada por A.D. Deyermond de próxima aparición.

13. Utilizo la edición de Keith Whinnom, en *Obras completas*, II, Madrid, Castalia, p. 95. De aquí en adelante señalaré las páginas entre paréntesis en el texto.

criar, assí que harás tú tanto en quitalle la muerte como Dios en darle la vida; no sé qué escusa pongas para no remediallo, si no crees que matar es virtud; no te suplica que le hagas otro bien sino que te pese de su mal, que cosa grave para ti no creas que te la pidiría, que por mejor havrá el penar que serte a ti causa de pena [p. 95].

Laureola no comparte la opinión de Leriano ni la de su intermediario. Muy al contrario estima que la presunción de ambos de rogarle que corresponda al amor de Leriano es una ofensa que la pone en peligro ante la sociedad, razón por la que el emisario debería ser castigado:

No solamente por el atrevimiento devías morir, mas por la ofensa que a mi bondad deziste, en la cual posiste dubda; porque si a noticia de algunos lo que me dexiste veniese, más creerían que fue por el aparejo que en mí hallaste que por la pena que en Leriano viste [p. 96].

Más tarde, añade que la doble moral y su alto linaje, que le obliga a ser ejemplo de las otras mujeres, le impiden atender a su petición:

Si pudiese remediar su mal sin amanzillar mi honra, no con menos afición que tú lo pides yo lo haría; mas ya tú conosces cuánto las mugeres deven ser más obligadas a su fama que a su vida [...] pues si el bevir de Leriano ha de ser con la muerte désta, tú juzga a quién con más razón devo ser piadosa, a mí o a su mal; y que esto todas las mugeres deven assí tener, en muy más manera las de real nacimiento, en las cuales assí ponen los ojos todas las gentes, que antes se vee en ella[s] la pequeña manzilla que en las baxas la grand fealdad [p. 103].

El conflicto de intereses entre hombres y mujeres que observamos se pone de manifiesto en esta obra ejemplar en la que Laureola es acusada falsamente de amar a Leriano y el rey su padre la manda encarcelar. Desde la prisión escribe a Leriano que teme por su vida: «si el rey no me salva, espero la muerte», y, coherente con sus principios antes formulados, le ruega «que te trabajes en salvar mi fama y no mi vida» (p. 127). Tras diversas vicisitudes Leriano libera a Laureola y la obra termina con su rechazo definitivo, pues pese a estarle Laureola muy agradecida por su servicio no puede otorgarle su amor, que es el galardón que le pide. La princesa es muy clara en esto y refuta con contundencia la pretensión de Leriano de solo desear su piedad:

> El pesar que tengo de tus males te sería satisfación de los mismos si creyeses cuánto es grande, y él solo tomarías por galardón sin que otro pidieses, aunque fuese poca paga segund lo que me tienes merecido, la cual yo te daría como devo si la quisieses de mi hazienda y no de mihonrra [...] Lo que por mí has hecho me obliga a nunca olvidalo y sienpre desear satisfazerlo, no segund tu deseo, mas segund mi honestad; la virtud y piedad y conpasión que pensaste ayudarían para comigo, aunque son aceptas a mi condición, para en tu caso son enemigos de mifama, y por esto las hallaste contrarias [pp. 152-153].

Leriano, que como bien sabía Laureola, no se contenta con su pesar, no encuentra cura a su enfermedad de amor, la cual se agrava por la deseperación y le lleva a la muerte por inanición.

Laureola, como gran parte de las doncellas en estas obras se erige en portavoz de la razón y en defensora del orden establecido.[14] Por ello su discurso es el de la autoridad, mientras que el discurso del varón se tiñe de argumentos irracionales. De esta manera, se produce una alteración peculiar visible en los discursos masculino y femenino que afecta a los papeles atribuidos por la ideología dominante a la conducta de hombres y mujeres. Los autores lo explican a partir de las teorías médicas del amor. Éstas, como veíamos, explican que los enamorados están dominados por la Voluntad, la cual arguye y vence al Entendimiento, quien cesa de funcionar y delega sus funciones en el Deseo enamorado, que es por naturaleza desenfrenado como bestia, como de manera gráfica se ilustra en *Cárcel de amor*.

---

14. Véase Iris M. Zavala, «Formas y funciones de una teoría crítica feminista. Feminismo dialógico», en *Breve historia feminista de la literatura española (en lengua castellana). I. Teoría feminista: discursos y diferencia* (coords. Myriam Díaz-Diocaretz e Iris M. Zavala), Barcelona, Anthropos, 1993, p. 63.

El médico Francisco López Villalobos explica lúcidamente la transformación del hombre en mujer. Considera que la causa que lleva a la perdición y destrucción del amante es el amor, pues su voluntad se rige por la de la amada y por eso se transforma en mujer y de ser libre se hace cautivo.

> Dejaste de ser hombre, y tornaste mujer; dejaste de ser hombre suelto y háceste mujer captiva y atada; dejaste de ser todo y tornaste parte. E ya sabes que toda mujer desea ser hombre, y todo esclavo desea ser libre, y la parte desea la perfección del todo; así tú desearías todas estas cosas; y como cualquiera bien que se desea es más fuerte y aquejosamente deseado si primero fue poseído y se perdió, síguese que tú ternás estos deseos de volverte a tu ser primero con gran hervor y tormento y tu voluntad ya no consentirá porque ya no es tuya ni quiere lo que tú deseas. Esta contradicción tan grande y discordia tan íntima dentro del alma, es un martirio y tristeza secreta que padesce el amador, sin saber de dónde le viene. De aquí nasce el quejarse y no saben de qué se quejan y no saben satisfacerse; y de aquí se complican dos mil desatinos que no lo entiende él mismo que los padesce.[15]

A diferencia del caballero, cuando la doncella requerida de amores se debate sobre otorgarle o denegarle su amor no se confrontan la Voluntad y el Entendimiento sino aquella y la Vergüenza. Frente a los deseos de la Voluntad, la Vergüenza, encargada de salvaguardar la castidad, defiende el discurso autoritario del poder y del orden social establecido. Asevera que las ventajas que la mujer obtiene al observar las reglas son mayores que los castigos en que incurre al infringirlas, pues arriesga la fama en este mundo y la salvación en el otro por un placer pasajero. Así lo vemos en las advertencias que hace Vergüenza a la Doncella en *Triste deleytaçión*:

> Quánto se deven guardar las senyoras aquéllas que de gran stima tienen la voz de virtuoso apelido querer por un breve delyte abenturar a memoria de sus stimadas famas, y ensuziar

15. En su traducción de *El Anfitrión* de Plauto, en A. de Castro (ed.), *Curiosidades bibliográficas de obras raras de amenidad y erudición*, Madrid, Biblioteca de Autores Cristianos, 1855, p. 488.

aquella noble corona de gloria que su perfeto linage por sclare-
cidas obras abrá ganado; que pora delante limpiar aquélla sería
imposible. E por que tal pensamiento no te tenga enganyada, é
deliberado mostrarte los infinitos peligros, danyos y males que
por él se alcançan.[16]

Este razonamiento, como el que hemos observado en *Cárcel
de amor* se centra en tres aspectos: la defensa de la honra femenina, la transitoriedad del sentimiento amoroso por parte de los
hombres y la severidad de los castigos a que son condenadas
las mujeres, casi siempre mayores que los impuestos a los
hombres. Estos tres argumentos se reiteran de una u otra manera en casi todos los textos. La mayor tolerancia social hacia
la sexualidad de los varones se presenta en *Triste deleytaçión* de
manera contundente y es la causa de que los castigos de los
hombres sean menos severos. Como dice la Madrina:

> [...] es ya tanto raygada y confirmada aquésta consuetut y
> plática en el mundo que honbre que no tiene dos o tres ena-
> moradas non lo tienen por honbre. E las mujeres si lo hacen
> quedan menguadas, aborreçidas, e desetimadas entre las jentes
> [p. 50].

Esta costumbre es en efecto tan arraigada que ha adquirido casi la categoría de ley, por lo que la Madrina inquiere:
«¿tú no sabes que las leyes no son fechas sino para aquéllos
que son sufiçientes para poderlas mantener?» (p. 50). Ante una
situación en que los hombres hacen las leyes de acuerdo a sus
intereses, la debilidad política de las mujeres para cambiarlas
resulta evidente.

En una obra tras otra las mujeres arguyen que los riesgos
de aceptar la pasión amorosa son provocados también porque
los hombres tras obtener la satisfacción sexual que buscan las
dejan y recobran el discurso de la razón que la pasión les había impelido a abandonar. Esta acusación de las mujeres se
comprueba en el caso de Fiometa y Pánfilo en *Grimalte y Gradissa*. Tras el goce sexual viene el rechazo masculino y se rees-

---

16. *Triste deleytación* (ed. Michael Gerli), pp. 36-37. De aquí en adelante cito por
esta edición y señalo las páginas entre paréntesis en el texto.

tablece el orden considerado natural, puesto que el otrora amador adopta el discurso del poder y condena a la mujer que antes amaba, equiparada ahora a las mujeres libidinosas y viciosas que incumplen las reglas sociales y deben ser castigadas por ello. Fiameta, tachada de lujuriosa, es la maestra del discurso irracional y antisocial porque quiere continuar la relación amorosa. Pánfilo, por el contrario, la condena, censura su conducta y le conmina a volver con su marido y a dolerse de su fama, que ella con su adulterio le ha privado. El nuevo discurso de Pánfilo habla con la voz del entendimiento:

> Ya no estoy preso en los lazos de amor, la discreción libre está más prompta para dar consejo. [Y] si quieres dizir que quando yo era enamorado de ti de otras cosas te aconsejavan mis palabras, yo confieso ser verdad [...] mas agora que entramente conozco la razón, virtud y conciencia me obliga[n] a desengañarte.[17]

La necesidad masculina de guardar la castidad femenina, de la que Pánfilo se hace eco, se debe a la creencia de que la deshonra de la mujer repercute en la honra de los varones bajo cuya custodia se encuentra —padre, marido, tutor o hijos—. Por ello su salvaguarda es de gran importancia para el clan familiar. El camino menos traumático y más aconsejado es educar a la mujer de manera que internalice estos valores masculinos y sea ella quien quiera guardar su propia honra. Otro camino también transitado es castigar severamente a las mujeres que pierden la castidad para que sirvan de escarmiento a las demás. Como vemos de los textos mencionados, ambas vías están representadas en ellos.

La solidaridad masculina que se desprende de estos textos transciende incluso los daños que la pasión ocasiona a las instituciones y al orden público, pues el amor se considera propio de los varones jóvenes. Todos deben sentirlo y practicarlo como parte de su desarrollo viril. Por ello se sabe que los transgresores de hoy serán los defensores de mañana en un

---

17. Juan de Flores, *Grimalte y Gradissa* (ed. Carmen Parrilla García), Santiago de Compostela, Universidad de Santiago, 1988, p. 90.

ciclo continuo que se repite generación tras generación. El conocimiento que tienen las damas de esta complicidad entre los varones es por ello el argumento último que esgrimen para rechazar a sus amadores. Dicho esto, no se debe olvidar que el control de la sexualidad femenina era fundamental en la política matrimonial de las grandes familias, pues a través del matrimonio se aseguraban las alianzas y las relaciones de poder entre los linajes. Naturalmente, los jóvenes enamorados que perseguían el amor de doncellas nobles e incluso de princesas que habían de heredar el reino de sus padres eran una amenaza para la política matrimonial y la honra paterna, y los daños que desencadenaba su pasión no quedaban impunes.[18]

Para finalizar debemos tener en cuenta que la narrativa sentimental está dominada por la representación del amor como una pasión todopoderosa que difícilmente se sujeta a la razón. De ahí que los daños que produce la pasión amorosa no sean en absoluto desdeñables, que los mecanismos del poder para controlarla fallen casi irremediablemente, y que rara vez salgan indemnes los personajes involucrados. Por ello el género mantiene una cierta ambivalencia con respecto al sistema que en principio defiende, ya que el examen de la pasión amorosa y los fracasos institucionales para controlarla revelan paradójicamente la vulnerabilidad del poder constituido, la fragilidad de las instituciones y las contradicciones inherentes a la ideología que sustenta todo el entramado político, social y económico, y se presta por ello a la crítica política y social, incluso con independencia de la intencionalidad de los propios autores. Por otra parte, la intervención de las mujeres en cierta medida desmitifica y desenmascara la pretensión que tiene el amador de construirse una identidad personal, porque al asimilarlo al resto de los hombres, cuyos intereses están en conflicto con los de las mujeres, se vislumbra la posibilidad de un discurso de la resitencia, especialmente en *Triste deleytação* y en las narraciones de Juan de Flores.

---

18. Véanse las observaciones de Guido Ruggiero basadas en estudios documentales venecianos del siglo xv en *The Boundaries of Eros: Sex, Crime, and Sexuality in Renaissance Venice*, Nueva York y Oxford, Oxford University Press, 1985, pp. 16-44.

LOS MOLDES DE PYGMALIÓN
(SOBRE LOS TRATADOS DE EDUCACIÓN
FEMENINA EN EL SIGLO DE ORO)

María Teresa Cacho

Cuando se analizan los textos de educación femenina en la Edad Moderna es inevitable que acuda a la memoria la conversación entre Don Quijote y Sansón Carrasco, en la que el bachiller establecía la aristotélica diferencia entre Poesía e Historia: «El poeta puede contar o cantar las cosas no como fueron, sino como debían ser y el historiador las ha de escribir no como debían ser, sino como fueron» (II parte, cap. III).

La imagen femenina que plasman los educadores, como ya ha demostrado Mariló Vigil (1986)[1] poco tiene que ver con la mujer real, con sus aspiraciones, sus formas de vida y los modos de comportamiento que conocemos por los documentos históricos o la literatura. Esta imagen, sin embargo, presenta el canon de mujer que los hombres de la época, como imaginativos poetas, se habían forjado y nos muestran, por tanto, no cómo eran, sino cómo creían ellos que debían ser, lo que no es menos interesante y sugestivo.

---

1. Es una de las más interesantes aportaciones a la historia de las mujeres españolas en el Siglo de Oro. En la comparación que establece entre lo que los moralistas pretendían y las mujeres hacían realmente se demuestra que, afortunadamente, estos moldes no consiguieron los propósitos que los habían dictado. Divide las normas educativas en las destinadas a la soltera, casada, viuda y monja. Para esta última también 1991.

Los textos diseñan unos modelos de perfección femenina desde el punto de vista masculino y los autores pueden decir como Don Quijote de Dulcinea: «Píntola en mi imaginación como la deseo» (I parte, cap. XXV). Pero estos educadores van más lejos que el hidalgo manchego en su pretensiones, ya que, partiendo de las imperfecciones e incapacidades de la materia con la que trabajan, la desvastan, pulen y moldean, y pretenden, como modernos Pygmaliones, que estos moldes de honestidad y sumisión cobren vida y se hagan realidad.

Un dato llama especialmente la atención: la escritura de estos textos coincide siempre con los momentos de crisis y movilidad social, en los que se desmoronan los viejos ideales y formas de vida ante el planteamiento de nuevas aspiraciones y, por lo tanto, en los que hace falta en mayor medida un control para apuntalar el viejo edificio social que se derrumba y para recolocar a los individuos en un lugar concreto, ya sea estamental, ideológico o familiar. La mujer, como veremos, será objeto principalísimo de este control y a este fin van encaminadas las obras didácticas, que pretenden mantener a las mujeres inmóviles en una situación de inferioridad y dependencia.

En relación con el resto de Europa, donde los textos de educación femenina comienzan a proliferar a partir del siglo XIII, como demostró en su obra Alice A. Hentsch (1903),[2] sabemos muy poco sobre los libros educativos de la Edad Media española. El rey Alfonso X, en sus *Siete Partidas*, de mediados del siglo XIII, será el primero en señalar la importancia de la educación de los jóvenes príncipes y princesas, aunque las normas que da en esta obra son generalmente de urbanidad, desde cómo comer sin usar las manos, el aseo y limpieza de sus cuerpos, etc.

En la España medieval abundan más los libros paremiológicos y doctrinales que tratan sobre la condición de las mujeres o que recopilan consejos y cuyo contenido deriva directa-

---

2. En esta obra se analizan 114 textos, desde *Ad uxorem* de Tertuliano hasta los del siglo XIV. En Francia, Italia y Alemania estos tratados son abundantísimos y su análisis confirma la uniformidad casi absoluta de los criterios masculinos respecto a la mujer desde la alta Edad Media.

mente de la misoginia de los textos eclasiásticos. Pero también se constata la existencia de un mundo femenino que, independientemente de esta concepción religiosa y moral, actúa como protagonista de la vida civil, según su estado, riqueza y poder: sale, trabaja, lleva la casa o el negocio familiar, otorga testamentos, etc.[3] Tampoco las normas jurídicas que encontramos en los códigos, fueros y decretos de los distintos reinos establecían diferencias legales respecto al sexo.[4]

Es de suponer también que durante las largas campañas del período de la Reconquista fueran las mujeres quienes tomaran a su cargo el buen funcionamiento de la vida cotidiana, tanto en lo referente al cultivo de la tierra, como en los distintos oficios o incluso el gobierno. Pero cuando la Reconquista se paraliza y cambian los modos de vida guerreros por los propios de un pueblo en paz, asistimos al esfuerzo de fijar al hombre en unos compartimentos que señalen su situación en la sociedad, según la función que desempeñan. Este esfuerzo se centra también en las mujeres, a las que hay que dar un lugar en el nuevo orden social.

En *Los doce trabajos de Hércules* del marqués de Villena, se dividen los estados según la aplicación moral de estos trabajos a la actividad de los humanos:

> Ca el mundo es partido en doce estados principales e más señalados, so los cuales todos los otros se entienden, es a saber: estado de príncipe, estado de perlado, estado de caballero, estado de religioso, estado de ciudadano, estado de mercader, estado de labrador, estado de ministral, estado de maestro, estado de discípulo, estado de solitario y estado de mujer [Monreale, p. 1958, p. 12].

Estos, a su vez, se subdividen en muchos otros grupos. Los hombres se organizan en estados según su función en la sociedad. Las mujeres, sin embargo, no entran en estas mismas categorías:

---

3. Son muy interesantes a este respecto las noticias históricas que da Carmen García Herrero (1990) sobre la vida cotidiana en la Corona de Aragón. Igualmente, las Jornadas interdisciplinares (1987) y el Coloquio Hispano Francés (1986).

4. Jornadas interdisciplinares (1986).

Por estado de mujer entiendo dueña, doncella, moza, casada, viuda, sierva, niña e todos los otros grados femeniles o mujeriegos en cualquier dignidad o sujección que sean hallados [pp. 13-14].

Es decir, que la reina, la hilandera, la labradora, la vendedora o el ama de casa pertenecen a un solo estado, el de mujer, y este se subdivide no según la situación de cada una respecto a la sociedad, como en el caso de los hombres, sino según su situación respecto al hombre. Paralelamente, la nueva práctica matrimonial de la Iglesia será la que fije el control de la mujer casada, aun en las leyes civiles, por lo que la consideración femenina vendrá igualmente marcada moralmente por su situación familiar. Se observa, en las pocas enseñanzas dedicadas a la mujer en la Edad Media, que estos textos solo son consejos para una preparación práctica destinada a un fin concreto: el matrimonio.

Esto ocurre con los *Castigos e doctrinas de un sabio a sus fijas* (Knust, 1878), en los que ya aparecen muy claras las cualidades que formarán el eje de estas obras en todas las épocas:

1.ª Deben tener obediencia ciega al marido; esta sumisión absoluta conseguirá que su marido termine apreciándola. Si el marido la engaña, debe disimular, sin contar nada de ello a su familia. En todo caso, decir algo discretamente a su suegra y, si no sirve de nada, rogar a Dios.

2.ª Castidad; la mujer no solo debe ser honesta, sino parecerlo. Por ello debe ir sin maquillar, lavada con agua clara, y vestida con decencia. Debe estar siempre encerrada en casa y cuidarse mucho de hablar con hombres.

3.ª Economía; debe velar por el gobierno de la casa, procurará con su actitud que el marido no salga a gastar dinero, y criará y aconsejará a las criadas.

Me he detenido en este texto, que sale del ámbito temporal de mi estudio, porque es muy significativo, pues estas mismas palabras y consejos las encontraremos en las plumas de Eximenis, Córdoba, Talavera, Vives, fray Luis, Astete o Herrera, lo que demuestra que la visión de la mujer, aunque pueda variar ligeramente de una época a otra, es como un retrato o molde fijo en la mentalidad masculina.[5]

Esta crisis de los viejos sistemas normativos medievales, de la que nos habla J.A. Maravall (1967 y 1972), obliga a un replanteamiento de los valores sociales. J.E. Ruiz Doménec (1986, p. 15) afirma que «la aceptación radical de la mujer en el interior de la sociedad significa una desarticulación de los principios regitivos que durante siglos han configurado la historia». Asistimos a una alternancia entre la necesidad de descubrir al otro en la mujer y quién sea ella, en el esfuerzo de una sociedad civil plasmado en los textos literarios y las obras de arte, y la reacción de la moral eclesiástica, que intenta imponer la ideología clerical sobre los asuntos mundanos, bajo la amenaza de una doctrina que muestra la vida terrena como un lugar de penitencia y un camino para la eternidad. Surgirá así una de las mayores polémicas que sobre este sexo se han dado en el mundo de la literatura: las alabanzas desmedidas y las peores descalificaciones en torno a la mujer cubren el período literario del siglo xv.[6]

En ella, junto a la concepción cortesana de la mujer, a la búsqueda de rasgos que la doten de una identidad propia, a la consideración de la dama como un ser específico, se alza con

---

5. Los libros sobre los que baso este estudio son los siguientes: Eximenis, *Lo libre de les dones* (cito por la edición de 1981, 2 vols., Barcelona, Curial Edicions Catalans); Martín Alonso de Córdoba, *Tratado que se intitula Jardín de las nobles doncellas*, s.l., 1542, pero escrito entre 1468-1469; fray Hernando de Talavera, *Avisación a la virtuosa y noble señora doña María Pacheco, condesa de Benavente, de cómo se debe cada día ordenar y ocupar el tiempo* y el *Tratado provechoso que demuestra cómo en el vestir y el calzar comunmente se cometen muchos pecados y aun también en el comer y en el beber*, ambos incluidos en *Breve y muy provechosa doctrina de lo que debe saber todo cristiano, con otros tratados muy provechosos*, Granada, 1496; Juan Luis Vives, *Libro llamado Instrucción de la mujer cristiana, el cual contiene cómo se ha de criar una virgen hasta casarla y después de casada cómo ha de regir su casa y vivir prósperamente con su marido, y si fuere viuda, lo que es tenida a hacer, Traducido ahora nuevamente de latín en romance por Juan Justiniano [...] dirigido a la serenísima reina Germana, mi señora*, Valencia 1528, que es una versión de la *Institutione feminae christianae*; fray Luis de León, *La perfecta casada*, Salamanca, 1583; Gaspar de Astete, *Tratado del gobierno de la familia y estado de las viudas y donzellas*, Burgos, 1602; fray Alonso de Herrera, *Espejo de la perfecta casada*, Granada, 1637 (citado por M.ª Pilar Oñate, 1938, pp. 141-143). He modernizado la ortografía en todas las citas.

6. M.ª Pilar Oñate (1938) ofrece en su obra, todavía vigente, un buen panorama de esta polémica en España, a través de los textos literarios de los autores pro y antifeministas.

181

tremenda fuerza la voz misógina que recoge la tradición oriental, la bíblica y los textos morales de los Santos Padres (no se puede olvidar el *Adversus mulieris* de San Gregorio Nacianceno). Con ellos se va forjando una línea doctrinal en la que la mujer, aunque ya considerada ser racional, aparece cargada de defectos: codiciosa, envidiosa, inconstante, falsa, desobediente, soberbia, vanidosa, murmuradora y caprichosa.[7]

Esta imagen subyace en los textos de educación femenina posteriores. Los educadores tienen muy presente por dónde la flaqueza de la mujer tiene sus despeñaderos y todo su afán será que su disciplina ayude a enmendar la proclividad que hacia ellos tiene por naturaleza. Naturalemente, la tradición moralista no pasa sin variaciones a la modernidad, sino que, según J. Sánchez Lora (1988, p. 32) «sufrirá un proceso de refinición que llevará a formulaciones más complejas y racionalizadas, que darán lugar a todo un cuerpo de doctrina ético-social, con el sustento ideológico masivo, no sólo de la teología, sino también de la filosofía natural».

La Edad Moderna supone también un concepto nuevo del tiempo y de la vida, y los cambios sociales y económicos hacen que la cultura urbana se desarrolle a expensas de la rural. La nueva economía burguesa y mercantil obliga a crear otra jerarquía de valores como la honestidad en los tratos, la seriedad, el orden, la mesura, la dignidad, el decoro, la laboriosidad, que se aplican igualmente a una moral del comportamiento que se convierte en valor social y que veremos reflejada inmediatamente en los tratados de educación. El conocimiento y práctica de estos valores supone para los burgueses, junto con la riqueza, un importante motor de ascenso, como demostró Maravall (1972). La honorabilidad, honestidad y laboriosidad del burgués se aplican a la vida familiar, con lo que se reestablece la fidelidad matrimonial y se empieza a dar enorme importandcia al sexto mandamiento. Todo ello se refleja en las normas para la educación femenina, pues era imprescindible que una joven burguesa estuviera «bien educada», pues así tendría más posibilidades de hacer un matrimonio

---

7. Un breve e interesante estudio con una buena aportación bibliográfica es el de M. Jesús Lacarra (1986).

conveniente. Estos valores, en la preparación de la mujer, se aplican a las normas de su comportamiento en el seno de la familia, como hija, esposa y madre. Pero, aunque la causa sea social, la justificación de estas normas continuará siendo moral y religiosa, partiendo de la Biblia, por lo que no podrá tener contestación posible.

Los tratados de educación femenina serán, pues, un instrumento de control social, cuyo objeto es colocar al hombre como principio de orden y jerarquía, ya que la mujer se contempla como un factor de disolución y desorden. Pero, por otra parte, también es un ser insustituible para la reproducción y crianza de los hijos, base de la familia, al igual que el abrigo para las pasiones masculinas. La justificación que da Juan Justininano en el proemio de su traducción de la *Instrucción para la mujer cristiana* de Luis Vives (1929) sobre la necesidad de un libro para la educación femenina es que, si hay que educar a los hombres:

> Cuánto mayor cuidado debemos poner en la crianza y vida de la mujer cristiana, siendo tan importante al vivir humano, que todo el bien y el mal que en el mundo se hace, se puede sin yerro decir ser por causa de las mujeres.

Este control al que la mujer debe estar sometida se organiza en todos los libros de educación femenina del Siglo de Oro, sin excepciones:

1.º estableciendo sus diferencias respecto al varón;
2.º ubicándola en la sociedad como un ser secundario y dependiente, y
3.º dando pautas de comportamiento, derivadas de los dos puntos anteriores y del concepto de lo femenino heredado de la tradición medieval. Este comportamiento se puede resumir en tres valores fundamentales que, primando unos sobre otros según la época, constituyen la médula espinal de todos los tratados: obediencia, honestidad y laboriosidad.

Las diferencias físicas de la mujer respecto al varón se establecen desde el principio. Ya don Enrique de Villena marcaba esta distinción y por ello la coloca en el trabajo XII de Hércules que consistió en sustituir a Atlas en el sostenimiento del mundo. Alaba, por tanto, su ánimo y fortaleza, pero subraya que tiene la rodilla doblada:

> Ya por la edad, ya que envejecen antes que el hombre [o porque] por la composición más flaca, no valen tan áspera como los hombres sostener vida [p. 135].

La mujer se presenta siempre como un ser débil físicamente, lo que es síntoma, según aparece en los libros de los educadores, de su debilidad de espíritu y de razón. Fray Martín Alonso de Córdoba en su *Jardín de las nobles doncellas* (1468-1469?), aun concediendo que el alma de la mujer es intelectiva y que no tiene diferencias en ello con el hombre, sí hace una diferencia respecto al físico, que lleva aparejada una diferencia moral. Así, hablando de la inconstancia de la mujer, dice:

> [...] por ventura les viene de la flebe complexión del cuerpo, así como las mujeres tienen el cuerpo muelle y tierno, así sus voluntades y deseos son variables y no constantes [parte II, cap. IV].

Huarte de San Juan en el *Examen de Ingenios* (1575) dice que las carnes de la mujer y de los niños son más blandas que las de los hombres; por ello tendrán peor ingenio que ellos (Torres, 1977, p. 143).

Todos los textos subrayan, partiendo de san Isidoro y como primer factor diferencial, que Eva (y por tanto, todas sus descendientes) nacerá de una costilla de Adán, lo que marcará su diferencia e inferioridad física, pues tendrá la forma encorvada del hueso del que surge. Así, Hernando de Talavera nos dice en el *Tratado provechoso:*

> Verdad es que es cosa natural a las mujeres ser bajas de cuerpo, delgadas y estrechas de ancas y de pechos y de espalda y de pequeña cabeza, y aún como dice San Isidro, ser un poco acorvadas, como lo es y era la costilla de que fue formada la primera mujer. [Naturalmente, de lo físico se pasa inmediatamente a lo moral:] [...] como Nuestro Señor haya querido que

las mujeres sean comúnmente pequeñas y menores que los varones, porque por ellos han de ser regidas, como por mayores [XXIII].

Lo mismo indicará cien años más tarde fray Hernando de Zárate en sus *Discursos de la paciencia cristiana* (1593):

Habiendo de ser la mujer sujeta al marido, por voluntad y sentencia del mismo Dios y, habiéndola en significación desto criado de la costilla, y no de hueso derecho, sino acorcovado, como algunos doctores notan, para dar a entender su perpetua sujeción [Libro VIII, discurso III].

También Luis Vives en *Instrucción de la mujer cristiana* cree que éste es el motivo por el que la mujer debe estar bajo la tutela del marido:

Aunque de los dos se han tornado uno, la mujer es hija del marido porque salió de su costado, es más inclinable y flaca y menos aparejada para sostener las flaquezas que acarrea la vida humana, a cuya causa le es menester de amparo [XXII].

En realidad, en este párrafo, Vives no hace sino repetir las palabras de su maestro san Pablo:

[El hombre] es imagen y reflejo de Dios, pero la mujer es gloria del hombre, pues no procede el hombre de la mujer, sino la mujer del hombre, ni tampoco fue creado el hombre para la mujer, sino la mujer para el hombre [I Epístola a los Corintios, 11, 7].

El físico de las mujeres estará configurado también para su función primordial, para la que ha sido creada en este mundo: parir hijos, como señala Talavera:

Que sean anchas y gruesas de renes, de vientre y de caderas, porque puedan bien caber las criaturas que allí han de concebir y tener nueve meses [*Tratado*, XXIII].

En cuanto al engendrar hijos, no falta alguna voz que indica que el papel de la mujer, incluso en este terreno, es puramente pasivo y secundario. Así dice fray Luis de León en *La perfecta casada* (1583):

> La madre en el hijo que engendra no pone sino una parte de su sangre de la cual la virtud del varón, figurándola, hace carne y huesos [XVIII].

Todas estas ideas recibirán confirmación en las nuevas corrientes científicas, que avalaron el hecho diferencial. Uno de los escritores que más influencia ejerció en España con sus doctrinas biológicas y médicas fue Huarte de San Juan con su obra citada *Examen de ingenios para las ciencias*. En este texto se afirma que la naturaleza femenina está excluida del ánimo racional, pues todos los médicos, empezando por Galeno, están de acuerdo en que la la mujer está conformada de frialdad y humedad, frente al hombre, que está hecho de calor y sequedad. La frialdad echa a perder todas las obras del ánimo, y además de impedir el movimiento a las personas, lo hace también con las imágenes. Por ello las ideas, en una naturaleza fría como la de la mujer, se quedan inmóviles en el cerebro y esta fijación de ideas es la que genera la tozudez femenina. La frialdad y humedad de su morfología la inutilizará también para las ciencias.

Como ya ha señalado Mariló Vigil (1986, p. 15), Reissman (1974) destaca que las diferencias biológicas, reales o supuestas, pueden ser utilizadas como base para la estratificación social: «[...] se invoca lo biológico como justificante para apoyar desigualdades sociales ya existentes». En efecto, todas las diferencias que se señalan entre el hombre y la mujer servirán de base a la imposición de obediencia y sujeción que la segunda debe al primero.

A pesar de ello, estas diferencias físicas son las menos señaladas. Se busca la descalificación moral como base para ponderar que su inferioridad en esta materia respecto al varón es la causa por la que las mujeres le deben sumisión, obediencia y respeto. Así se marcan la falta de razón, de ánimo, de discreción, al igual que la mala inclinación natural.

Martín de Córdoba lo dice muy claramente en su obra: son intemperadas, parleras, porfiosas, variables e inconstantes:

Las mujeres siguen los apetitos carnales como es comer e dormir e folgar e otros que son peores. E esto les viene porque en ellas no es tan fuerte la razón como en los varones [...] Pero ellas más son carne que espíritu. [Y más adelante insiste:] Ser parleras les viene de flaqueza [...] Ser porfiosas les viene de falta de razón [parte II, cap. IV].

También Vives señalará que las pasiones tienen en ellas mayor fuerza, por ser por naturaleza más inclinadas al placer que los hombres y, pues no tienen muy firme el pensamiento, «en poco espacio de tiempo corren mucha tierra, a veces mala» (II), ya que sólo son capaces de pensar maldades (X), son más temerosas (VI), más naturalmente codiciosas (VIII), la envidia nunca las abandona, no tienen continencia, son melindrosas (XII), la razón está tan alejada de su seso que siempre eligen lo peor (XVIII), están más movidas a la ira y más avisadas en asechanzas que los hombres (XXIII). Exclama:

> ¡Poderoso Dios, cuán peligrosa guerra le hacen a la mujer (si no está sobre aviso) tres crudelísimas fieras: soberbia, ira y envidia [XII].

Todo ello imposible en un ser que debería ser humilde, pues es «inhábil para vivir sola y siempre tiene necesidad de amparo y favor ajeno» (*ibíd*).

Tal vez el más convencido de la inferioridad moral femenina sea fray Luis de León. Partiendo de los *Proverbios* (cap. 21), que será el texto parafraseado para dar consejos a su destinataria, dedica toda la primera parte de la obra a subrayar cómo la mujer, hecha de materia deleznable, tiene mayores dificultades que el hombre para alcanzar la virtud, por lo que la virtuosa es más digna de alabanza, por ser algo rarísimo, ya que la que hace algo bueno se sale de su naturaleza. En un sujeto tan flaco el bien es algo extraordinario:

> [Son muchos] sus siniestros malos. Los cuales son tantos, a la verdad y tan extraordinarios y diferentes entre sí, que con ser de un linaje y especie, parecen de diversas especies. [Sigue, citando a Focílides:] En ellas solas se ven el ingenio y las mañas de todas las suertes de cosas, como si fueran de su linaje, que unas hay cerriles y libres como caballos, otras resabidas como

raposas, otras labradoras, otras mudables a todos colores, otras pesadas como tierra [II].

Esta «cosa de tan poco ser como ese sujeto que llamamos mujer» (IV) se desenfrena más que el hombre y se destempla de forma que su apetito no tiene fin (II), es «maestra de invenciones» (III), no tiene cordura, ni seso, ni valor (IV), es más inclinada al regalo, un melindre, un lijo y un asco (VII), se vuelve fácilmente ventanera, visitadora, callejera, amiga de fiestas, parlera, chismosa, jugadora (VIII), avariciosa (IX), vanidosa (XII).

Por ello, fray Luis justifica la necesidad de escribir obras que la eduquen en el buen camino, en palabras ya muy diferentes a las que vimos de Juan Justiniano, que nos demuestran el cambio ideológico y social que se había efectuado:

> Porque, como la mujer sea de su natural flaca y deleznable más que ningún otro animal y de su costumbre e ingenio una cosa quebradiza y melindrosa [...] para que tanta flaqueza salga con victoria [...] cuanto el sujeto es más flaco, tanto para arribar con una carga pesada, tiene necesidad de mayor ayuda y favor [II].

Naturalmente, este ser débil y carente de buen sentido debe obedecer y seguir al hombre, ente original y superior en todos los terrenos. Pero, para obligar a la mujer a su deber de obediencia hacia el hombre, no basta descalificarla física y moralmente. Se aducirán otros motivos que pesan más en esta consideración de la inferioridad femenina y que provienen de las leyes, tanto de Dios como de la naturaleza. Por supuesto, el primer motivo lo encontramos en la ley divina, cuyo origen está en el pecado de Eva. Dice Talavera, tras señalar la inferioridad femenina respecto al hombre, en *Avisación:*

> Si esto os parece grave, quejadvos de la primera madre, que para toda su posteridad maresció esta sujeción por su grande liviandad. La creyó muy de ligero las mentiras de Satanás y no esperó el consejo de su buen marido Adán, antes ella le fue a aconsejar que tomara el fruto vedado [III].

Con ello no hace sino recordar las palabras de san Pablo en su I Epístola a Timoteo:

> Pues primero fue formado Adán, después Eva, y no fue
> Adán el que se dejó engañar, sino la mujer que, seducida, incu-
> rrió en la transgresión [2, 13].

Sin embargo, no es éste el único motivo. La ley natural, aunque no hubiese existido la divina, también señalará la diferencia y
minusvalía de la mujer en lo moral y social. Ya lo expresa incluso
don Juan Manuel en su *Libro de los Estados* (parte II, cap. III):
«Ahí se guarda orden natural, que es en la mujer ser sujeta a su
marido». Más adelante, todos los autores echarán mano de la naturaleza para apoyar su doctrina. El mismo Hernando de Talavera, tras la aseveración que hemos visto antes, añade:

> Pero aunque no hubiera pecado, era cosa natural y mucho
> razonable que la mujer que comunmente, como tiene flaco el
> cerebro y mucho menor el esfuerzo, así no tiene tan cumplida
> discreción, siga y obedezca el deseo y querer del varón, que en
> todo es más perfecto. La ley es general: que todas las cosas
> inferiores y menores sean movidas y regidas por las superiores
> y mayores, como lo son los hombres por los buenos ángeles.
> [III] [Y más adelante:] Las mujeres son naturalmente fechas
> para ser regidas y subjectas [IX].

El eco de estas ideas lo encontramos un siglo más tarde,
incluso en la literatura, en los *Diálogos de apacible entretenimiento* (1606) de Gaspar Lucas Hidalgo:

> Si cada cosa se ha de medir con el fin para que fue criada
> [...] el fin para que se dio la mujer a la naturaleza humana fue
> para compañera del hombre y de tal manera que el varón sea
> su dueño y cabeza [cap. IV].

Fray Luis de León señala también que el estado natural de
la mujer, en comparación con el del hombre, es estado humilde. Por ello debe resignarse a vivir conforme con lo que Dios y
la naturaleza le han concedido, que es estar al servicio del
varón, y, como veremos, de la economía del hogar:

> La hermosura de la vida no es otra cosa que el obrar cada
> uno conforme a lo que su naturaleza y oficio le pide. El estado

de la mujer, en comparación del marido, es estado humilde. [...]
Y pues no las dotó Dios ni del ingenio que piden los negocios
mayores, ni de fuerzas las que son menester para la guerra y el
campo, mídanse con lo que son y conténtense con lo que es de
su suerte [XVII].

Por otra parte, la influencia de Erasmo en España, como
ya estudió Marcel Bataillon (1937) contribuyó a la difusión de
las Epístolas de san Pablo, que ya hemos visto que subyacen
en la mayoría de los textos educativos. Aunque en ellas se su-
braye la correspondencia que debe haber entre hombre y mujer respecto a sus obligaciones, cosa que todos los erasmistas
aceptaron, hizo que otros autores tomaran de ellas sólo la premisa de la inferioridad y deber de obediencia de las mujeres.
Dicen las Epístolas:

> Quiero que sepáis que la cabeza de todo hombre es Cristo,
> que la cabeza de la mujer es el hombre [Corintios, I, 11, 3] Las
> mujeres estén sujetas a sus maridos como al Señor, pues el ma-
> rido es cabeza de la mujer, como Cristo es cabeza de la Iglesia
> [Efesios, 5, 22]. Mujeres, estad sujetas a vuestros maridos, como
> conviene en el Señor [Colosenses, 3, 18].

Esta sujeción y obediencia, marcadas por la inferioridad
física y moral de la mujer y confirmadas por la ley divina, por
la ley natural, por la ley de la Iglesia y por la norma social,
conformará la vida de la mujer en su relación con el varón,
especialmente con el marido. Así, todos los libros de educación femenina tendrán esta como la primera y principal norma de enseñanza. Vives dice claramente que la desobediencia
corrompe las leyes de Dios, las naturales y las humanas, como
si la luna quisiera ser más que el sol, o el brazo que la cabeza:

> No sólo la usanza y costumbre [...] las leyes divinas y huma-
> nas y la misma naturaleza da voces y manda expresamente que
> la mujer debe ser sujeta al marido y le debe obedecer. [Y ter-
> mina diciéndo a su discípula:] No tendrás tú el privilegio que
> Dios y natura no dio, mientras el mundo es mundo [cap.
> XXIII].

Fray Hernando de Talavera, en *Avisación*, recuerda la negación de la voluntad propia y la obediencia a la voluntad del marido como virtud imprescindible:

> Debéis mirar, noble señora, que no sois libre para hacer vuestra voluntad, ca el día que fuisteis ayuntada al marido en estado matrimonial, ese día perdisteis vuestra voluntad [...] sois sujeta a él y obligada a conformar con su voluntad [III].

Por ello le parece imposible dar reglas para la vida femenina, ya que «dormir o velar, rezar o hablar, trabajar u holgar» lo debe hacer la mujer según la voluntad ajena, y si el marido le manda otra cosa diferente a las que se aconseja, la mujer no quedará tranquila. Por ello, incluso rezar, ir a la iglesia, dar limosna, ayunar y demás obras virtuosas, solo se aconsejan si el marido lo manda. Lo repite también en el *Tratado provechoso*:

> En todo lo que no es malo, es obligada a se conformar con el querer y la voluntad de su marido, como el súbdito religioso a la voluntad de su prelado [XXII].

Las mismas frases encontramos en Vives, pues está de acuerdo con Talavera en que solo los mandamientos divinos están por encima del hombre. Las leyes de la Iglesia están por debajo de la voluntad del marido que es libre, señor y cabeza de la mujer, alma del cuerpo matrimonial y a quien ella debe obedecer como si fuera su esclava y la hubiera comprado con dinero (XXII). Dice más:

> No hay duda que la mujer debe obedecer al marido y tener sus mandamientos como si fueran leyes divinas, como sea que el marido tiene el lugar de Dios en la tierra para con la mujer [XVIII].

Si Vives considera al hombre el Dios de la mujer, Fray Luis pensará, como veremos, que las mujeres solo han sido criadas para este oficio natural que es agradar, servir, alegrar y ayudar al hombre, al que deben soportar con paciencia y alegría.

Consecuencia de esta sumisión será la obligación, que proviene también de san Pablo, del silencio en la mujer:

La mujer aprenda en silencio, con plena sumisión. No consiento que la mujer enseñe, ni domine al marido, sino que ha de estar en silencio [Timoteo I, 2, 11].

Que las mujeres no hablen en los sermones, pues a ellas no les es permitido hablar, antes bien, estén sometidas. Y si quieren aprender algo, que pregunten en casa a sus maridos [Corintios I, 7, 34].

Todos los educadores los piden: Córdoba (VI): «Que la mujer ponga silencio e guarda en su lengua»; Vives (III, XIII, XVIII y XXII): «La causa de ser algunas mujeres desgobernadas de la lengua no procede sino del desgobierno del ánimo», fray Luis XVI: «El mejor consejo que les podemos dar es rogarles que se callen, y ya que son poco sabias, se esfuercen en ser mucho calladas [...] porque en todas es, no solo condición agradable, sino virtud debida, el silencio y el hablar poco».

Esta sumisión y obediencia deberá incluso venir subrayada por algún signo exterior, que para san Pablo (Corintios, I, 11, 7) era llevar la cabeza cubierta, lo que mostraría su sujeción. Esta señal aparece también tanto en los textos educativos como en los morales. En los primeros, Hernando de Talavera dice en su *Tratado provechoso* que la mujer llevará la cabeza tapada:

> [...] por dar a entender que el varón [...] es cabeza de la mujer y ella ha de ser sujeta al varón y regida y gobernada por él y no el varón por la mujer [VI].

Y tras señalar que el Génesis daba esta norma como castigo, vuelve a recordar que «aunque no por aquella manera», la condición y ley natural de la mujer le exige ser sujeta al hombre «y ha de ser quiera o no quiera» (IV).

Cristóbal de Fonseca, en su *Tratado del amor de Dios* (1592), va más allá, pues indica que la obligación de la mujer de llevar cubierta la cabeza está impuesta como señal de esclavitud, ya que si «el hombre es semejante a Dios, entre otras muchas cosas, en el dominio, en esta semejanza no entra la mujer». Otros autores, sin embargo, buscan esta señal incluso en las costumbres femeninas, como Francisco Santos en su *Día y noche de Madrid* (1663):

Primero es el hombre, que ella su esclava es, pues para señal de que sale sujeta al hombre, así que nace le taladran las orejas, donde le ponen un eslabón de cadena, señal de esclavitud, y caso que niegue eso, no negará lo que dice la Iglesia.[8]

Sentado, pues, el principio de inferioridad femenina, que exige sujeción, silencio y obediencia ciega, a la mujer se le pedirán también otras virtudes en su comportamiento. La virtud primera de la mujer será la de la honestidad y esta deberá ser su principal cuidado, pues lo único que puede ofrecerle al marido es castidad y buena fama. Dice Vives que la educación de los hombres exige que se les prepare para que tengan muchas prendas:

> [...] pero de la mujer nadie busca elocuencia o grandes primores de ingenio o administración de ciudades, o memoria, o liberalidad. Sola una cosa se requiere de ella y esta es la castidad, la cual, si le falta, no es más que si al hombre le faltara todo [VI].

Fray Luis de León, sin embargo, prefiere no hablar de honestidad, ya que esta no cuenta siquiera y se da por supuesta, pues si una mujer no es honesta «no es ya mujer, sino alevosa ramera y vilísimo cieno y basura la más hedionda de todas y la más despreciable» (III). Así como en el hombre el tener entendimiento no es digno de alabanza, porque viene en su naturaleza, así tampoco es loable la castidad en la mujer, en la que ya es deshonestidad el solo pensamiento de que puede dejar de ser casta.

> Quebrar la mujer a su marido la fe es perder las estrellas su luz y caerse los cielos y quebrantar sus leyes la naturaleza y volverse todo en aquella confusión antigua y primera [III].

Como ya he indicado antes, la sociedad crea un código de control social basado en el honor del que es depositaria la mu-

---

8. Sánchez Lora (1988) dedica unas interesantísimas páginas a este tema, en las que afirma que la teoría política del barroco exigía el poder absoluto a los monarcas, cabeza de la sociedad. Si solo puede haber una cabeza, el intento por parte de la mujer de ser también dominante podía traer consecuencias sociales y políticas.

jer. En los textos barrocos asistimos a un retroceso en la consideración femenina, respecto a los renacentistas. El nuevo molde presenta a la mujer como la depositaria del honor masculino, en un momento en que el honor es el principio que rige todas las actitudes sociales, el más importante instrumento de control. Como dijo J.A. Maravall (1979) el honor social comienza en el núcleo familiar y continúa en los distintos estamentos; de ahí el carácter básico del honor conyugal y la importancia de que la mujer se someta al código establecido, pues su comportamiento generará la consideración social del hombre y de toda la familia.[9]

Pero este honor se basa solo en la honestidad de las mujeres. Como ya señalaba Gaspar Lucas Hidalgo, el hombre puede tener su honor y reputación basados en las letras, las armas, el gobierno o la virtud, pero la mujer solo puede basarlos en la virtud. Pero las gentes consideraban virtud femenina únicamente la honestidad, de donde venía toda su reputación. Es más, podía ser chismosa, vengativa, vanidosa o malgastadora pero, si públicamente se la tenía por honesta, todos la consideraban, y a su familia con ella, como honrada. «El honor de una mujer solo está colgado de la honestidad y fidelidad a sus dueños» (cap. IV). La consecuencia será un endurecimiento de la moral sexual femenina, que se refleja en los sermones (una de las principales fuentes de información de las mujeres de la época) al igual que en el teatro y en otras obras literarias, como ya ha sido ampliamente estudiado, desde el pionero libro de M.ª Pilar Oñate (1938), hasta obras muy recientes.[10]

En cualquier caso, desde los primeros textos educativos asistimos al esfuerzo de preparar a las jóvenes para que ejerciten esta virtud. Así, los consejos que se dan en cualquier época insisten siempre en que las mujeres estén encerradas y en que se provean remedios para no despertar su lujuria.

---

9. Sobre la importancia del honor en el barroco y las consecuencias que para las mujeres tiene esta situación ideológica, son muy esclarecedores los textos de J.M. Maravall (1975, 1979, 1980).

10. Un panorama bibliográfico imprescindible, en Galstad (1980). Sigue siendo muy útil la obra de Bomli (1950), completada por las aportaciones de Meelvena McKendrick (1974), M. Grazia Profeti (1976), así como las del Coloquio de la GESTE (1989).

Vives pide que en la educación de la joven se esté muy atento a que no salga nunca de casa y que en los casos imprescindibles lo haga acompañada de su madre y después de un rato de meditación. En estos casos, no levantará la vista para mirar, sobre todo a los hombres, no hablará ni preguntará. El no salir de casa es conveniente, entre otras cosas, porque, si no la conoce nadie, no podrán hablar de ella y podrá así guardar su fama (X). Cuando se case, deberá seguir con esta misma costumbre, pues la buena reputación, que es lo mejor que una mujer puede ofrecer a su marido, la tiene solo aquella que siempre está escondida y recogida (XVIII). Lo mismo afirmarán fray Luis y Fonseca, quien recuerda el dicho del filósofo de que la mujer había de tener tres salidas: a bautizarse, a casarse y a enterrarse, que es lo mismo que desearía el padre Astete, enemigo feroz de las ventanas en los aposentos y de cualquier salida de casa, incluso para ir a la iglesia, como vemos en el capítulo X de su *Tratado del gobierno de la familia* (1603).

Los remedios para no caer en la lujuria son de muchas clases, entre ellos los referidos a la alimentación y a la vestimenta. La frialdad natural de la mujer, que tantos inconvenientes plantea para su ánimo racional, será en contrapartida una ayuda para conservar su honestidad. Por ello no debe tomar alimentos que aporten calor. Dice Talavera en su *Tratado provechoso* que no deben añadir especias a la comida porque es «al fuego añadir fuego» (XXII). También Vives le niega los alimentos exquisitos, las especias, los platos calientes y, sobre todo, el vino:

> Porque está averiguado que no arden en tanto grado los fuegos del monte Etna, no la tierra de Vulcano, no los montes Vesubio y Olimpo cuanto las cañadas de una mujer, llenas de vino y encendidas con las hachas ardientes de los manjares [cap. VIII].

También Astete pide que se les dé la comida solo templada, compuesta de hortalizas y pescado y agua clara como bebida. Aconseja igualmente que se queden con hambre, para poder hacer ejercicios espirituales después de comer (VI). No es de extrañar que casi todos presenten el ayuno como una forma de disciplinar al cuerpo y alejarlo del calor. Melchor Cano, en su *Tratado de la victoria de sí mismo* (1550) afirma que del mucho comer y dormir vienen la lujuria y otros pecados. Se dará, pues, a las mujeres, escasa alimentación y deberán dormir en cama dura. Luis Vives señalaba en el capítulo citado la conveniencia de una cama que no fuese blanda ni delicada.

También la ropa podrá influir en su inclinación a la lujuria. Talavera, en su *Tratado provechoso*, tras abominar de la moda de los verdugados por muchas razones, añade otra: que la mucha tela alrededor de las caderas tiene el peligro de que

> [...] las escaliente demasiadamente y las provoque, por consiguiente, al mucho lujuriar. [Aconseja en cambio, como dicen los sabios:] [...] que se pongan planchas de plomo en los lomos y en el vientre, para enfriar su lujuria [XXII].

Recomienda, igualmente, que se usen cilicios y ropas ásperas. La mujer que tiene deseos lujuriosos, especialmente la viuda que, como dice Melchor Cano, peligra a veces «por la memoria de las obras pasadas con sus maridos», tiene, según Astete, algunos remedios como son:

> Dormir en el suelo, usar vestidos groseros, levantarse de mañana, sufrir algunas incomodidades, tomar alguna disciplina, postrarse en tierra y otras penitencias como estas [o bien] estar de rodillas algún tiempo, poner los brazos extendidos en cruz, dormir en alguna tabla, humillarse y besar la tierra, no usar de sedas ni paños preciosos [cap. III].

Pero el mayor peligro de caer en la lujuria viene de la ociosidad. A la obligatoriedad de que esté siempre trabajando se apuntan todos los educadores, primero por razones morales, pero muy pronto aparecerán las razones económicas, que conforman a veces todo un libro, como ocurre con *La perfecta casada*.

Si a esto añadimos que todos afirman lo natural del encerramiento femenino (fray Martín de Córdoba dice que «natural cosa es a la mujer estar siempre en casa» [I, VIII]; fray

Hernando de Talavera que «las mujeres fueron hechas para estar encerradas y ocupadas en sus casas» [*Tratado*, V], fray Luis que «entiendan en su casa y anden en ella, pues las hizo Dios para ella sola» [XVII]; Cristóbal de Fonseca, «que sean muy caseras y recogidas») a la mujer no le quedará (ni la dejarán que se lo plantee) otra alternativa que trabajar en casa, en la custodia, administración y acrecentamiento de los bienes familiares. Ya Fernán Pérez de Guzmán[11] señalaba esta función de ecónoma como la fundamental de las mujeres:

> *Según esto, sólo les debe restar*
> *que lo que el varón trajere en la nave*
> *ella lo conserve so secreta llave:*
> *porque poco vale ganar sin guardar.*

Eximenis, en *Lo libre de les dones* (ed. moderna, 1981) ve también a la mujer como administradora y conservadora, como comprobamos en los títulos de los capítulos: XCI, «Com la dona deu bé governar su casa»; XCII, «Com les dones deben retener e guadar los béns de la casa»; XCIII, «En quins casos majorment deu la dona retenir, conservar e amaguar los béns de la casa que nos perden» (pp. 140-143). Pide también a los padres que enseñen a las hijas cosas útiles para que puedan ayudar a la economía familiar: trabajar con seda y lana, hacer paños, tejer, coser, hilar y hacer los vestidos de todos los de la casa «car dona qui no fil, ja sab hom per qui es tenguda» y aclara «aquellas qui no filen, qui estan al bordeyll» (pp. 33-34).

Fray Hernando de Talavera, que dedica su *Avisación* a la condesa de Benavente, sabe que ella no tiene necesidad de hacer economías. Sin embargo, insiste en la conveniencia del trabajo manual, pues la ociosidad es madre de muchos males (VIII). Así, aconseja que pase la tarde haciendo labores y cosiendo, si no para su casa (que es innecesario) para la Iglesia o para los pobres. Se encargará también de mirar que todos los criados hagan su función y de despachar con el mayordomo cada día, para que se vea la vigilancia que tiene en todo lo de la casa (XI).

---

11. Citado por Mª. Pilar Oñate (1938, p. 32).

Vives ve en el trabajo un remedio para el pecado, pues la ociosidad deja libre al pensamiento, que en la mujer siempre se despeña. Subraya que «nunca jamás entra tan fácilmente el engaño del demonio en el pensamiento de la mujer como cuando la halla ociosa» (VIII). Aunque la mujer sea noble, coserá, hilará y labrará. Pone como ejemplo de vida a la reina Isabel, que enseñó a sus hijas a hacer todas las labores manuales. El ocio no debe llenarse con juegos, pues desatarán la natural codicia de la mujer. Mejor, incluso, que guise, aunque se considere asunto humilde, propio de criadas:

> Más feo es el naipe y dado en mano de la mujer que la escudilla o el plato y más deshonesto beber vino de ajeno varón que no dar un poco de caldo de su mano al marido [cap. II].

También Astete opinará lo mismo del trabajo de las mujeres, que no están criadas para otros menesteres, ni tienen necesidad de ejercer otras actividades:

> Así como es gloria para el hombre la pluma en la mano y la espada en la cinta, así es gloria para la mujer el huso en la mano, la rueca en la cinta y el ojo en la almohadilla [cap. IX].

Pero será fray Luis de León el que con mayor insistencia hable de la mujer como *ama de casa*. Tanto es así que M.ª Ángeles Durán (1982) ha podido hacer una lectura económica de *La perfecta casada*, en la que demuestra que, aunque los modos productivos y económicos tradicionales habían periclitado, a la mujer se le prohíbe modernizar su función, por lo que quedará relegada al viejo orden de autoconsumo y subsistencia. Señala fray Luis que la primera función, que es la de conservar, está dictada por la ley divina, la ley natural y la razón:

> Demás que el Espíritu Santo lo enseña, también lo demuestra la razón. Porque cierto es que la naturaleza ordenó que se casasen los hombres, no solo para fin que se perpetuasen en los hijos [...] sino para que [...] se conservasen [...] porque para vivir no basta ganar hacienda, si lo que se gana no se guarda [cap. III].

La mujer, de la que dice, siguiendo a Huarte, que es de natural flaco y frío, está hecha para guardar y no para el trabajo exterior al hogar. Por eso la naturaleza juntó a hombre y mujer, para que uno adquiera y la otra conserve.

> Por donde dice bien un poeta que los fundamentos de la casa son la mujer y el buey: el buey para que are y la mujer para que guarde. Por manera que su misma naturaleza hace que sea de la mujer este oficio y la obliga a esta virtud y parte de su perfección [*ibíd.*].

Esta guarda consiste en dos cosas principales: ser hacendosa y no ser gastadora. Lo primero la llevará a trabajar con sus manos en las labores. Al igual que los escritores ya citados (pero en mayor medida) pide que, desde la reina a la última súbdita, todas labren, hilen y borden para la casa o los pobres, todas vigilen a los criados y lleven cuenta de la economía del hogar:

> Y a todas, sin que haya en esto excepción, les está bien y les pertenece, a cada una en su manera, el no ser perdidas y gastadoras y el ser hacendosas y acrecentadoras de sus haciendas [V].

Todos los autores sin excepción, de Eximenis a fray Alonso de Herrrera, hacen también hincapié en los gastos de las mujeres, que siempre son para cosas inútiles. Dice fray Luis:

> Los hombres, si acontece ser gastadores, las más veces lo son en cosas, aunque no necesarias, pero duraderas u honrosas [...] de utilidad y provecho [...] mas el gasto de las mujeres, es todo en el aire; el gasto muy grande y aquello en que se gasta, ni vale, ni luce [III].

La mujer gasta en ropas, perfumes, afeites, en cosas de vanidad, lo que supone un pecado y además un desorden social y un problema económico.[12] Ximénez Patón en el prólogo a su

---

12. También esta recomendación proviene de san Pablo (Timoteo, I, 2, 9), como vemos en Eximenis (pp. 35-50). Pero desde Hernando de Talavera se añade como causa, a la natural condición de humildad, la de que significa un desorden social («hasta los labradores y escuderos quieren vestir como ricos»), que pasa después a

Reforma de trajes (1638) en donde sigue el texto de Fray Hernando de Talavera, se extraña de que en tiempos de este autor (que los barrocos ven como un mundo ideal y de buenas costumbres) hiciera falta esa obra. Para su época, el frenesí de gasto que llevaban las mujeres en trajes, joyas y sedas era «la causa de todas las miserias que padece la patria».

Una vez que a la mujer se la había colocado, sin apelación posible, en su lugar en el mundo y se le habían enseñado las virtudes principales que debía guardar en su comportamiento, los autores dan otros consejos que, con más detalle, perfilan la imagen ideal femenina, un ser cuya principal misión era complacer en todo al hombre:[13] todos la caracterizan como alguien que jamás debe mandar, ni levantar la voz, ni quitarle la razón, ni hacer nada que no le guste. Si el marido es una fiera, debe soportarlo con humildad y paciencia y, si la engaña, no debe reprochárselo, ni hacerle entender siquiera que lo sabe (Vives da, incluso, ejemplos de mujeres que han llevado a casa a la amante del marido, por complacerlo). Si el marido le pega, debe pensar que es castigo de Dios, que recibe de su mano y estos sufrimientos que se pasan en la vida, no se pasarán en la otra. La diferencia se establece también en el estado de viudedad. Así como las viudas deben, como hemos visto, mortificar la carne y no pensar en otro posible matrimonio (ello sería considerado pecado de lujuria), Astete aconseja a los viudos que se casen pues «las cosas menudas y particulares de la casa son propias de la mujer y no del hombre». Sobre todo, si los hombres son viejos y están enfermos, aunque no piensen en tener hijos, deben contraer matrimonio

> [...] para tener quien los regale y alivie y ayude a pasar los trabajos de la vejez y las molestias de la enfermedad [cap. I].

---

motivos económicos, algunos familiares (Vives [IX] señala que si no gastasen las mujeres, sus maridos podrían disponer de más dinero) y otros, como en Patón, de tipo político. Es muy numerosa la bibliografía sobre las modas femeninas de la época, por ejemplo, la obra de Deleito (1946).

13. Será esta parte la fundamental de estos textos. Ya vimos que es así en los medievales y ocurre en obras como las de Vives, fray Luis o Herrera. Aquí es donde se dibuja este molde de sumisión y perfecciones. Ya en los coloquios de Erasmo, aunque no se las descalifica, sí se las obliga a ser siempre las que cedan ante la voluntad o la ira del hombre.

Naturalmente, esta imagen ideal de virtudes, unida a la consideracion que vimos reflejada de la mujer como un ser inferior física, intelectual y moralmente hablando, conformarán también la doctrina que en los textos de educación femenina se expresa sobre el acceso de la mujer a los bienes de la cultura.

El rey Sabio fue el primero en señalar la conveniencia del estudio para la mujer: por ello le preocupaba la compañía que se les debía dar y la importancia de buscar las ayas más convenientes, ya que a las niñas «no les conviene tomar enseñamiento sinon del padre o de la madre o de la compañía que ellos les dieren». Las lecturas recomendadas son las religiosas:

> E desque ovieren entendimiento para ello, dévenlas fazer aprender leer, en manera que lean bien las Oras e sepan leer en Salterio [Partida II, título VII, ley XI].

Sin embargo, el arcipreste de Talavera, en su *Corbacho* subraya que, cuando la mujer aprende a leer, no usa estos conocimientos para esos libros devotos, sino para leer cosas que no les convienen y las enloquecen:

> Todas estas cosas fallareis en los cofres de las mujeres: Horas de Santa María, siete Salmos, estorias de santos, Salterio en romance... ¡nin verle del ojo! Pero canciones, dezires, coplas, cartas de enamorados e muchas otras locuras, esto sí [parte II, cap. III].

Eximenis nos habla de la polémica que se establece en esta época sobre la conveniencia o no de enseñar letras a las niñas. Los hombres pensaban que era más fácil de guardar una mujer iletrada y que las letras proporcionaban deseos de autonomía y libertad.

Desde Eva, la mujer se tacha de curiosidad por el saber. No hay que olvidar que el fruto que tentó a Eva llevaba encerrado el conocimiento. De ahí que el resultado de este deseo lo tengan siempre muy presente los moralistas y achaquen a la mujer este afán que reportó el castigo a toda la humanidad.

Incluso en un ambiente tan refinado como el que produjo el *Cancionero de Stúñiga*, el poeta Carvajales señala el peligro de la mujer letrada, por ser ella la heredera de Eva y de todos sus males, y cómo el conocimiento solo podía llevar a la mujer a la perdición del hombre:

> *Amad, amadores, mujer que non sabe,*
> *a quien toda cosa paresca ser nueva,*
> *que cuanto más sabe mujer menos vale,*
> *según por exemplo lo hemos de Eva,*
> *que luego, comiendo el fruto de vida,*
> *rompiendo el velo de rica ignorancia,*
> *supo su mal y su gloria perdida.*
> *Guardaos de mujer que ha plática y sciencia.*

[fol. 138v.]

También Hernando de Talavera atribuye el mismo mal a las mujeres, que nace de su curiosidad y «esles de soportar porque es su natural, desde que la primera mujer, que traspasó el mandamiento, por codicia de saber».

Sin embargo, Eximenis se muestra partidario de que las niñas aprendan a leer y a hacer cuentas: «Con és bo que les dones sápien légir» (pp. 91-92).

Los motivos para que las niñas vayan pronto a un convento «per tal que aprenen letra» (p. 23) son dos. Uno, puramente moral: porque leyendo buenas obras se vuelven devotas, permanecen en casa y los libros les pueden servir de consuelo ante las tribulaciones de la vida. El otro responde a esa nueva mentalidad burguesa, por la que la mujer puede ser una ayuda en la economía familiar. Si el marido, comerciante, debe viajar, puede escribir a su letrada mujer sobre cosas del negocio:

> Lo marit se pot mills secretejar ab ella que no si ella non sab. Car si non sab e lo marit li escriu, per força ho ha a saber altre [p. 91].

Por otra parte, el amor a las letras que aporta el humanismo se refleja pronto en los modos de las clases altas y la nobleza empieza a considerar la cultura como una de las formas de cortesía y de la buena educación.[14] En España, la llegada al

---

14. El fenómeno de la influencia del humanismo en las clases altas, referente a la educación femenina, se estudia detenidamente en Anderson y Zinsser (1991).

trono de Isabel la Católica supone un cambio en la visión del saber. Esta reina, que dicta leyes feministas, que aprende latín y que posee una estupenda biblioteca de 253 títulos, hace que sus hijas aprendan también a leer, a escribir y latín. Una de ellas, Catalina, la esposa de Enrique VIII de Inglaterra, será una mujer cultísima, a quien dedican sus obras de educación femenina tanto Erasmo como Vives.

Juan de Lucena en su *Epístola exhortatoria a las letras*, subrayando el ambiente de la corte de los Reyes Católicos y el afán cortesano por emular a la reina en el interés por las letras, nos dice:

> Lo que los reyes hacen, bueno o malo, todos ensayamos de hacer. Si es bueno, por aplacer a nos mesmos y si malo, por aplacer a ellos. Jugaba el rey, éramos todos tahures; estudia la reina, somos agora estudiantes.

También fray Antonio de Guevara, en su prólogo a la *Historia del famosísimo emperador Marco Aurelio*, advierte: «Todos saben, todos leen, todos aprenden». Sin embargo, también en este momento se constatan posturas encontradas. Ya Pérez de Guzmán decía:

> *De simple faze avisado*
> *ver y leer ciertamente.*

Esto lleva a algunos moralistas al recelo de que la mujer *avisada* sea más difícil de controlar, en una postura similar a la del poeta Carvajales, como hemos visto. Proporcionar estudios podía llevar a la ruptura del orden familiar y jerárquico establecido. Si bien fray Hernando de Talavera en su *Avisación* (VIII) dice que la mujer puede pasar sus ratos de ocio leyendo u oyendo leer, en cambio también afirma que, como la mujer está obligada a obedecer en todo a su marido, si por los libros conoce cosas que son contrarias a la voluntad de él, puede desazonarse (IV).

De la misma manera, se alzan escandalizadas voces que arguyen que la lectura podía distraer a la mujer de sus obligaciones y que el conocimiento de las letras tenía el peligro de darle la posibilidad de escribir y recibir misivas de sus enamorados. Así, fray Martín Alonso de Córdoba señala que las mujeres:

> [...] pues no han de entrar en consejo, no han menester la ciencia. Solo a las reinas y princesas no es vedado entrar en sabiduría [III, I].

La actitud contraria subraya que es necesario que aprendan letras porque, leyendo los textos de educación creados para ellas, tomarán conciencia de su inferioridad y aprenderán cosas provechosas. En esta línea estará Luis Vives, quien indica que necesitan aprender doctrina y virtud porque, si son ingeniosas, el ingenio irá a lo malo. Pero Vives, al igual que Eximenis, sabe que insistir en el aprendizaje de las letras en las mujeres es ir contra una corriente muy poderosa:

> Veo algunos tener por suspectas a las mujeres que saben letras, pareciéndoles que es echar aceite en el fuego, dándoles a ellas avisos y añadiendo sagacidad a la malicia natural que algunas tienen [cap. III].

Él piensa, por el contrario, que la sagacidad les hará leer libros de santos varones, que atemperarán su malicia. Es más, después de aportar un gran número de ejemplos clásicos y de señalar el conocimiento del latín de la reina Isabel y de sus hijas, añade un dicho atribuido a Aristóteles: «No hay mujer buena si le falta crianza y doctrina, ni hallarás mujer mala, sino la necia».

Es consciente de que a las mujeres que «tienen tan buen ingenio que parescen haber nacido para las letras, o que al menos no se les hacen dificultosas» es conveniente no dejarlas sueltas. Lo mejor es que ocupen su tiempo en leer para que su entendimiento las ayude, con los buenos libros, a aborrecer el vicio. Sin embargo, no es partidario de enseñar a aquellas que no son hábiles para las letras, aunque siente que estas no podrán enseñar a leer a sus hijos, que sería lo más conveniente.

Vives es uno de los pocos escritores de textos educativos que señalan algo más que el *Psalterio* para la lectura y dedica mucho espacio al juicio sobre la bondad o maldad de los diferentes libros. Como no podía ser menos en un discípulo de Erasmo, abomina las novelas de caballería, mentirosas, y que además «añaden alquitrán al fuego ardiendo», pues si la dama piensa en las armas, pensará también en la fuerza del varón, de ahí en su cuerpo y poco a poco, pensando en ello «se emponzoñará».[15]

Menos aún le gustan las novelas amorosas, de las que piensa, como algunos moralistas medio siglo más tarde, que deberían estar prohibidas. Los amores no deben leerse, ni siquiera en autores clásicos, como Ovidio. «¡Pobre de ti! [exclama] que estás leyendo ajenos amores y poco a poco bebes el veneno que te ha de matar.» Aunque Vives suele ser muy comedido en su juicios, aquí se muestra inexorable: a la mujer hay que prohibirle los libros que no sean buenos; si no los quiere dejar voluntariamente, que se los quiten y, si no quiere leer otra cosa, que no lea. Aconseja, para las que saben latín, la Biblia, los Santos Padres, Platón, Séneca y Cicerón. Las otras podrán leer los romanceados, al Cartujano y a Erasmo.

En cualquier caso, las voces de los humanistas como Vives no acallaron las que también señalaban la incapacidad femenina para las obras del entendimiento y que se remontan a Salomón y al Eclesiastés VII, 29:

> Entre mil varones hallé uno que fuese prudente, pero entre todas las mujeres, ninguna me ocurrió con sabiduría.

Esta frase la recogerá san Pablo, quien dice que, aunque las mujeres ardan en deseos de saber, nunca lo alcanzarán:

> [...] que continuamente están deseosas de saber, sin llegar nunca al conocimiento de la verdad [II Epístola a Timoteo, 3, 7].

Alfonso de la Torre, en su *Visión Delectable* (1436?) ya dijo que las mujeres no pueden tener los bienes de la razón, sino

---

15. Melchor Cano repetirá algo muy similar, pero referido a la mera visión de los hombres. «Aquí suelen tener peligro las doncellas, en pensar cómo se holgarían con aquel o con el otro si fuese su marido» (p. 307).

solo los físicos. De ahí que la vergüenza tenga que ser su guía de comportamiento:

> Como la vergüenza sea género de temor o especie, por causa de frialdad son temerosas et falças de corazón [...] ca comúnmente ellas no tienen sino algunos bienes corporales, así como la hermosura y semejantes cosas, así como no alcanzan los bienes del entendimiento, particípalos imperfectamente y muchas fallescen de la perfección de los hombres perfectos [parte II, cap. VII].

También Hernando de Talavera parece estar de acuerdo con esta apreciación sobre la capacidad intelectual de las mujeres. Dice en su *Tratado:*

> Digo que es natural a las mujeres la codicia del saber, porque aquella cosa es naturalmente más codiciada de que tenemos mayor falta. Pues como tengan comúnmente el entendimiento y la discretiva más flaca que los varones, parece que no sin causa quieren suplir su defecto, el cual se suple sabiendo. [Naturalmente, de aquí extrae una conclusión moral:] Ítem, les es cosa más natural el creer el mal de ligero, porque todos somos prontos al mal, por la flaqueza del entendimiento son ligeras de engañar [cap. IV].

Huarte de San Juan excluye la capacidad femenina para los estudios porque su cerebro es de categoría inferior al del hombre. Dice en el proemio de su obra:

> Cuando Dios formó a Adán y Eva [...] les organizó el cerebro [...] llenándolos a ambos de sabiduría, es conclusión averiguada que le cupo menos a Eva [...] La razón desto es [...] que la compostura natural que la mujer tiene en el cerebro no es capaz de mucho ingenio ni de mucha sabiduría [p. 67].

Huarte justifica la carencia de las mujeres, que señala la Biblia, por la naturaleza, pues «quedando la mujer en su disposición natural, todo género de letras y sabiduría es repugnante a su ingenio». Por ello aconseja a los padres que quieran gozar de hijos sabios y con habilidad para las letras que estos sean varones:

> Porque las hembras, por razón de la frialdad y la humedad de su sexo, no pueden alcanzar ingenio profundo. Solo vemos que hablan con alguna apariencia de habilidad en materias livianas y fáciles, con términos comunes y muy estudiados; pero metidas en letras no pueden aprender más que un poco de latín, y esto por ser obra de la memoria [p. 331].

Naturalmente, Huarte no reprocha a las mujeres esta falta, porque no está en su voluntad, sino en la ley natural que las ha hecho hembras y, por lo tanto, débiles de cerebro. Él mismo señala que en el mundo hay mujeres inteligentes, instruidas y discretas. La razón está en que, puesto que la frialdad y la humedad son las calidades que echan a perder la parte racional, estas tienen menos grado de humedad y de frialdad que las otras, porque:

> Pensar que la mujer pueda ser caliente y seca ni tener el ingenio y habilidad que sigue a estas dos calidades, es muy grande error [p. 309].

En cualquier caso, el menor grado de frialdad y humedad, que permite una cierta habilidad con las letras, no viene sin su contrapartida: esta mujer que tiene más parte racional tendrá grandes dificultades para la maternidad, pues el útero está relacionado con el cerebro y la mayor capacidad de este hace que el útero la tenga menor.

Tal vez las ideas de Huarte influyeron en los libros de educación posteriores, pues, a partir de mediados del siglo XVI, no encontramos en ellos la actitud hacia la educación literaria de las mujeres que aparece en los textos de comienzos de siglo.

Así, en *La perfecta casada*, fray Luis da mínimos consejos sobre la educación femenina. Se supone que ésta deberá ser la no fácil del ama de casa, que exige, por supuesto, unos conocimientos que no se improvisan. En cuanto a los estudios de la mujer, consistirán en librar de enojos al marido y ser su perpetua causa de alegría y descanso.

Cuando en el capítulo XVI debe glosar las palabras del versículo 26 «Su boca se abrió en sabiduría y ley de piedad en su lengua», vemos que la sabiduría no tiene nada que ver con las letras sino con tener la razón despierta, ser sabia en el corazón y un habla dulce para el marido. La medicina que conviene a la mujer es la de preciarse de callar. La que no sabe y la que sí sabe «en todas es, no sólo condición agradable, sino virtud debida, el silencio y el hablar poco».

Sabiduría es lo mismo que cordura y discreción, cosas imposibles de aprender para una mujer que no las tenga «porque lo más propio de la necia es no conocerse y tenerse por sabia». Es más, sobre el cañamazo urdido por Huarte sobre la naturaleza femenina, se cuestiona la bondad y la honestidad de las mujeres letradas:

> Así como la mujer buena y honesta la naturaleza no la hizo para el estudio de las ciencias, ni para los negocios de dificultades, sino para un solo oficio, simple y doméstico, así les limitó el entender y por consiguiente les tasó las palabras y las razones; y así como es esto lo que su natural de mujer y su oficio le pide, así por la misma causa es una de las cosas que más bien le está y que mejor parece.

Más adelante, Gaspar de Astete (cap. VIII) no deja de tener sus dudas sobre la conveniencia de que los padres enseñen a leer a sus hijas, pues encuentra razones para aceptarlo o rechazarlo. No le parece inaceptable que aprenda en casa, enseñada por la familia o una persona honesta, siempre en presencia de los padres, pero de ninguna manera deberá ir a la escuela, porque los maestros son hombres y eso puede traer problemas. Además, se volverá callejera y su natural concupiscencia se verá agravada por la presencia de sus condiscípulos. Esta última razón no es nueva. Ya Fernán Pérez de Guzmán lo había señalado en el poema que hemos visto anteriormente:

> *No es convenible a ella sciencia*
> *por el grand trabajo del estudiar*
> *nin sería a ello onesto la presencia*
> *de los escolares nin su conversar.*

En realidad, al padre Astete no le gusta que se enseñe a las mujeres, pero reconoce que a veces es forzoso, porque la situación de la familia exigía esta educación como un valor social, como parte de la dote que había que otorgar a las hijas, que tenía que estar acorde con su linaje y posición. Incluso acepta que las muchachas aprendan a cantar, tañer y danzar, como cualidades para encontrar novio, aunque reconozca el peligro que pueden entrañar estas enseñanzas para la moralidad.

Admite también el provecho que los libros de oraciones o las vidas de santos pueden llevar al alma, con su consuelo y su ejemplo, pero no deja de indicar que, como las ficciones son más divertidas, si las leen se irá el gusto por los buenos libros, siempre más ásperos en su lectura. Lo que no consiente es que la mujer aprenda a escribir. Tiene el peligro de que podrá contestar a las cartas de los enamorados y además no les es necesario, por su condición.

En el mundo barroco, la descalificación hacia la cultura femenina es total. Desde los sermones hasta las novelas o las obras teatrales, todos los textos parecen estar de acuerdo en que la mujer es un ser inútil para la ciencia y que su cultura debe limitarse a la necesaria para la vida doméstica. Paralelamente, hay una burla general contra las «cultas latiniparlas», como las llamaba Quevedo.

No es, pues, extraño, que en el libro de fray Alonso de Herrera *Espejo de la perfecta casada* (1637) se excluya a la mujer del estudio. Aquí, frente a su maestro fray Luis, que no era partidario de la cultura femenina porque la naturaleza la incapacitaba para ello, parece que el motivo no es la negación del ingenio en la mujer, sino una cuestión de orden matrimonial y social, ya que la letrada se convertirá en un ser ingobernable, carente de la virtud de la obediencia y, por lo tanto, un peligro para el matrimonio:

> No es bien que tenga la mujer una letra más que su marido. Pues si ya son muchas letras, si es letrada y tiene entendimiento y discreción, ¿quién se averiguará con ella? [cap. V, X].

En unos momentos en los que era más necesario el sometimiento de las mujeres por el problema del honor y de los que sabemos que la realidad era muy distinta a los deseos de los varones, es natural que se intentara controlarlas. Si se las mantenía fuera del poder que puede dar la cultura, se las podría convencer de su condición secundaria y subordinada al hombre y de la obligatoriedad del cumplimiento de las normas masculinas. Quevedo conocía muy bien el valor de la ignorancia como elemento imprescindible para aquellos que deben ser súbditos, como nos dice en estas líneas, que pueden servir de resumen a todo lo anterior:

> En la ignorancia del pueblo está seguro el dominio de los príncipes; el estudio que los advierte, los amotina. Vasallos doctos, más conspiran que obedecen, más examinan al señor que le respetan; en entendiéndole, osan despreciarle; en sabiendo qué es libertad, la desean; saben juzgar si merece reinar el que reina: y aquí empiezan a reinar sobre su príncipe [...] Pueblo idiota es la seguridad del tirano [*La hora de todos* (1635), Astrana Marín, 1932, pp. 252-254].

Como hemos visto, todos los textos de educación femenina en la Edad Moderna parten de la inferioridad de la mujer, presentando su descalificación física, moral y social, y colocando la masculinidad como principio de jerarquización y ordenamiento social. Las ideologías van evolucionando, pero nunca este principio, que se mantiene apoyado en distintas premisas.

Si la literatura didáctica medieval, influida por la difusión de la misoginia oriental a la que avalaban los textos religiosos de la patrística, reconocía a la mujer como el instrumento demoníaco para la condenación del hombre, el humanismo cambiará las formulaciones, apoyando sus aseveraciones sobre la inferioridad femenina desde la nueva visión que ofrecían la filosofía natural y las ciencias biológicas.

Los hombres de la modernidad quisieron descubrir cómo eran y cómo funcionaban el cosmos y el microcosmos que es el hombre. Galileo, Leibniz, Newton, Fallopio, Harvey, hicieron posible la revolución científica. Pero, como señalan Anderson y Zinsser (1991, pp. 119 y ss.), para la mujer esta revolución no tuvo lugar, pues a la hora de hablar de ella, los científicos dejaron de serlo, para ser solo hombres, y los escritos de los antiguos, que habían dejado de ser creídos a la luz de los nuevos descubrimientos, continuaron siendo artículo de fe cuando hablaban de la naturaleza femenina. Así, reafirmaron científicamente lo que la costumbre y las leyes divinas y humanas habían postulado: «la innata superioridad del varón y la justificable subordinación de la mujer».

Por otra parte, los nuevos ideales burgueses fueron configurando unas nuevas expectativas sobre el comportamiento femenino, que, como ha señalado J.L. Sánchez Lora (1988, p. 45) cristalizan en un código ético-social más que moral-religioso. La mujer debía seguir esta normativa, sublimada por el honor que la sociedad concedía a quien la cumplía.

Las causas para el férreo control femenino seguirán una pauta, acorde con la evolución ideológica: 1) las leyes divinas, marcadas en la Biblia. 2) Las leyes de la naturaleza. 3) La biología. 4) Las leyes morales y civiles. 5) La norma social. Para ello se escriben todos estos libros educativos, a través de los cuales se va construyendo una imagen femenina modelo de subordinación, humildad, obediencia, silencio, honestidad, laboriosidad, dulzura y complacencia, que será ese molde que los Pygmaliones pretenderán (afortunadamente de forma infructuosa) que cobre vida real en las mujeres de la época.

Carmen García Herrero (1990, p. 110) nos descubre este molde, a través del estudio iconológico hecho por Llompart (1965) sobre una tabla conservada en el Museo del Pueblo Español de Barcelona.

> Posa sus pies sobre la bola del mundo que desprecia, mientras sostiene en la mano la Biblia encabezada por el Magnificat o Imitación de María. Es *quieta*, con la cadena en los pies, *sollicita*, como muestra el huso que porta en la otra mano, la candela en el pecho representa la fidelidad (*fidelis*), *tacita* por el candado de sus labios, *subiecta* con el yugo sobre la cabeza. Es *pudica*, y así lo recuerda la cofia blanca, su corazón está abierto (*charitas*) mientras su ceñidor permanece apretado (*casta*) y el talle encorazado (*honesta*), por último, la escoba junto a ella simboliza su humildad (*humilis*).

Bibliografía

ANDERSON, Bonnie S. y Judith P. ZINSSER (1991): *Historia de las mujeres, una historia propia*, Barcelona, Crítica, vol. II.

ASTRANA MARÍN, L. (1932): *Obras completas de don Francisco de Queve-do. Prosa*, Madrid, Aguilar.

BATAILLON, Marcel (1937): *Erasmo y España*, México, FCE.

BOMLI, P.W. (1950): *La femme dans l'Espagne du siècle d'or*, La Haya, Nijhoff.

CANO, Melchor (1550): *Tratado de la victoria de sí mismo*, reed. en BAE, t. LXV, pp. 303-324.

COLOQUIO (1986): *La condición de la mujer en la edad madia. Coloquio hispano-francés*, Madrid, Casa de Velázquez-Universidad Complu-tense.

— (1989): *La mujer en el teatro y la novela del siglo XVII, Actas del II Coloquio de la GESTE*, Toulouse, Universidad deToulouse-Le Mirail.

DELEITO Y PIÑUELA, José (1946): *La mujer, la casa y la moda*, Madrid.

DURÁN, M.ª Ángeles (1982): «Lectura económica de Fray Luis de León», en *Nuevas perspectivas para la mujer. Actas de las primeras jornadas de investigación interdisciplinar*, Madrid, Universidad Au-tónoma.

FONSECA, Cristóbal de (1592): *Tratado del Amor de Dios*, Salamanca.

GALSTAD, M. Louise (1980): *The presentation of Women in Spanish Golden Age Litterature. An Annotated Bibliography*, Boston.

GARCÍA HERRERO, Carmen (1990): *Las mujeres en Zaragoza, en el siglo xv*, Zaragoza, Ayuntamiento (Cuadernos de Zaragoza, 62).

HENTSCH, Alice A. (1903): *De la litterature didactique du Moyen Âge s'adressant specialmente aux femmes*, Ginebra (reed. 1975).

JORNADAS (1984): *La mujer en la historia de España* (Madrid), *Actas de las II jornadas de investigación interdisciplinar*, Madrid, Universidad Autónoma.

— (1986): *Ordenamiento jurídico y realidad social de las mujeres. Actas de las IV jornadas de investigación interdisciplinar*, Madrid, Univer-sidad Autónoma.

— (1987): *Literatura y vida cotidiana. Actas de las cuartas jornadas de investigación interdisciplinar*, Zaragoza, Universidad de Zaragoza.

KNUST, H. (ed.) (1878): *Castigos e doctrinas de un sabio a sus fijas*, en *Dos obras didácticas y dos leyendas*, Madrid, Sociedad de Bibliófilos Españoles, pp. 249-295.

LACARRA, M.ª Jesús (1986): «Algunos datos para la historia de la miso-ginia en la Edad Media», en *Studia in honorem prof. M. de Riquer*, Barcelona, Quaderns Crema, pp. 339-361.

LENZI, M.L. (1982): *Donne e Madonne. L'educazione femminile nel pri-mo Rinascimento italiano*, Turín, Loescher.

LLOMPART, G. (1975): «La Doncella virtuosa», en *Actas del III Congreso de Artes y tradiciones populares*, Palma de Mallorca.

LUCAS HIDALGO, Gaspar (1606): *Diálogos de apacible entretenimiento*, ed. moderna en BAE, t. XXXVI, pp. 280-216.

MARAVALL, José Antonio (1967): *Antiguos y modernos. La idea de progreso en el desarrollo inicial de una sociedad*, Madrid.

— (1972): *Estado moderno y mentalidad social (ss. XV a XVIII)*, Madrid, Revista de Occidente.

— (1975): *Estudios de historia del pensamiento español. Serie III*, Madrid, Cultura Hispánica.

— (1979): *Poder, honor y élites en el siglo XVII*, Madrid.

— (1980): *La cultura del barroco*, Barcelona, Ariel.

MCKENDRICK, Meelvena (1974): Woman and Society in the Spanish drama of the Golden Age, Cambridge University Press.

MORREALE, Marguerita (ed.) (1958): *Los doze trabajos de Hércules de Don Enrique de Villena*, Madrid, RAE.

OÑATE, M.ª Pilar (1938): *El feminismo en la Literatura Española*, Madrid, Espasa Calpe.

PÉREZ DE GUZMÁN, Alonso: *Relación a las señoras e grandes dueñas de la doctrina que dieron a Sara, [...] la qual doctrina conviene a toda muger, así a las altas dueñas e nobles como a las otras damas de qualquier estado*, ed. moderna en NBAE, t. XIX.

PROFETI, M.ª Grazia (1976): «Donna e scrittura mella Spagna del Secolo d'Oro», en *Donna e Societa*, Palermo, Quaderni del Círcolo Semiológico Siciliano, pp. 26-27.

REISSMAN, T. (1974): «Estratificación social», en Neil J. Smelser, *Sociología*, Madrid, Euramérica.

RUIZ DOMÉNEC, J.E. (1986): *La mujer que mira*, Barcelona.

SÁNCHEZ LORA, José (1988): *Mujeres, conventos y formas de la religiosidad barroca*, Madrid, FUE.

SOMBART (1926): *Le Bourgeois*, París (cit. por Maravall, 1967, p. 175).

TORRE, Alfonso de la (1436?): *Visión Delectable de la Filosofía y Artes Liberales, Metafísica y Filosofía moral*, ed. moderna en BAE, t. XXXVI, pp. 339-402.

TORRES, Esteban (ed.) (1977): *Examen de ingenios para las ciencias de Juan Huarte de San Juan*, Madrid, Editora Nacional.

VIGIL, Mariló (1986): *La vida de las mujeres en los siglos XVI y XVII*, Madrid, Siglo XXI.

— (1991): «Conformismo y rebeldía en los conventos femeninos de los ss. XVI y XVII», en *Religiosidad femenina, expectativas y realidades*, Madrid, pp. 161-185.

XIMÉNEZ PATÓN, Bartolomé (1638): *Reforma de Trajes. Doctrina de fray Hernando de Talavera ilustrada*, Baeza.

ZÁRATE, fray Hernando de (1593): *Discursos de la paciencia cristiana*, ed. moderna en BAE, tomo XXVII, pp. 419-684.

JUAN DE LA CRUZ:
LA «VOZ» Y LA «EXPERIENCIA»

Rosa Rossi

Pocos escritores españoles resultan más iluminados por la óptica y por el pensamiento feminista como Juan de la Cruz. Esto depende, creo yo, de dos causas distintas pero convergentes.

La primera es que se sitúa Juan de la Cruz como poeta en el punto crítico entre la elaboración petrarquista del código del amor en la poesía y desarrollo del código erótico en sentido metafísico y simbolista. En este sentido, Juan de la Cruz es un protagonista de la evolución de la *voz* que enuncia la poesía en lengua castellana.

La segunda razón de esta relación privilegiada entre la crítica juancrucista y la óptica feminista atañe, en mi opinión, al hecho de que al ser el pensamiento feminista uno de los intentos más valiosos de realizar el giro epistemológico en sentido interdisciplinar del siglo XX, resulta la óptica feminista muy fecunda para enfocar a un escritor que constituye, en la segunda mitad del siglo XVI, un eje importante del desarrollo del saber, a propósito de Dios y de la relación con Dios: desde la plena conciencia del nuevo estatuto de la Biblia en el marco de la neonata ciencia filológica, hasta la definición de un saber teológico no universitario, no masculino: la *experiencia*.

Se desarrollará aquí el discurso como si se tratara de un común manual de historia literaria, es decir, dedicando puntos separados a las obras fundamentales de Juan de la Cruz, o por lo menos a las que aquí consideramos fundamentales para nuestro punto de vista —*Cántico espiritual*, *Noche oscura*, prólogo del *Cántico*—, y por consiguiente pasaré por alto el tema de la biografía, de la personalidad de Juan, porque considero que el perfil personal de Juan de la Cruz emerge y tiene que emerger desde el discurso sobre su obra.[1]

I. *Cántico espiritual*

Las primeras *Canciones de la Esposa* —que es como, desde nuestro punto de vista con un significativo matiz, Juan de la Cruz siguió llamando a lo largo de su vida el texto que sólo después de su muerte, hacia 1630, recibió el título, enfático y muy de moda en el siglo XVII francés, de *Cántico espiritual*— fueron escritas en la cárcel de Toledo, presidio de la orden carmelita calzada de la que Juan de la Cruz a primeros de diciembre de 1577 había sido expulsado por muchas razones (sin duda una de las más importantes fue el hecho de que las monjas del monasterio calzado de la Encarnación de Ávila, donde Juan había sido director espiritual con Teresa de Jesús como priora, en el otoño de 1577 se habían rebelado, en el momento de la elección de la priora, contra la voluntad de los dirigentes masculinos de la orden, con actitud desafiante que en algunos momentos anticipa la conducta de las cistercenses de Port-Royal).[2]

Ya aquellas primeras *Canciones de la Esposa* llevaban a través de la fuerza simbólica que las sustentaba, el feliz anuncio de que «los justos tienen paraíso en esta vida y en la otra, así como los pecadores [...] tienen infierno en esta vida y en la otra», anuncio que tenía tradición tanto en la historia espiri-

---

1. Sobre el tema he publicado «Consideraciones sobre la biografía de Juan de la Cruz», *Mientras Tanto. Publicación Trimestral de Ciencias Sociales*, 23 (1985), 109-125; *En el nombre del padre y de la madre*, Bilbao, Aula de Cultura, 1990; *Giovanni della Croce. Solitudine e creatività*, Roma, Riuniti, 1993.
2. Sobre las monjas de la Encarnación véanse para más detalles el capítulo VI de Rosa Rossi, *Teresa de Ávila. Biografía de una escritora*, que salió en 1984 (Icaria) y se ha reeditado en España en 1993 (Club de Lectores), y el capítulo V del citado *Giovanni della Croce. Solitudine e creatività*.

tual del Carmelo como en la teología espiritual española del siglo XVI, por ejemplo en el *Tercer Abecedario* de Francisco de Osuna,[3] que es de donde saco la precedente cita. Pero a ese anuncio tanto el *Cántico espiritual* como la *Noche oscura* le dan un desarrollo inédito: aquellas *Canciones de la Esposa* afirmaban, a través de una serie de símbolos poéticos, que el infinito gozo de la unión con Dios se podía lograr en esta vida mediante la forma nupcial del encuentro entre dos seres.

Como siempre que se trata de grandes hallazgos literarios, aquella novedad se conseguía mediante una intensa intertextualidad y relativa transcodificación; en el caso del *Cántico espiritual*, a través de la estrecha intertextualidad con el Cantar de los cantares y con la poesía de Garcilaso.

De hecho, se hacía aquel anuncio poético reelaborando a fondo el mito fundante del cristianismo, tal como permiten identificarlo antropólogas como Ida Magli, muy atentas a los componentes sexuales de los grandes símbolos del poder y de lo sagrado. (A Ida Magli ya tuve ocasión de referirme en la introducción que iba a mi cargo en el primer volumen, *Teoría feminista: discursos y diferencias*, de esta *Breve historia* [p. 22].) Se trata del mito de las relaciones nupciales, primero entre Dios Padre / marido e Israel, luego entre Cristo y la Iglesia. Aquel mito fundante había viajado, como se sabe, en la historia cultural del judaísmo primero y después del cristianismo a través de muchos cauces, pero en forma particularmente fuerte y sugerente a través de la lectura alegórica de un poema hebreo que había entrado en el canon de la Biblia, el propio Cantar de los cantares, diálogo de amor muy sensual, lleno de detalles físicos relativos al cuerpo de los dos amantes.

El pequeño fraile encerrado en el retrete del convento que funcionaba como celda, redactando casi totalmente de memoria —según lo que se ha logrado saber, en aquel encierro solo tenía una Biblia— escribe un texto central en la poesía española.[4] Acu-

---

3. Sobre el papel de Osuna en la constitución de la espiritualidad teresiana, y por ende juancrucista, véanse detalles y referencias bibliográficas en los capítulos III y IV de la antes citada biografía teresiana.

4. Véase «La centralità di Giovanni della Croce», en Rosa Rossi, *Breve storia della letteratura spagnola*, Milán, Rizzoli, 1992, donde el discurso a propósito de Juan de la

diendo a todos sus recuerdos de estudiante de Salamanca —y por ende de lector de Garcilaso y de Garcilaso vuelto *a lo divino*—, utilizando seguramente el ejercicio poético de sus años de juventud (todos sus papeles de los años precedentes se perdieron cuando fue detenido, destruidos por Juan mismo, comiéndoselos como todos los clandestinos, o por sus perseguidores), Juan de la Cruz reelaboró aquel mito y aquel texto en un gesto de extraordinaria fuerza creativa: dejó caer toda lectura alegórica e inventó una escritura simbólica tan moderna que Eliot y Valéry en el siglo XX le consideraron su contemporáneo.

(Hay que recordar además —entre paréntesis porque forma parte de *otra* historia respecto a la historia feminista que aquí estamos construyendo, *otra* pero coincidente y confluyente con la historia feminista—, hay que recordar, decíamos, que acudiendo al Cantar de los cantares, y al hacer de aquel texto una reelaboración obviamente fundada sobre la traducción al castellano del texto mismo, se metía el pequeño Juan de la Cruz, con verdadera osadía más que atrevimiento, en un terreno muy peligroso en su tiempo: el terreno de la refundación sobre bases críticas de la lectura de la Biblia. Era la tarea a la que se había dedicado el que —aunque quizá no directamente— fue su profesor en la Universidad de Salamanca, es decir el agustino fray Luis de León, el cual, como sabe cualquiera que haya estudiado historia de la cultura española del siglo XVI, acabó en la cárcel por muchas acusaciones, entre las cuales destacaba la de haber vertido al romance castellano, literalmente del original judío, pasando por alto la traducción latina, y en una versión muy adicta al uso del coloquial, el texto del Cantar, que en esa traducción aparecía considerado lúcidamente por lo que es: una forma de égloga pastoral, particularmente notable por su lenguaje escuetamente sexual.

Obviamente no podía ignorar esa historia Juan de la Cruz al emprender la composición de las *Canciones de la Esposa*. Incluso hay quien sostiene que algunos giros y calcos lingüísticos permiten suponer que Juan de la Cruz haya tenido la oportunidad de conocer en Salamanca el propio texto hebreo,

---

Cruz se inserta en el discurso general sobre la evolución de las formas de la poesía española.

bien directamente, bien a través de la traducción que de aquel texto iba haciendo el profesor Luis de León.[5]

Gracias a esta fundamental reelaboración en sentido simbólico, la historia de amor que se desarrolla en las *Canciones* en forma de diálogo entre la Esposa y el Esposo —aunque frente al Cantar la Esposa tenga aquí un papel netamente protagonista— se trasforma en la historia posible de todo ser humano que vaya buscando una relación interiorizada y amorosa con Dios.

Desemboca en esas *Canciones*, que no por casualidad utilizan el metro garcilasiano de la lira, toda una historia de la poesía lírica en Occidente, desde la poesía trovadoresca hasta la literatura del amor cortés, el amor cortés del que se ha dicho, en la introducción antes citada del primer volumen, ser «fruto de una codificación masculina». Esta codificación pasa a través de sucesivas reelaboraciones en el petrarquismo como búsqueda de una definición laica del yo amante y acaba en Garcilaso, como etapa de las más altas en Europa sobre la fundación del Yo lírico absoluto moderno, y momento crucial de la creación de una nueva lengua poética en castellano. En el *Cántico espiritual* aquel *yo* se vuelve de repente femenino, vehículo, claro está, de la noción y de la figura del *alma*, pero con la fuerte asunción de detalles del cuerpo sensible de la mujer que procedía del Cantar de los cantares. Aquí la mujer es la Amante, femenina es la voz que canta; todo a nivel simbólico, por supuesto, pero ha nacido un nuevo lenguaje. Posteriormente en la poesía española no hubo espacio sino para la destrucción del cuerpo en Quevedo o para la metapoesía gongorina, que desarrollaba la invención de la *distancia estética* que fue de Garcilaso hacia riberas absolutas y desconocidas.

Del *Cántico espiritual* —poema y comentario— existen en la tradición juancrucista dos versiones, la llamada A y la llamada B.

---

5. Por ejemplo lo supone Luce López-Baralt en *San Juan de la Cruz y el Islam*, El Colegio de México, 1990.

Ahora bien, la óptica feminista nos permite plantear esa muy trillada y todavía candente cuestión de forma que nos parece importante.

Las primeras 29 estrofas —*canciones* en lenguaje de Juan— él las entregó a las monjas descalzas de Toledo que lo acogieron, medio muerto como estaba, después de su rocambolesca huida de la cárcel, para que las copiaran y las aprendieran de memoria para cantarlas luego en sus recreaciones. Es decir, que desde el principio las monjas, las mujeres, fueron las destinatarias inmediatas de aquel texto. (Se constituyó así un cauce de transmisión oral del texto, y relativos problemas de tradición textual.)[6] A las mujeres ofrecía Juan de la Cruz su mensaje espiritual liberatorio, tanto más liberatorio para las mujeres por el hecho de ofrecer una posibilidad de experiencia religiosa relativamente independiente de la mediación sacerdotal masculina; una forma de relación con Dios en la que la mujer puede hacerse, aunque solo en el foro interior, sacerdote a sí misma y hundirse —aunque quede socialmente marginada y controlada— en la amplitud del amor.

A las primeras 29 estrofas se fueron añadiendo otras, y de las últimas cinco —el grupo que empieza con «Gocémonos, Amado»— sabemos por un testimonio que se escribieron a raíz de la experiencia y de una formulación de una monja del convento de Beas.

Ahora bien, todo el alcance liberatorio del *Cántico espiritual* queda profundamente rebajado en el texto del poema que ahora va bajo el nombre de *Cántico B*. Todo el movimiento —que vertebra la versión A— de una fuerte experiencia espiritual en esta vida acaba refiriéndose en B a un goce más allá de la vida, en la vida eterna. Y todos los intérpretes, sin ninguna excepción, coinciden en considerar el texto poético del *Cántico B* una verdadera catástrofe desde el punto de vista literario, e importantes teólogos afirman que en B se destruye el sentido místico del texto a favor de un banal planteamiento de la trayectoria del cristianismo. Sin embargo, a pesar de esas coincidencias y opiniones, hay quien mantiene con gran empeño

---

6. Ha estudiado esa tradición oral Paola Elia en la introducción a Juan de la Cruz, *Poesías*, Madrid, Castalia, 1990.

que el *Cántico B* es el único auténtico: el mismo Juan de la Cruz, arrepentido o preocupado a propósito de la línea doctrinal del *Cántico A*, lo habría reelaborado en los últimos tiempos de su vida. Y hay editoriales internas de la orden carmelita de hoy que no publican el *Cántico A* en las obras completas de Juan.

En esta *Breve historia feminista* me parece útil y oportuno aducir unos cuantos argumentos que, conectados con nuestra óptica, corresponden a otros tantos elementos de los textos que estamos colocando en la historia de la literatura y poesía españolas:

a) Como acabamos de ver, Juan de la Cruz entregó ya desde el primer momento, y siguió entregándoselas luego, sus *Canciones de la Esposa* a las monjas, y ellas de hecho las copiaron y las fueron cantado en su recreación: resulta duro pensar que, después de haber dejado que las monjas —y los frailes de los que fue prior a la vez tierno y severo— participaran de aquel feliz anuncio de que se podía gozar de Dios en esta vida, llegara Juan de la Cruz a confeccionar un texto en el que todo quedaba diferido, según la doxa dominante, al más allá de la vida.

b) El texto A del poema seguramente fue comentado —sale de ahí el comentario que constituye el conjunto del *Cántico A*— en aquellas reuniones entre Juan y las monjas y los frailes, reuniones que llamaremos más bien *seminarios* por la descripción que de ellas hace una testigo femenina, quien cuenta cómo esas reuniones se desarrollaban a base de preguntas por parte de los asistentes y respuestas del maestro. (No podré sino remitir para el desarrollo de todo esto a los últimos capítulos de mi *Giovanni della Croce. Solitudine e creatività*, del libro del que ahora entiendo con suficiente claridad, al escribir este capítulo de nuestra historia, el talante escuetamente *feminista*.) Resulta muy duro pensar que en un segundo momento —y ¿por qué?; ¿por miedo, él, Juan, que se había negado a arrepentirse cuando la cruel detención de Toledo?; él, ¿que se había enfrentado con el jefe de la orden en el capítulo de Madrid?— Juan de la Cruz haya podido desmentir aquellas reuniones con una nueva versión que literalmente deshacía —*destruía* según Huot de

Longchamp— el sentido de aquel mensaje de liberación y gozo.[7]

c) Las *Canciones de la Esposa* están dedicadas —como veremos con detalle en el punto tercero de este capítulo sobre la *voz* y la *experiencia* en Juan de la Cruz— a una mujer, a la madre de Ana de Jesús. Pero fue el texto del *Cántico A* el que la madre Ana se llevó a Francia cuando se trasladó allí como embajadora del espíritu del Carmelo descalzo, con los avatares que tan bien reconstruyó el abad Bremond en su *Histoire du sentiment réligieux en France.* (Y fue el texto A del *Cántico* que se publicó por primera vez —¡en francés!— en 1622 en París; y fue siempre el texto A el que las descalzas, herederas del espíritu de la madre Ana, publicaron en Bruselas en español pocos años después.) Ahora bien: resulta no solo duro sino casi imposible pensar que aquella mujer cabal que fue Ana de Jesús, gran amiga personal de Juan en Beas y en Granada, dedicatoria además del *Cántico*, no se hubiese enterado —¡ella se trasladó a Francia después de la muerte de Juan!— de ese hipotético *arrepentimiento* de Juan y posterior reescritura del *Cántico.* (Nosotras sabemos que cuando la amistad entre un hombre y una mujer es fuerte y fundada sobre aspectos superindividuales —y entre Juan y Ana medió el tema fundamental de las perspectivas de la experiencia espiritual en el cristianismo de su tiempo y la trayectoria política del Carmelo descalzo, sobre todo en el terreno de las libertades de las comunidades femeninas—, esa amistad no conoce miedos ni silencios.)

Desde nuestra óptica la única explicación del problema del *Cántico B* solo reside en la posibilidad de que un discípulo o un grupo de discípulos —necesariamente masculinos porque las mujeres por definición no teníamos acceso a los niveles donde se fraguaban ediciones críticas y canonizaciones— con vistas a la canonización (y por ende a la conservación de sus escritos) de Juan de la Cruz, canonización puesta en peligro por el muy moderno atrevimiento de esa doctrina espiritual, haya reducido el texto del *Cántico A* (como el texto de la *Lla-*

---

7. Véase Max Huot de Longchamp, «A propos du *Cantique Spirituel B*» en *Lectures de Jean de la Croix. Essai d'anthropologie mystique*, París, Beauchesne, 1981.

ma A) a las pautas de la ortodoxia dominante en el medio teológico español del siglo XVII que fue, como se sabe, violentamente antimístico (y profundamente misógino).[8]

Resulta en el conjunto difícil pensar que haya podido obedecer a presiones externas, o ceder ante preocupaciones internas, alguien que como Juan de la Cruz en los últimos años de su vida supo enfrentarse con un provincial que —en palabras de un fraile amigo de Juan— «no gastaba bromas», y eso sobre la cuestión de vida interna y formación del poder como la del voto secreto y sobre las cuestiones relativas a las libertades de las monjas en la elección de las prioras y en la elección del confesor. Se le enfrentó con tanta fuerza hasta quedar excluido de toda función dirigente en la orden y exiliado en La Peñuela.

II. *Noche oscura*

Las monjas fueron —se ha dicho— las primeras destinatarias de los poemas de Juan de la Cruz. (Y «el destinatario en un poema no es menos importante que el hablante», escribe Iosip Brodshij en su bonito ensayo *A la sombra de Dante*.)

Destaca en efecto en la peripecia personal e intelectual de Juan de la Cruz la importancia de su relación con las mujeres. Vino primero la relación con las monjas de la Encarnación a la que hemos aludido; hubo después la relación con las de Beas, las descalzas del convento al que llegó Juan de la Cruz al salir de la terrible experiencia de Toledo, un convento cuya priora era Ana de Jesús (en ese convento Juan encontró una entrañable amiga en Magdalena del Espíritu Santo, la mujer a la que —cuando Doria, para vengarse de las posturas de Juan en el capítulo, permitió que un mediocre fraile emprendiese contra él un proceso disciplinar por «trato y familiaridad» con las monjas— los inquisidores de la orden le quitaron un cua-

---

8. Las lectoras/lectores que quieran entrar a fondo en ese problema, desentrañar a través de un riguroso análisis formal el alcance doctrinal e ideológico de la relación del *Cántico B* frente al *Cántico A*, encontrarán el camino en Mauricio Molho, «Hermosura/Espesura. Sobre la canción CA 35 (=CB 36) del *Cántico espiritual* de Juan de la Cruz», *Voz y Letra (Revista de Filología)*, t. III, vol. II (1992), 3-22.

derno grueso de apuntes tomados en los *seminarios*.) Y vino finalmente la etapa fecunda de Granada y las relaciones con las descalzas del convento granadino, donde se había trasladado como priora la madre Ana.

De veras no es una casualidad que de las pocas cartas que nos han quedado de Juan de la Cruz, la mayor parte sean cartas enviadas a mujeres, las que le tenían el mayor cariño y las que más valor tuvieron en conservarlas cuando los inquisidores iban a por ellas.

Nació ahí, en el sentido de aquellas fecundas y entrañables relaciones —pero no eran menos fecundas las relaciones de Juan con los frailes de los que fue prior a partir de 1578, primero en el pequeño convento del Calvario, y luego en los grandes conventos de Granada y de Segovia—, nació ahí, entre Beas y Granada, el segundo gran texto poético de Juan de la Cruz, el texto que —siempre en *liras*— empieza con el heptasílabo «En una noche oscura», texto central en su sistema espiritual, texto del que Juan de la Cruz emprenderá el comentario, primero en *Subida del monte Carmelo* y después en *Noche oscura*.

Aquí también, en estas ocho liras, se cuenta una experiencia de amor y aquí también —como en el *Cántico espiritual*— la anécdota está superada en la intransitividad de un intenso lirismo. Aquí también la *voz* que enuncia el texto —es decir la *figura* del poeta que así se construye— es femenina, única voz desde el «salí sin ser notada» de la primera lira, hasta el «Quedéme y olvidéme... y déjeme» de la última. Aquí también el discurso de amor pasa por detalles del cuerpo del Amado —los cabellos, el cuello— y de la Amada —el pecho florido, el rostro.

Se describe y representa ahí, obviamente, una experiencia, *otra*, trascendental, a través de un intenso tejido simbólico. Y se queda una pasmada y perpleja cuando topa con muy barbudos lectores —tonsurados o no tonsurados— que relacionan la anécdota que se cuenta en *Noche oscura* con la vida y la experiencia personal del autor,[9] como si no fuese fingido, figu-

---

9. Hasta el extremo de grosería representado por la película de Carlos Saura, *La noche oscura*, en la que se representa la delicada anécdota erótica del poema como una historieta de amor realmente vivida por el mismo Juan de la Cruz, lo que supone además tachar el hecho innegable de que el texto está *dicho* por una voz femenina.

ral, todo el discurso erótico de la poesía occidental, desde los trovadores a Dante, a Petrarca, a Garcilaso.[10] En todos aquellos poemas amorosos se está hablando de una proyección simbólica y metafísica, y a nuestra óptica feminista le resulta fácil, hasta necesario, decir —como tuve la ocasión de exponer en la introducción del primer volumen de esta *Breve historia*— que, cuando de la mujer se habla en la literatura, de otra cosa se está hablando.

Es de notar que no caen, en cambio, en semejante error las tres grandes intérpretes femeninas de Juan de la Cruz: Edith Stein, María Zambrano y Simone Weil; Edith Stein —filósofa husserliana, carmelita descalza y expresión del feminismo católico en la Alemania de los años veinte— en su *Scientia Crucis (Kreuzeswissenchaft*, Louvain, 1950), María Zambrano en el artículo «San Juan de la Cruz (De la *Noche oscura* a la más clara mística)»,[11] Simone Weil —para la que Juan de la Cruz constituye un punto de referencia constante— habla de él en varios pasajes de los *Cahiers* y de *La connaisance surnaturelle* de forma deslumbrante. Las tres ponen correctamente el discurso erótico del poema en relación con el tema de la experiencia mística, concebida como experiencia —opuesta a *ciencia*, como veremos en el apartado siguiente— posible para todo ser humano, experiencia que abre perspectivas muy particulares frente a la vivencia humana en este mundo, perspectivas en algunos aspectos comunes a los que creen en un más allá eterno y los que creen que todas las posibilidades del hombre están en esta vida.

Obviamente no todos los intérpretes masculinos caen en semejante burdo error. No cayó en ello Jean Baruzi, el primer gran intérprete riguroso, es decir, no condicionado ni por premisas confesionales ni por ópticas anticlericales, y empeñado según la mejor tradición del hispanismo francés (el de Bataillon, por ejemplo) en conducir la investigación sobre Juan de la Cruz con la pauta del método crítico propio del trabajo científico. Baruzi, en su gran libro *San Juan de la Cruz y el*

10. Es muy lúcido y útil en este sentido el artículo de Cristóbal Cuevas, «Amor humano, amor místico: La concepción amorosa de Fernando de Herrera», *Caligrama (Revista Insular de Filología)*, 3, 9-29.

11. En *Senderos*, Barcelona, Anthropos, 1986.

problema de la experiencia mística,[12] ha explorado en términos de gran interés, aunque poco atentos a lo específico sexual del asunto, las relaciones entre experiencia y doctrina en Juan de la Cruz. Tampoco ha caído nunca en el error de reducir la *experiencia* a detalle biográfico José Ángel Valente en sus numerosos ensayos juancrucistas.[13] Valente —sobre todo en los ensayos contenidos en *La piedra y el centro*— ha trabajado, por el contrario,mucho sobre «la potencialidad unitiva del eros» en los estadios superiores de la experiencia mística como experiencia que arrastra a la vez la dimensión psicológica amorosa y la dimensión física orgásmica. También están lejos de caer en semejante error el canónigo Max Huot de Longchamp (del que hablamos en el punto precedente), o el filósofo materialista Manuel Ballesteros que, con instrumentos filosóficos de extraordinario espesor y finura, da una reveladora lectura de *Noche oscura* en su *Juan de la Cruz. De la angustia al olvido.*[14]

El nexo entre la *experiencia*, el conocimiento intuitivo afectivo, no racional de Dios —experiencia que en tiempos de Juan de la Cruz se llamaba *espiritual* y solo en el siglo XVII se llamó *mística*— y los roles sexuales es muy complejo y enmarañado. Jacques Lacan lanzó una de sus iluminantes provocaciones cuando escribió[15] (cito de la traducción de José Ángel Valente en el ensayo «Eros y fruición divina»):[16] «La mística es algo perfectamente serio, sobre lo que nos informan algunas personas, con superior frecuencia mujeres, o gentes bien dotadas como San Juan de la Cruz. Hay hombres que están tan bien como las mujeres. Puede suceder. Y que al propio tiempo

12. El libro de Baruzi ha sido afortunadamente reimpreso en tiempos recientes en traducción castellana (Junta de Castilla y León, 1991). En el «Postfacio» (pp. 713-721) destaco la atención prestada por Baruzi a la presencia de las mujeres en la historia personal de Juan, aunque con instrumentos que a la altura de los años veinte, que es cuando el libro se escribió, «no podían sino ser poco atentos con los niveles simbólicos ligados a la sexualidad».

13. Desde *Las palabras de la tribu*, Madrid, Siglo XXI, 1970, a *Variaciones sobre el pájaro y la red*, Barcelona, Tusquets, 1991, donde se ha publicado de nuevo *La piedra y el centro* que era de 1982.

14. Barcelona, Península, 1987. Es un libro que en las páginas de un académico laico, domingo Yndurain, se define como incomprensible y que un intérprete eclesiástico, Euloio Pacho, despacha en dos líneas de una nota.

15. *Le séminaire. Livre XX. Encore*, París, Editions du Seuil, 1975.

16. En *Variaciones*, p. 49.

se encuentran igualmente bien. A pesar, no digo de su falo, a pesar de todo lo que les molesta en razón de este, vislumbran que ha de haber un goce que está más allá. Tales son los místicos».

Se trata de una capacidad en suma de *hacerse mujer* en la pasividad y en la escucha que, obviamente, Juan comparte con todos los místicos —con alguno, por ejemplo con Suso o con Miguel de Molinos, ha compartido también el destino de verse acusado de haber transformado en banales relaciones carnales unas relaciones que en cambio tuvieron que ser de una gran fuerza afectiva e intelectual. Con todo, mucho de aquellas relaciones nos resulta desconocido, y apenas dibujada la *silhouette* de las monjas. De aquellas relaciones nos quedan detalles significativos y entrañables como el hecho de que solo la atención de una monja de la Encarnación de Ávila nos haya conservado el hermoso dibujo del *Cristo crucificado*, único resto de una capacidad y de una actividad de artista en Juan de la Cruz de la que se han pedido otras obras de las que hablan los testigos.[17]

Bajo algunos aspectos nos aparecen enigmáticas también las dos mayores obras en prosa que nos han llegado incompletas *Subida del monte Carmelo* y *Noche oscura*: en ambos casos falta la parte final de descripción de la unión, lo que supone que falta el comentario de las últimas liras del poema «En la noche oscura». ¿Inacabadas por cansancio por parte del autor o bien mutiladas después de la muerte de Juan por preocupaciones de ortodoxia parecidas a las que pudieran haber conducido a la manipulación del *Cántico*? El problema queda abierto, porque ninguno de los libros de Juan de la Cruz —con la excepción de los *Dichos de luz y amor*, colección de los *billetes* que él solía entregar a las monjas— nos ha llegado autógrafo. (Solo el manuscrito del *Cántico* de Sanlúcar de Barrameda lleva algunas frases autógrafas.)

Más claro en cambio el alcance y el sentido —desde nues-

---

17. Al final del capítulo V, «Colloqui all'Incarnazione», de *Giovanni della Croce. solitudine e creatività*, aventuro la hipótesis que aquel dibujo represente la superación —por parte de Juan— de la teología de la Cruz —que es siempre una teología del Padre y del sacrificio— para abrirse y pasar luego a su original teología de la Noche.

tra óptica feminista— del camino espiritual propuesto por Juan, el camino de la Nada, más útil y cercano quizá a la situación interior de una mujer respecto de la línea extática propuesta por Teresa: el camino de la Nada que está no solo fundado sobre una radical negación del poder, y del saber como poder, sino, sobre todo, construido sobre una imagen no necesariamente paterna de Dios.[18]

III. El prólogo del *Cántico espiritual*

El *Cántico espiritual* y *Llama de amor viva* —la última obra de Juan, comentario, también en este caso, de un poema homónimo de sus últimos años— están dedicados a dos mujeres, *a petición* de las cuales se dice en los relativos prólogos que se han escrito aquellas «declaraciones de las canciones».

Y se repite aquí puntualmente en los estudios hispanísticos el singular desliz por el que se toman al pie de la letra frases que aparecen en un prólogo. Ha ocurrido esto, con graves consecuencias críticas, con el prólogo de la primera parte del *Quijote*;[19] ha ocurrido sobre todo en el caso de los prólogos teresianos para los cuales se ha tomado al pie de la letra la afirmación presente en algunos de aquellos textos, según la cual Teresa escribiría *por obediencia*,[20] por obedecer a sus confesores. Así, para estos dos grandes libros de Juan de la Cruz se ha dicho constantemente que los escribió de hecho *porque* se lo habían pedido dos mujeres, Ana de Jesús y Ana del Mercado y Peñalosa.

Ahora bien, en el caso de los dos libros de Juan un tal desliz corresponde a un error bastante grosero y a una inten-

---

18. Véase sobre esto Kari Elisabeth Borresen, «Immagine aggiornata, Tipologia arretrata», en M. Antonietta Maciocchi, *La donna secondo Wogtila*, Milán, Paoline, 1990, pp. 199-218.

19. He escrito sobre eso en «El triple movimiento de la mente de Miguel de Cervantes», *Mientras Tanto. Publicación Trimestral de Ciencias Sociales*, 34 (1988), 91-101.

20. No puedo sino remitir a una serie de escritos míos sobre el tema, una serie cuya lista aparece en la nueva edición de mi biografía teresiana en italiano que apareció en octubre de 1993 publicada por Riuniti, y al prólogo de esa nueva edición donde se discute también del tema del *escribir por obediencia*.

ción recóndita. El error está en confundir el *dedicatorio* con el *destinatario* del texto, distinción que funciona para todo texto. La intención recóndita —más o menos consciente y articulada— consiste en la voluntad de rebajar de alguna manera el alcance creativo, disidente, original de las obras de Juan de la Cruz en el panorama teológico español de aquellos tiempos y de todos los tiempos. Y es a la vez un intento de reducir las complejas relaciones que hubo entre Juan de la Cruz y las monjas a un nivel casi parroquial (o por lo menos conventual): una mujer se lo pide, e insiste, y él finalmente escribe el libro por acceder a su petición.

Sin embargo, tenemos dos poderosos argumentos para derribar esta mal compuesta máquina interpretativa: uno, sacado de la historia de la espiritualidad española y europea del siglo XVI, y otro, fundado en el texto mismo del prólogo del *Cántico espiritual*.

Es muy fácil constatar que era tradición constante por parte de escritores espirituales de sexo masculino el dedicar sus libros a mujeres. A una mujer, Giulia Gonzaga, va dedicado, como es sabido, el *Alfabeto christiano* de Juan de Valdés, y a otra mujer, doña Sancha Carrillo, está dedicado el *Audi filia* de Juan de Ávila. Pero en ambos casos está clarísimo que aquellas dedicatorias eran solo la señal del intercambio intensísimo entre espirituales de ambos sexos en la Europa investida por el vendaval de la disidencia religiosa y de la búsqueda de nuevas *manières de parler*[21] en aquel momento que fue de derrumbe del saber religioso de procedencia medieval.[22]

Las dedicatorias de Juan de la Cruz a dos mujeres en el caso del *Cántico espiritual* y *Llama de amor viva* forman parte de aquella tradición y deben servir para iluminar el momento importante y problemático de la insurgencia de una autocon-

21. De gran interés, incluso para la óptica feminista que rige esta *Breve historia*, es la gran obra de Michel de Certeau, *La fable mystique*. XVI-XVII *siècles*, París, Gallimard, 1982.

22. Como he tenido ocasión de escribir en la introducción que un grupo de jóvenes investigadoras del Centre d'Estudis d'Història Moderna Pierre Vilar de Barcelona me pidió para un volumen misceláneo sobre *La mujer catalana en el Antiguo Régimen: imagen y realidad* (Icaria, 1994), queda por escribir, en mi opinión, una historia de las mujeres en la Reforma en España.

ciencia femenina en aquel umbral de la Edad Moderna en España; una autoconciencia que, nacida como fue sobre todo en el terreno central de la relación con Dios, fue ahogada muy rápidamente por la serie de procesos contra mujeres disidentes que jalonan todas las primeras décadas del siglo. La *oración* —la relación libre, directa, interiorizada con Dios— se vio obligada, como afirmó muy bien Marcel Bataillon,[23] a *refugiarse* en los conventos, que es donde la cultivaron y llevaron a resultados extraordinarios Teresa de Jesús y Juan de la Cruz, hasta el momento en el que incluso sobre ellos y sus obras cayó el rayo de la *normalización* antimística del siglo XVII. Se trata, en suma, en el caso de estas *dedicatorias*, de la punta de diamante de todo un proceso cultural e ideológico que, haciendo hincapié en la disidencia religiosa, puso por algunas décadas a las mujeres en al centro de la lucha para una reapropiación, por parte de *gente legal*,[24] del saber religioso. Son, en suma, aquellas dedicatorias a Ana de Jesús y Ana del Mercado y Peñalosa las puntas del iceberg de una red de relaciones que, además, en el Carmelo descalzo veía el centro de una original relación de mutua interdependencia entre varones y mujeres, una interdependencia que el mismo Juan de la Cruz inauguró al aceptar en 1568 —cuando él, carmelita descalzo, ya pensaba en pasarse a la Cartuja— el liderazgo intelectual y organizativo de una mujer, Teresa de Jesús, como fundadora del Carmelo descalzo, al cual él se acogió. (Hay que recordar aquí que aquella relación entre los dos fundadores se desarrolló en una magnífica recíproca independencia, con resquemores y conflictos[25] incluso muy trascendentes y candentes.)

Pero es el propio Juan de la Cruz quien en aquel prólogo del *Cántico espiritual* da la medida exacta del nivel que tuvo su relación con la madre Ana de Jesús, mucho más allá de su eventual *pedirle* que escribiera la declaración de las *Canciones de la Esposa*.

---

23. *Erasmo y España. Estudios sobre la historia espiritual del siglo* XVI, México, FCE, 1986, p. 750.

24. «Mujeres y gente lega»: así definía Melchor Cano en su célebre *Censura al Catecismo de Bartolomé de Carranza* a la parte de la población que en su opinión debía quedar excluida del conocimiento de la Biblia.

25. Sobre esos conflictos véase la citada biografía teresiana.

El prólogo va dedicado a la madre Ana de Jesús, la cual, amén de ser como se ha visto gran amiga personal de Juan, es también a quien dedicó Luis de León dos importantes libros suyos: la edición de las obras de Teresa de Jesús que se publicó en 1582 y del *Libro de Job*. En ambos casos la dedicatoria a la madre Ana forma parte de textos de gran envergadura doctrinal e intelectual: la edición de las obras de Teresa está encabezada por una carta dirigida a la misma madre Ana, carta que constituye una primera espléndida reseña de los escritos de Teresa; en el prólogo del *Libro de Job* —libro fundamental y secreto en la obra de Luis de León—, después de utilizar la forma convencional propia de estos textos («me ha mandado le declare el Libro de los sucesos y razonamientos de Job») Luis de León llega a explicar cómo se construyó el texto y en particular la traducción: «Traslado el texto del Libro por sus palabras, conservando, cuando es posible, en ellas el sentido latino y *el aire hebreo*, que tiene su cierta majestad».[26] Hemos subrayado un detalle —*el aire hebreo*— para llamar la atención sobre el nivel y el espesor de las relaciones intelectuales que este prólogo prevé, como punto de llegada de discusiones que tenían que pasar, como es evidente, por el tema candente de la traducción de textos bíblicos —que fue la causa de la larga detención de Luis de León—, desde el original hebreo a la traducción latina. Son los temas que corren —hay que recordarlo siempre— por debajo de las *Canciones de la Esposa*, que no solo era reelaboración en vulgar de un texto bíblico sino que, según lo que ha mantenido cierta crítica reciente, ¡trasladaban a esa reelaboración estructuras sintácticas del hebreo!

Así que no nos debe extrañar que la dedicatoria a la madre Ana —quien, hay que recordarlo, no puede entrar sino por esas vías indirectas en una historia feminista de la literatura española porque no dejó libros suyos— encabece uno de los textos más importantes de Juan de la Cruz y de toda la reflexión sobre poesía que se ha hecho en las letras castellanas del siglo XVI. Y lo hace en forma de reflexión a dos sobre la relación —en palabras de Teresa— entre *tener experiencia* y *saberlo*

---

26. Fray Luis de León, *Exposición del Libro de Job*, Barcelona, Hispanoamericana-Orbis, 1988, p. 9.

decir, entre el problema de la experiencia interior y el problema de la palabra poética.

La primera idea que se explaya aquí —idea de gran importancia para nuestra historia feminista de las letras españolas— es la distinción entre dos formas de conocimiento de Dios: el conocimiento intelectual, especulativo, analítico, discursivo, sistemático y *académico* en la forma escolástica de la ciencia, por un lado, y por el otro, el conocimiento intuitivo, sintético, individual, amoroso y deseante, la *experiencia*, la forma de conocimiento en la que —en palabras de Juan en el prólogo— «no sólo se sabe sino que se gusta». Es evidente que la segunda forma de conocimiento corre paralela con la forma de conocimiento que funda la palabra poética.

La segunda idea fundamental que vertebra este prólogo del *Cántico espiritual* es que la segunda forma del conocimiento de Dios —como dice Francisco de Osuna— «aunque sea suprema y perfectísima noticia puede empero ser habido de cualquier fiel, aunque sea mujercilla e idiota». Bernardino de Laredo, maestro como Osuna de Juan y de Teresa, afirma que «no hay ningún pobrecito, ni varón, ni mujercita, si quisiere ser su discípulo, que no la pueda aprender».[27] Pero otras citas de este tipo, sacadas de otros espirituales españoles del siglo XVI, por ejemplo de Juan de Valdés, se podrían aducir. Y Juan de la Cruz así lo elabora. «[...] aunque a Vuestra Reverencia le falte el ejercicio de la teología escolástica con que se entienden las verdades divinas, no le falta el de la mística, que se sabe por amor, en que no solamente se saben, más juntamente se gustan.» Cáptese la distinción entre *teología escolástica* y *teología mística*; el sentido distinto de la noción de fe que, sobre la base de la tradición del PseudoDionisio, iba enseñando y proponiendo Juan de la Cruz en las comunidades femeninas en las que actuó: una fe entendida como *noche* tenebrosa, una fe muy moderna, muy abierta.

Pero Juan de la Cruz —ese humilde *sin calidad*, el *hijo de la Catalina*— tuvo la fuerza anticipadora de conectar, en el prólogo del *Cántico espiritual* dirigido a la madre Ana de Jesús, el

---

27. Francisco de Osuna, *Tercer Abecedario*, 12.5; Bernardino de Laredo, *Subida del monte Sión*, 3.15, 41.

tema de la forma *otra* de acceder a Dios, el tema de la *experiencia* no solo al problema del saberlo decir que él comparte con Teresa,[28] sino también al punto máximo del problema de la suficiencia/insuficiencia del lenguaje que es el problema mismo de la palabra poética. «¿Quién podrá escribir lo que a las almas amorosas, donde él mora, hace entender? ¿Y quién podrá manifestar con palabras lo que las hace sentir? ¿Y quién, finalmente, lo que las hace desear? Cierto, nadie lo puede; cierto, ni ellas mismas, por quien pasa, lo pueden. Porque esta es la causa por que son figuras, comparaciones y semejanzas, antes rebosan algo de lo que sienten y de la abundancia del espíritu vierten secretos y misterios, que con razones lo declararan.»

Me parece justo aventurar aquí la hipótesis que llevó a Juan de la Cruz a tanta claridad y profundidad en su poética. En primer lugar, porque supo *hacerse mujer* en la *experiencia* —según afirmaba el mismo Lacan—, y en segundo lugar, porque se mantuvo en el nivel de pensamiento consciente, en el nivel de ideología, libre de toda visión misógina. No se encuentra en él ninguna referencia a la *flaqueza* de las mujeres; y de entre los libros de la Biblia, de cuya presencia rezuma la obra de Juan de la Cruz, muy escasa es la influencia de los Proverbios, que entre esos libros es de los más misóginos: «La mujer dio origen al pecado por el cual morimos todos», reza un versículo.[29]

Quedó así él totalmente abierto al tema muy moderno —wittgensteiniano— de la insuficiencia del lenguaje: «No basta ciencia para saberlo entender, ni basta experiencia para poderlo decir»; un no-saber y un no-poder en los que una mujer se reconoce, junto con los pocos varones que logran, sin destruirse, morar en lo negativo.

---

28. Es muy probable que Teresa de Jesús le diese a leer el *Libro de la vida* y *Camino de perfección*; Juan de la Cruz tuvo ocasión de afirmar que las cosas de oración estaban en los libros de la Madre «bien dichas».

29. Muy patriarcalista era en cambio —como se desprende muy claramente en *La Perfecta casada* que es un comentario a los Proverbios— Luis de León, quien no por casualidad fue muy adicto a problemas académicos y de poder, según ese talante típicamente masculino que rechazó siempre, por el contrario, tanto en Baeza como en Madrid, quien como Juan de la Cruz fue maestro de la negación y de la Nada.

MUJER Y ESCRITURA EN LA ESPAÑA DEL SIGLO DE ORO*

Maria Grazia Profeti

Las mujeres son hechas para estar en casa, no para andar vagando. Sus gustos han de ser los de sus maridos, participados, no propios. El llevarlas a las fiestas mueve tal vez al que las ve, si son feas, a desprecios; si hermosas, a concupiscencia.[1]

Los maridos que quieren que sus mujeres vivan bien, se hacen tan absolutos que las tratan casi como esclavas, temerosos de que una honesta libertad las emancipe de las leyes del pudor.[2]

---

* De manera esquemática esta intervención mía ha sido publicada en *Donna e Società, Atti del IV Congresso Internazionale di Studi Antropologici Sicialiani, Palermo, 25-27 novembre 1982*, Palermo, 1987, pp. 141-148. Para esta redacción ampliada he integrado versiones abreviadas de mis aportaciones relativas a la *Cultura latiniparla* de Quevedo, aparecidas en *Quevedo: la scrittura e il corpo*, Roma, Bulzoni, 1984, pp. 238-254 (*infra* pp. 237-245); «La escena erótica de los siglos áureos», en VV.AA., *Discurso erótico y discurso transgresor en la cultura peninsular*, coordinado por M. Díaz-Diocaretz e I. Zavala, Barcelona, Tuero, 1992, pp. 57-89 (*infra* pp. 251-266); «Scrittura d'esecuzione e scrittura d'eversione», en *Quevedo, op. cit.*, pp. 31-54 (*infra* pp. 266-268); «Storia di O. Sistema della Moda e scrittura sulla moda nella Spagna del Secolo d'Oro», en *Identità e matamorfosi del barocco ispanico*, Nápoles, Guida, 1987, pp. 113-148; y luego en *Importare letteratura: Italia e Spagna*, Turín, dell'Orso, 1993, pp. 27-53 (*infra* pp. 271-278). Remito a estas anteriores intervenciones para un más completo repertorio de notas.

1. F. de Quevedo, *El Rómulo* del marqués Virgilio Malvezzi, en *Obras completas, I: Obras en prosa*, estudio preliminar, edición y notas de F. Buendía, Madrid, 1966, p. 1.553a. Naturalmente dejo de lado, por demasiado difuso, el puntual registro de la misoginia de Quevedo.

2. Brunel, *Voyage d'Espagne*, cap. IX, 1665; apud J. Deleito y Piñuela, *La mujer, la casa y la moda*, Madrid, Espasa Calpe, 1966, p. 18.

Citas demasiado fáciles y obvias, tal vez, para que puedan ser de alguna utilidad. Haremos incapié, pues, en el dato de una evidente situación de inferioridad social de la mujer española en el Siglo de Oro,[3] para investigar a diferentes niveles y con varias metodologías sus relaciones con el instrumento de poder constituido por la escritura. Dados los límites de mi intervención, deberán darse por supuestas y resueltas una serie de cuestiones que no son nada claras, especialmente en relación con los procedimientos metodológicos. Voy a limitarme, por tanto, a registrar algunas posibles líneas de investigación de un problema con múltiples facetas.

1. Escritura y destinatarias. Los valores referenciales y su subversión

Partiendo de uno de los dos polos del arco comunicativo, deberá examinarse e individualizar a quién se dirige la escritura; los métodos de análisis van a ser los sociológicos. Se podría, por ejemplo, determinar una tipología de la espectadora, uno de los destinatarios de aquel fenómeno tan relevante, incluso socialmente, que fue la comedia barroca española:

> También van a la comedia las mugeres, y también tienen las mugeres alma: bueno será darles en esta materia buenos consejos. Los hombres van el día de fiesta a la comedia después de comer, antes de comer las mugeres. La muger que ha de ir a la comedia el día de fiesta, ordinariamente la haze tarea de todo el día: conviénese con una vezina suya, almuerçan cualquier cosa, reservando la comida del medio día para la noche: vanse a una Missa, y desde la Missa por tomar buen lugar parten a la cazuela... Entran y hállanla salpicada como de viruelas locas, de otras mugeres tan locas como ellas... Van entrando más mugeres, y algunas de las de buen desahogo se sientan sobre el pretil de la cazuela, con que quedan como en una cueva las que están en medio sentadas...[4]

---

3. Recuerdo sólo un testimonio literario: la protesta de las mujeres en la *Hora de todos* de Quevedo contra su inferioridad social y legal, con la respuesta violenta del escritor: en *Obras completas, op. cit.*, I, pp. 273-274.

4. J. de Zabaleta, *El día de fiesta por la tarde*, edición, introducción y notas de

La *cazuela* era la localidad, por excelencia, de las mujeres y no se daba dentro de ella una ordenación jerárquica, ya que desde allí contemplaban el teatro todas las mujeres que asistían a él, excepto las damas de la nobleza que ocupaban los *aposentos, rejas y celosías*... Hay un testimonio muy importante... sobre la afición de las mujeres, de todos los niveles sociales, al teatro: Jerónimo de Valázquez dio, en 1586, una función por la mañana para mujeres, solamente, y se reunieron más de 760, aunque después el Consejo de Castilla prohibiría la representación y confiscaría las ganancias.[5]

Junto a esta destinataria de la literatura se tendrá que individualizar también a la *lectora*, en una España muy poco alfabetizada.[6] Puede que se lleguen a establecer las preferencias de tal destinataria: narrativa y teatro, probablemente, o también poesía, con una circulación en este caso más de manuscritos que de libros impresos.[7]

Y se instaura la tentativa, por parte de las mujeres, de imitar el estilo culto, evidente apropiación de un estatus superior, el del intelectual. Como se sabe, Quevedo censura siempre violentamente la elegancia gongorina, pero la censura será doble si al cultismo se dedican las mujeres, seres notoriamente faltos de juicio e inferiores: en todo un libelo, *La cultura latiniparla*, «catecismo de vocablos para instruir a las mujeres cultas y hembrilatinas», polémicamente dirigido a «Doña Escolástica Poliantea de Calepino, Señora de Trilingüe y Babilonia», Quevedo intenta hacer justicia de tantas «diabluras».[8]

La relación inmediata con el objeto parodiado, la mujer

J.M. Díez Borque, Madrid, 1977, pp. 28-29. Todas las páginas sucesivas, hasta el final del capítulo (p. 30) son una interesantísima muestra de hábitos y costumbres de la espectadora. Transcribo introduciendo la acentuación académica y distinguiendo entre *u/v*.

5. J.M. Díez Borque, *Sociedad y teatro en la España de Lope de Vega*, Barcelona, 1978, pp. 143-144.

6. M. Chevalier, *Lectura y lectores en la España del siglo XVI y XVII*, Madrid, 1976.

7. A. Rodríguez Moñino, *Construcción crítica y realidad histórica en la poesía española de los siglos XVI y XVII*, Madrid, 1965.

8. Cito del texto de F. de Quevedo, *Obras festivas*, ed. de P. Jauralde Pou, Madrid, 1981, pp. 134-145; comparo con la edición de los *Juguetes de la niñez*, Madrid, 1631 y doy una puntuación interpretativa. Los textos poéticos de Quevedo son citados según la numeración de la *Obra poética*, ed. de J.M. Blecua, Madrid, Castalia, 1969-1971, 3 vols.

que presume de docta y culta, parecería reconectar la obra directamente con un fenómeno de costumbre, vinculándola a una pura función referencial; pero al tratarse de una sátira (lo que ya determinaría una connotación referente) y, sobre todo, una sátira de una serie de usos lingüísticos, se nos revela como apoyada en un meta-referente: el cultismo, con sus implicaciones polémicas, y determinada por la reinterpretación que de estos referentes podrá dar el emisor.

En la condición de marginación en que vive la mujer en el siglo XVII su posibilidad de acceso a la escritura resulta difícil y dudosa; pero ahora nos encontramos frente a un acto de producción cultural mucho más marginal y lábil: la adopción del estilo «culto» en el lenguaje cotidiano.

No faltan en la literatura coetánea testimonios de esta costumbre: desde un fragmento de Zabaleta que nos describe un estrado en que unas damas hablan de sus propios tocados llamándolos «estrella de Venus» y no «lazada», «jardín» en vez de «guedeja» (con el consiguiente comentario de una «dama vieja»: «vos avíais menester... una fuente para purgar esse lenguaje»),[9] hasta una escena de *El lindo don Diego*, en la que una criadita se hace pasar bellamente por condesa con sólo adoptar giros del tipo:

> *¿Venís rutilante*
> *a mi esplendor fugitivo*
> *para ver si yo os esquivo*
> *a mi consorcio anhelante?*[10]

No es tampoco mi intención documentar sociográficamente el fenómeno (¿cuántas mujeres se habrán dedicado a esta ostentación de preciosismo?), sino subrayar cómo la tentativa por parte de la mujer de «crear cultura», según sus satíricos, naufraga

---

9. Zabaleta, *El día de fiesta por la tarde, op. cit.*, pp. 76-78, con nota que remite a otros lugares de Espinel, Cervantes, Tirso, etc.

10. A. Moreto, *El lindo don Diego*, ed. de M.G. Profeti, Madrid, Taurus, 1983, p. 100. Otros testimonios de la apropiación del cultismo por parte de las mujeres pueden verse en una serie de comedias como *No hay burlas con el amor*, de P. Calderón de la Barca; *Cuál es mayor perfección* y *El desprecio agradecido*, de Lope de Vega; *La celosa de sí misma*, de Tirso de Molina.

porque los comportamientos que sirven de soporte a las palabras nuevas o inusuales permanecen vinculados a niveles más bajos, incongruentes e incomunicados. Es como si el comercio con la cultura no modificase para nada las costumbres de la mujer, y con sarcasmo Quevedo nos presenta a una «estudiosa» que «ha de hundir la casa a voces y gritos que alboroten el barrio sobre que ha de parecer el Quintiliano, si se hunde el mundo, que no piensen que ha de ser como el Macrobio» (p. 137); es decir, como si lamentara la falta de una alhaja o de una prenda cualquiera de su vestuario, robada por una criada.

A un nivel consciente, por tanto, el satírico del siglo XVII no parece temer que un cambio en la preparación cultural de la mujer comporte un desarrollo de su rol en la estructura social. El reproche fundamental dirigido a la «culta» parece ser el de utilizar un lenguaje oscuro, plagado de violentos neologismos; censura idéntica a la que aparece en la *Aguja de navegar cultos* (impreso en el mismo *Juguetes de la niñez* donde aparece la *Cultura latiniparla*, en 1631), o en los sonetos contra Góngora, o en el *romance* «Con tres estilos alanos»; sin ninguna relación directa, pues, con el sujeto femenino que usa tal lenguaje. Pero el hecho de que sea una mujer la que se dedica a este alarde verbal contará mucho en relación con los tics expresivos, con los tropos del emisor.

Un primer nivel de parodia determina la misma organización externa de la obra, que parte del tomar a broma la forma áulica del tratado, con todo su conjunto de aparatos: título, dedicatoria, prólogo, etc.[11] Se trata de un típico fenómeno de producción intertextual; pero aquí no se da una relación directa con un texto específico, sino con un «tipo» genérico de producto literario; es decir, no se «cita» un mensaje particular, sino que se remite en general a un código.

Ya la contrahechura de la portada manifiesta la intención polémica, a través de la creación de los nombres de fantasía del autor, Aldobrando Anathema Cantacuceno, y la dedicatoria

---

11. Cfr. J. Simón Díaz, *El libro español antiguo. Análisis de su estructura*, Kassel, 1983. Se trata de lo que Genette llama *paratexte*: «titre, sous titre, intertitres préfaces, postfaces, avertissements, avant-propos, etc.», en G. Genette, *Palimpsestes*, París, 1982, p. 9.

a Doña Escolástica Poliantea de Calepino, con sus correspondientes títulos («Graduado en tinieblas, docto a escuras, natural de las Soledades de Abajo» y «Señora de Trilingüe y Babilonia»): se nos evoca un mundillo de estudios de segunda mano y de elitismo vacío, hecho de «damas jerigonzas que hablan el Alcorán macarrónico» (p. 133).

Después de esta previa declaración de intenciones, la obra se compone de una dedicatoria, un prólogo al lector, un «Lampión» (como lo llama Quevedo, con antífrasis irónica), un «Disparatario» y una parte final de ejemplificación titulada «Incipit cultigratia».

La dedicatoria y el prólogo constituyen una muestra paródica de la organización sintáctica y léxica no sólo del cultismo sino de un lenguaje docto en general. Pueden encontrarse construcciones típicas como «A si no B», presencia de incidentales, a veces ridículas, anticipaciones del adjetivo respecto al sustantivo, etc. Un ejemplo:

> Obligación le corre al más perito (y no es fruta) de encimarla en los precipicios inaccesos de otra, si no tan sidérea, estimación aplaudida, si bien de menos trisulca pena (Plauto sea sordo), dirigiéndola este candil para andar por las prosas lúgubres. Es vuestra merced adevinanza perene y tiene enigma lluvia... [p. 134].

El segundo tipo de muestrario de parodia idiomática se refiere al léxico mismo; la crítica más directa e inmediata se centra obviamente en la acumulación de latinismos manidos: en el fragmento que acabamos de transcribir se amontonan, por ejemplo, *perito, inaccesos, sidéreas, trisulca, lúgubres, perene, enigma.*

Pero se verifica también la ruptura de las estructuras léxicas vigentes, característica constante de la organización paródica de Quevedo, que ha sido señalada en todas sus obras satíricas y que por tanto no tiene relación directa con el objeto parodiado.[12]

---

12. Para estas características véase Profeti, *Quevedo: la scrittura e il corpo*, cit., pp. 244-246.

El *Lampión*, la tercera parte de la obrita, es una especie de estampa de costumbres: a la dama se la describe en sus actividades cotidianas, mientras «hace vainicas» o se queja del «mal de madre» o se entrega a sus antojos de embarazada. En las mismas situaciones la culta hará «comentarios, notas y escolios», se quejará de «la fatiga de los ultramarinos», o se le antojarán lecturas extravagantes (p. 137).

Pero detrás de este divertido esbozo caricaturesco se entrevé otro aspecto del fragmento: el de componer una lista de autoridades, referencias habituales de la culta: Platón, Aristóteles, Homero, Plinio, Plutarco, Tertuliano, Quintiliano, Macrobio, con comentaristas como Scaligero, Mussato, Isacco Casaubon, autores que el propio Quevedo utiliza y cita a menudo en su obra seria. Es pues el uso liviano e impropio de tales autoridades lo que se reprocha a la mujer, la degradación y casi prostitución del saber a los caprichos de la dama («escalígeros crudos», p. 137), la reducción de escritores serios y dignos a «autores de falda y críticos de faldriquera», como perritos falderos.

Después de esta serie de aparatos previos, el *Disparatario*, la parte más extensa de la obrita, se estructura de manera muy sencilla, por acumulación y reiteración, según una habitual fórmula satírica de Quevedo (pensemos en la misma *Aguja de navegar cultos* o en el *Libro de todas las cosas*).

La parte final, titulada *Incipit cultigratia*, vuelve a la parodia de un estilo alocado y excesivo, parodia que se organiza alrededor de una serie de vocablos «condenables». La *performance* parece rodar alrededor de sí misma, anudándose como el lenguaje que censura y que niega:

> Aunque ceda el descrédito, es galante la fineza, si aplaudida anhela; si bien emular es desaseo de poca sazón; así más, no deja de ser galante por fino; y lo cierto es así, que no se está de buen aire en el descrédito; así por aplausos de la emulación; así cedida a los esfuerzos desacreditados en lo galante, de mejor aire, si bien desacreditan esforzados así [p. 145].

La última negación es por tanto la del sentido, pero la escritura paródica aquí muestra su mismo límite: mientras niega radicalmente el objeto parodiado, mientras lo anatomiza, o mejor dicho lo despedaza, se niega a sí misma uno de los caracteres fundamentales de la prosa: la presencia del tiempo y del desenvolvimiento, del desarrollo.

Ésta podría ser la conclusión por lo que se refiere a la puesta en obra de un código connotativo, es decir, la conclusión relativa a las operaciones literarias de Quevedo. Pero surge aquí la cuestión de la relación de la escritura con el emisor.

El cultismo aquí no es sino el aspecto más evidente de la «inversión de los nombres», tema viejo, como recordaba el mismo Raimundo Lida (Lucrecio, Juvenal, *El crotalón*, Alemán, Agustín de Rojas, Lope), del que Quevedo se apropia: «Todo es hipocresía. Pues en los nombres de las cosas ¿no se halla la mayor del mundo?».[13] El nombre que se esconde, y que esconde la cosa nombrada, revela la contradicción, la ruptura para él angustiosa entre ser y aparecer.

En la *Culta latiniparla* esta ilusoria apariencia de los nombres, esta denuncia de la máscara, se une a otra tensión. La explosión de la hostilidad, que como nos ha enseñado Freud está en la base de cualquier «mot d'esprit», se verifica aquí con mayor fuerza porque quien utiliza este lenguaje estigmatizable es un ser condenable por su naturaleza: la mujer. Ser afectado y falso, entregado habitualmente a prácticas de enmascaramiento, que denuncia su fundamental hipocresía en el afeite, como repite tantas veces la poesía de Quevedo, y ahora su prosa:

> Si fuera moza, aunque tenga una cara bruja, que de puro untada vuele por las chimeneas, no ha de decir que se afeita; dirá: «Vengo bien mentirosa de facciones» [p. 141].

Un fantasma femenino al cual Quevedo tiene horror, estando obsesionado por sus cabellos, por su boca, por su sed continua de dinero:

> Sólo en el pedir han de gastar vuestras mercedes claridad infinita, porque el dar es rudo y no traduce ni gasta otro comento que el de No-he [p. 138].[14]

---

13. Quevedo, *El mundo por dentro*, en *Obras completas*, I, cit., 166a.
14. Véase el comentario de M. Chevalier, «Cuentecillos y chistes tradicionales en la obra de Quevedo», *Nueva Revista de Filología Hispánica*, 25 (1976), p. 28.

Y el primer castigo contra la docta será precisamente la negación de la relación con el hombre, con su dinero-potencia viril:

> *Muy discretas y muy feas,*
> *mala cara y buen lenguaje,*
> *pidan cátedra y no coche,*
> *tengan oyente y no amante.*
> *No les den sino atención,*
> *por más que pidan y garlen,*
> *y las joyas y el dinero*
> *para las tontas se guarde.*

[n. 740, vv. 1-8]

No será casual que precisamente en relación al cabello Quevedo efectúa uno de los juegos de palabras más difíciles, tanto que el autor tiene que explicarlo detalladamente para que resulte comprensible:

> Al moño en culto le llamarán «herencia», pues queda de las difuntas; y en pluscuamculto dirá: «traigo el eco del malo rizado», o «el enemigo sin di-», pues «dimoño» es el enemigo, y en quitándole el «di» es «moño», diablo mudo: y también le llamará «el casidiablo», y advierta no resbale y le llame «el cachidiablo del pelo» [p. 140].

Ni me parece falto de interés que se verifique en este momento de gran implicación emotiva la creación de un verbo como jordanar:

> Si la culta fuere vieja, como suele suceder, para no decir a la criada que la afeita: «Macízame de pegotes de solimán estas quijadas y los carcabuezos de las arrugas», dirá «Jordáname estas navidades cóncavas». Y si hubiera de mandarla que la tiña la greña de canas, la dirá: «Peléame esos siglos cándidos, escuréceme esas albas». Y si llegare a mandar que por falta de dientes la llenen la boca de chitas forasteras, dirá: «Fulana, empiédrame la habla, que tengo la voz sin huesos» [pp. 140-141].

Como se ve, la técnica es la misma de compuestos más simples como *lobreguecer* o *aurorar*, pero la violencia creativa es mucho mayor. Este «bañar o untar una cosa con Jordán», es decir «volver a su estado de vigor y lozanía» era sin lugar a dudas un modismo del período,[15] pero se presenta con una frecuencia reveladora en la poesía satírica de Quevedo, y siempre en relación con el tema de la decadencia física y de la hipocresía, sobre todo femenina:

> *El vejete palabrero*
> *que, a poder de letuario,*
> *acostándose canario*
> *se nos levanta jilguero;*
> *su Jordán es el tintero.*
>
> [n. 653, vv. 20-24]

> *Cabello que dio en canario*
> *muy mal a cuervo se aplica;*
> *ni es buen Jordán el tintero*
> *al que envejece la pila.*
>
> [n. 692, vv. 17-20]

> *Agora se está una dueña*
> *desnudando el ab initio:*
> *haciéndoles encreyentes*
> *que es el Jordán a sus siglos.*
>
> [n. 770, vv. 65-68]

> *De las damas has de hallar,*
> *si bien en ello reparas,*
> *ser de solimán las caras,*
> *las almas de rejalgar;*
> *piénsanse ya remozar*
> *y volver al color nuevo*
> *haciendo Jordán un huevo*
> *que les desmienta los años.*
>
> [n. 652, vv. 12-20].[16]

Terrible monstruo, la mujer, que ahora se pone una nueva y diferente máscara, la de la cultura, adoptando un «lenguaje her-

---

15. Ver los fragmentos de Gracián citados por Jauralde Pou, p. 141, nota 28.
16. Ver también n. 550, v. 8: «La edad, señor dotor, pide Jordán»; n. 625, vv. 149-150: «Bien yo le aconsejara / que al Jordán, doña Estatua, te llevara»; n. 649, vv. 11-12: «Quién al avariento viejo / le sirve de río Jordán?».

mafrodito» (p. 137); y escondiendo su «sangre lluvia», el menstruo, bajo una «enigma lluvia» (p. 134). Y he ahí la última transgresión, la sexual, donde vuelve a proponerse otra obsesión de Quevedo, según la cual la ruptura de la convención literaria (de la convención de «lo que aparece») trae consigo otras y muy peligrosas infracciones: la de la ley que separa los sexos y la de la ley religiosa y racial. En efecto, las acusaciones de hereje-judío, sodomita y culto que unen y se enlazan en las sátiras antigongorinas, culminando en la obsesión coprófila que las reúne todas.[17]

En la *Culta latiniparla* afloran dos claves lingüísticas muy interesantes: la primera es *cultosa* (p. 142), análoga a «prosa... latinosa»[18] que puede sugerir algo sucio y pegajoso. La segunda, más directa, es la locución «culterana de todos cuatro vocablos» (p. 140), lo que recuerda el «cristiano viejo de todos cuatro costados», es decir, la polémica antijudaizante.

Para alejar de sí tantas angustias y visiones obsesivas, todas relacionadas con la mujer, con su «cara bruja que de puro huntada vuele por las chimeneas» (p. 141) será necesario recurrir a la forma extrema de marginación, al conjuro, condena reservada al propio diablo:

> No bastó construirle ni estudiarle, y así le conjuramos, y a poder de exorcismos se descubrieron dos medios renglones ...Aurore Dios a vuestra merced, y la saque de princesa de las tinieblas, que es relativo del demonio, pues es príncipe dellas [p. 135].

Y en la frase de despedida del tratado la alusión vuelve, escondida bajo los términos que indican las dos modalidades del lenguaje, la docta y la simple, el *latín* y el *romance*:

> Si así lo hiciere, el latín la ayude; y si no, el romance la lleve. Amén [p. 145].

Como se ve, contra una mujer que intente adueñarse del mecanismo creativo del lenguaje es necesario recorrer a la práctica de la condena por brujería, del conjuro.

---

17. M.G. Profeti, «La obsesión anal en la poesía de Quevedo», en *Actas del séptimo Congreso Internacional de Hispanistas*, Roma, 1982, p. 843.

18. Cfr. Profeti, *Quevedo, op. cit.*, pp. 232-233.

2. La mujer como emisor. Una historia por hacer

En efecto, las productoras de escritura en el siglo XVII constituyen presencias escasas y misteriosas: María de Zayas, Mariana de Carvajal, Sor Agreda, Ana de Castro Egas, Ana de Caro Mallén, mujeres de las que se sabe bien poco, biografías que silencian la vida de quien tuvo la extravagancia de querer hablar, llegando incluso a decir:

> Pues crean que aunque las mujeres no son Homeros con basquiñas y enaguas y Virgilios con moños, por lo menos tienen el alma y las potencias y los sentidos como los hombres. No quiero decir el entendimiento que, aunque muchas pudieran competir en él con ellos, fáltales el arte de que ellos se valen en los estudios, y como lo que hacen no es más que una natural, fuerza es que no salga tan acendrado.[19]
>
> La verdadera causa de no ser las mujeres doctas no es defecto del caudal, sino falta de aplicación, porque si en nuestra crianza, como nos ponen el cambray en las almohadillas y los dibujos en el bastidor, nos dieran libros y preceptores, fuéramos tan aptas para los puestos y para las cátedras como los hombres y quizás más agudas por ser de natural más frío.[20]

Y esto contra la opinión general para la cual obviamente:

> No es bien que tenga la mujer una letra más que su marido... si es letrada, y tiene entendimiento y discreción, ¿quién se averiguará con ella?[21]
>
> > *Siempre fui de parecer*
> > *que naturaleza agravia*
> > *a la mujer que hace sabia*
> > *pues deja de ser mujer*[22]
> > *¿Quién la mete a una mujer*
> > *con Petrarca y Garcilaso,*

---

19. M. de Zayas, *Desengaños amorosos*, Madrid, 1950, p. 104.

20. M. de Zayas, *Novelas amorosas y ejemplares*, Madrid, 1948, p. 22.

21. Fray Alonso de Herrera, apud J.M. Díez Borque, «El feminismo de doña María de Zayas», en *La mujer en el teatro y la novela del siglo XVII*, Actas del II coloquio del grupo de estudios sobre teatro español, Toulouse, 16-17 noviembre 1978, p. 69. Véanse allí otros muchos testimonios análogos.

22. L. de Vega, *La mayor vitoria*, en *Obras*, RAE, III, p. 226b.

> siendo su Virgilio y Taso
> hilar, labrar y coser?...
> Casalda y veréisla estar
> ocupada y divertida
> en el parir y criar.[23]

Sin embargo, en vez de «parir y criar» o también mientras parían y criaban a los hijos, algunas mujeres en la España del Siglo de Oro participan en *Justas* y *Certámenes* poéticos, obteniendo a veces premios; alguna escribió comedias, o *novelas*; géneros «menores» de hecho, porque el gran poema épico, o el tratado permanencen como coto del escritor.

Para recuperar estas presencias oscuras, los instrumentos de búsqueda serán los habituales del bibliógrafo o del erudito. La geografía de la mujer escritora la sitúa en los habituales centros de cultura: Madrid, Toledo, Sevilla, Barcelona; su estratificación social se orientará obviamente aún más a los niveles altos de la escalera estamentaria, se tratará de damas que tienen acceso a la escritura gracias a circunstancias afortunadas (la biblioteca paterna, el ayo de los hermanos); a menudo pertenecen a la nobleza como doña Antonia de Mendoza, más tarde condesa de Benavente. O serán religiosas, y sor Juana Inés verá con lucidez en la condición monacal la única posibilidad de acceso al saber, al conocimiento;[24] sor María de Agreda llega a ser confidente de Felipe IV,[25] máximo nivel de poder al que puede llevar el ejercicio de la escritura.

Obviamente el mismo acto de producción literaria es ya una manifestación de rebelión, pero a mi entender difícilmente se podrán hallar en el producto actitudes «feministas» propiamente dichas. En definitiva, la operación no rompe con la oficialidad de la escritura elaborada por el varón cuyos esquemas comunicativos las mujeres asumen *en todo*, tanto en los contenidos como en la forma de expresión. Me remito a los

---

23. L. de Vega, *La dama boba*, en *Obras*, I, p. 310c; recoge otros testimonios R. del Arco, *La sociedad española en las obras dramáticas de Lope de Vega*, Madrid, 1941, pp. 320-321.

24. S. Juana Inés de la Cruz, *Risposta a suor Filotea*, ed. de A. Morino, Turín, 1980.

25. F. Silvela, *Cartas de la venerable madre sor María de Agreda y del señor rey Don Felipe IV, precedidas de un bosquejo histórico*, Madrid, 1885-1886, 2 vols.

resultados de Alessandra Melloni en sus análisis: Zayas no se propone una escritura diferente capaz de modificar los hábitos o la visión de los problemas;[26] pero quizás sí que se ha subido el primer peldaño de la toma de conciencia y doña María describe desoladamente una condición de encierro y marginación.[27] La mujer permanece en casa, como para Mariana de Carvajal; intenta evadirse de ella con engaños amorosos, haciendo el juego del *galán* en la guerra del galanteo, del que acepta todos los esquemas, o confiándose a la transgresión de la magia; pero siempre va a ser reconducida *dentro*, y la máxima evasión es el claustro donde por lo menos no está sometida al excesivo poder del varón.[28] No solamente no se dan esquemas alternativos,[29] sino que ni siquiera se «inventan» la descripción del amor materno, por ejemplo, de las minucias de la cotidianidad o de la relación de amistad y de solidaridad entre las mujeres; y todo el «feminismo» de Zayas queda reducido a «mostrar las atrocidades de maridos en quienes las cuestiones de honor desembocan en auténtica crueldad, castigando, no pocas veces, a mujeres inocentes».[30]

Solución recesiva, de adaptación al sistema, paralela a la asunción de los esquemas narrativos establecidos, de una forma de la expresión convencional, moderadamente expuesta a la aceptación del gongorismo.[31] O, para poner un ejemplo diferente, sor Juana Inés de la Cruz no podrá describir el cuerpo masculino, al faltarle completamente —en el instrumental de la lírica petrarquista— el código correspondiente, y tendrá que proponer de nuevo la descripción del cuerpo femenino, exponiéndose a la acusación de lesbianismo;[32] el instrumento co-

---

26. A. Melloni, *Il sistema narrativo di María de Zayas*, Turín, 1976, en especial las pp. 89-103.

27. *Ibíd.*, *passim*; y Díez Borque, *El feminismo, op. cit.*, pp. 75-76.

28. Melloni, *op. cit.*, pp. 67-72.

29. J. Goytisolo, «El mundo erótico de María de Zayas», en *Disidencias*, Barcelona, 1977, p. 100, subraya una especie de autonomía erótica de la mujer que estaría presente en las novelas de María de Zayas; pero Díez-Borque, *El feminismo, op. cit.*, p. 77 redimensiona esta proclamada libertad sexual.

30. *Ibíd.*, p. 79.

31. Melloni, *op. cit.*, pp. 60-65.

32. M.G. Profeti, «Desiderio e assenza nei someti di Sor Juana Inés», *Quaderni di Lingue e Letterature*, 6 (1981), pp. 255-258.

municativo incide una vez más sobre la necesidad de comunicación: no se puede decir sino lo que el código permite decir.

Recuerdo una serie de problemas incluso de método que me planteé en el momento de examinar la obra de Mariana de Carvajal.[33] En efecto, analizar operaciones literarias como las suyas podría tomar fácilmente la tonalidad de la *revancha* feminista, que en conjunto ni siquiera sirve adecuadamente a una evaluación correcta de la «escritura a lo femenino». Un concepto mítico y utópico cuyos problemas críticos no han sido resueltos todavía.[34]

Concretamente, por lo que se refiere a la *novela cortesana*: si en María de Zayas falta —por ejemplo— la descripción del amor materno, esto ¿es debido a un rechazo del rol, vivido como coactivo por la escritora, o la ruptura de la relación madre-hijo sirve para poner en movimiento el mecanismo de la agnición, fundamental en este sistema de escritura? Veamos otro ejemplo en relación con la cotidianidad y con su investigación: la descripción minuciosa de la indumentaria se la puede juzgar de varias maneras: *a)* inherente al género y a su código literario (por tanto igualmente relevante su presencia en Lope o Montalbán, por ejemplo); *b)* específica de la escritura femenina y, como tal, análoga a la demora de la mirada que se da en la novela rosa;[35] y así en nombre de lo femenino se cancelan siglos enteros y sus diferencias; *c)* reflejo del referente real, espía «realista»[36] del género *novela cortesana*.

Soluciones plausibles todas —en su esquizofrénica disparidad— a medida de la clave crítica adoptada: formalista o historicista, o vagamente «antropológica».

---

33. M. de Carvajal, *Navidades de Madrid y noches entretenidas*, ed. de A. Prato, introducción de M.G. Profeti, Milán, 1988, pp. 7-25.

34. La pregunta fundamental es ¿los signos de la mujer serán verdaderamente diferentes de los signos del hombre? ¿A la hora de escoger su vía de comunicación la mujer se adapta al entramado elaborado por la cultura masculina o se inventa una desviación del mismo? Una biografía básica y la alusión a algunos de estos nudos, puede verse en *Le donne e i segni*, ed. de P. Magli, Urbino, 1985, Luoghi comuni, 1.

35. Véase M.P. Pozzato, *Il romanzo rosa*, Milán, Espresso Strumenti, 1982. Una bibliografía sobre el tema puede verse en M.G. Profeti y S. Ragazzoni, «Resa in Rosa», en *Il encuentro de los escritores del Mediterráneo*, Valencia, 1985, pp. 77-92.

36. En el realismo de la *novela cortesana* yo creo muy poco: M.G. Profeti, *Montalbán: un commediografo dell'età di Lope*, Pisa, 1970, pp. 17-22; bibliografía relativa en Melloni, *Il sistema narrativo, op. cit.*, pp. 90-91.

Y podrían darse también explicaciones cruzadas, como: si bien la descripción indumentaria es peculiar del género, se puede sin embargo opinar que toda la *novela cortesana* debe considerarse como «femenina». En efecto, el uso de la narración en tercera persona, la objetividad, se ha visto como inherente a una óptica «masculina»;[37] y por tanto la elección de la *novela corta*, la narración en primera persona (a menudo la narración en la narración), conllevarían lo «femenino» prescindiendo de la situación biológica del redactor. Por el contrario, si el interés se va a centrar en el ambiente en el que nace la narración, la deuda que ésta denuncia a la Academia Literaria[38] justifica el juego de los hábitos, un momento más de comunicar elitista, con su mecanismo de reglas simbólicas.[39]

Es por tanto oportuno dejar de lado por ahora la *quidditas* de la producción «a lo femenino», y examinar de la manera más neutra posible la obra de las escritores. Confiaremos al análisis concreto las respuestas y las valoraciones.

3. Escritura y referente. La mujer como objeto descrito: de la veneración al deseo

El tercer momento de la investigación se basará en la mujer no como emisor o destinatario del mensaje, sino como referente, como objeto descrito. Y se abre un abanico notable de posibilidades que se pueden esquematizar de la siguiente manera:

a) El objeto de veneración. Una vastísima producción de poesía amorosa tardopetrarquista gira en torno a una presencia femenina angelical, puro pretexto para el desarrollo de la escritura. Todos los literatos de una época densísima de producción literaria usan este registro. El *corpus* es inmenso: Lope, Góngora, Quevedo, la selva de los menores. El peligro de la investigación es el de absorber y reproducir un manual

---

37. Cfr. P. Magli, «Il segno della differenza», en *Le donne e i segni, op. cit.*, p. 15.

38. W.F. King, *Prosa novelística y académica en el siglo XVII*, Madrid, Anejos de la Brae, 1963.

39. M. del Pilar Palomo, *La novela cortesana*, Barcelona, Planeta, 1956, pp. 71-72.

literario; en cambio el sondeo se tendría que orientar de forma distinta, hacia la búsqueda de una improbable autonomía del objeto descrito.

b) El objeto del amor. Se puede sobre todo observar en la producción teatral barroca. La mujer pone en movimiento la trama, su deseo anuda los casos y las vicisitudes; pero si la protagonista baja de su trono inefable, contraviniendo las normas sociales, provocará el castigo según la casuística del honor; se llegará incluso a la muerte de la inculpada, sólo con que se suponga que ella haya cedido. Imposible resumir, aunque sea brevemente, la compleja presentación del honor en el teatro del Siglo de Oro. Recuerdo sólo que sobre la mujer —como anilla más débil de la cadena social— se vuelcan tensiones muy diversas, relacionadas con «el estatuto de limpieza de sangre».[40]

c) El objeto del deseo. Después de una circulación subrepticia en el Siglo de Oro, y de un interés pruriginoso en el Ochocientos, las poesías «eróticas» —o tal vez sólo indecorosas— del *Jardín de Venus* o del *Ramillete de varia poesía* exponen los *paños menores*, los lechos deshechos, los deseos femeninos, las agresiones masculinas, la brutalidad de una serie de contactos sexuales en los que la esporádica autonomía femenina se trastorna inmediatamente en estigmatización de su voracidad e insaciabilidad.

Sobre este momento «erótico» valdrá la pena insistir para proponerse una serie de problemas metodológicos, comenzado por un primer dato: la extraordinaria riqueza del *corpus* se ha mantenido durante mucho tiempo escondida y negada.

En efecto, la producción se había silenciado y había desaparecido por completo del panorama literario del Siglo de Oro; ha sido necesaria la labor de investigación y de edición de Alzieu, Lissorgues, Jammes, como se sabe, y la apasionada reivindicación de Juan Goytisolo para que el tema se volviese a imponer en toda su importancia.[41]

---

40. Recordaré sólo a A. Castro, *De la edad conflictiva*, Madrid, 1972 (véanse las pp. 23-25); y la discusión al margen de una reciente propuesta de P. Calderón de la Barca, *Il medico del propio onore, il pittore del propio disonore*, ed. de C. Acutis, Turín, 1981, que he reseñado en *Rassegna Iberistica*, 12 (1981), pp. 56-59.

41. Como *corpus* de textos poéticos me limito a citar la *Floresta de poesía erótica del siglo de Oro*, de P. Alzieu, R. Jammes e Y. Lissorgues, Université de Toulouse-Le

A la dificultad práctica de recuperar los texto se una el problema metodológico de deslindar la modalidad de escritura que se puede definir «erótica» de otras modalidades igualmente relacionadas con el cuerpo y el sexo, pero que obedecen a finalidades distintas. Recuerdo sólo la «vexata quaestio» de la diferenciación entre lo erótico y lo pornográfico, tantas veces aludida y analizada: una de las distinciones propuestas salva la producción erótica en nombre del amor, o reconociéndole una elevada calidad literaria;[42] mientras que se suele condenar la pornografía como propuesta directa y vulgar del sexo. Se trata de una clave indudablemente peligrosa, porque propone desde otro punto de vista el problema del «valor literario» de un texto, por cierto muy difícil de juzgar. Yo creo, en cambio, que la distinción reside en el momento del consumo del producto por parte del destinatario, por lo cual sería adecuado calificar con la dicción peyorativa la difusión comercial de la representación del sexo: hasta una obra concebida como elegante debate erótico e ideológico (estoy pensando en *Sade* de Pasolini) puede convertirse en producto pornográfico al ser presentada en salas X. Esta clave también, como se ve, es peligrosa, ya que reside en algo ajeno al producto, y relativo a las características de la fruición.

Como he dicho varias veces, creo pueda mantenerse una especie de dicotomía, según la cual en la alusión al sexo opera siempre cierta represión o autocensura, que lleva ora a la sublimación, ora a la ruptura de la norma. En el momento más elevado de sublimación se sitúa, obviamente, la poesía amatoria, que se caracteriza por un máximo grado de adhesión a los procedimientos convencionales de mención del cuerpo; la poe-

Mirail, 1975 (2.ª ed., Barcelona, Crítica, 1983), citaré como *Floresta;* y *Poesía erótica,* ed. J.M. Díez Borque, Madrid, Siro, 1977. Entre los momentos dedicados al «descubrimiento» citaré inmodestamente un congreso celebrado en Verona en el año 1980, cuyas *Actas* se publicaron bajo el título *Codici della trasgressività in area ispanica,* Verona, 1980; cfr. las observaciones que dediqué en dicha circunstancia a la poesía erótica del siglo de oro (pp. 95-106 de las *Actas).* El libro de J. Goytisolo aludido es *Disidencias,* Barcelona, Seix Barral, 1978.

42. Añado a los textos citados por I. Zavala y A. Moix, A. Pellegrini, *Lo erótico como sagrado,* Buenos Aires, Nueva Visión, 1967; y la discusión en Díez Borque, *Poesía erótica,* cit., pp. 9-10, 43-45. Ninguna postura toma A. Rossich en su introducción a *Poesía eròtica i pornogràfica catalana del segle XVII,* Barcelona, 1985.

sía erótica establece en cambio una relación más directa con el cuerpo y la atracción sexual.

Pero también en la poesía del «disgusto del cuerpo» se ponen de relieve dos niveles; lo obsceno constituye en efecto una explosión de lo «no dicho»: el cuerpo y el sexo condenados y negados hallarán camino para su afirmación justo a través de la condena y de la negación-repulsión; y tanto más violentamente se niega cuanto más fuerte es la atracción y el deseo de decir. Son mecanismos presentes con evidencia en la poesía satírica de Quevedo: la deformidad (la laceración del cuerpo) que tan sutilmente parece estimularlo, sugiere entonces las asquerosas aventuras nocturnas con la fregona (y en el fondo se vislumbran las robustas serranas de la tradición); y blanco de repetidas condenas (pero también de descripciones perversas y turbadoras) será la prostitución.[43]

A pesar de esta inconsciente dinámica de atracción-repulsión, es obvio que en un nivel consciente el sexo y su alusión, o bien su abierta mención, en lo obsceno se utilizan para herir e insultar, relacionando así de forma directa esta modalidad con la sátira, bien sea literaria o política. Se crea en efecto un mecanismo según el cual cada ruptura de la norma establecida (y no sólo de la norma social, sino también literaria) equivale a una ruptura sexual. El ejemplo más evidente es la polémica de Quevedo contra el cultismo, considerado equivalente a la herejía o a la homosexualidad.

Al lado de esta utilización de la repulsión, de tipo moralista —su fin tendría que ser el asco y el rechazo del cuerpo a través de una deformación subrayada— existe otro tipo de poesía caricaturesco-burlesca, en la cual el cuerpo, hasta en sus momentos de mayor degradación, no es negado o condenado, sino utilizado para un juego no malévolo. De esta forma la poesía erótica y la burlesca se pondrían en zonas intermedias respecto a la definitiva negación del cuerpo (poesía amatoria)

---

43. Como fondo histórico cfr. M.T. López Beltrán, *Evolución de la prostitución en el reino de Granada a través de las ordenanzas de la mancebía de Ronda*, en VV.AA., *Realidad histórica e invención literaria en torno a la mujer*, Málaga, 1987, pp. 11-23. Para la elaboración literaria del tema cfr. M.G. Profeti, «Mujer libre - mujer perdida», en *Les idées de la femme...*, París, en prensa.

y a su violenta y desgarrada propuesta (poesía satírica).[44] Según el esquema:

a) *Literatura amatoria*. Sublimación de la atracción del cuerpo
b) *Literatura erótica*. Propuesta directa de la atracción del cuerpo.
  b1) *Literatura pornográfica*. Propuesta comercial de la atracción del cuerpo.
c) *Literatura caricaturesco-burlesca*. Propuesta jocosa de la repulsión del cuerpo.
d) *Literatura obsceno-satírica*. Utilización moralista de la repulsión del cuerpo.

La censura (y obviamente utilizo el término en sentido freudiano) opera en *a* y *d*, y la explosión gustosa y jocosa en *b* y *c*.

Al enfrentarse con el *corpus* de la poesía erótica barroca la primera operación que parece imprescindible intentar es la de tipo taxonómico y diacrónico. La preocupación por clasificar el material resulta constante en los que se han ocupado hasta ahora de escritura erótica, como si la estrategia taxonómica, de por sí científica, redimiera al estudioso que se dedica a investigaciones tan poco decentes.

Resultan posibles varias líneas de análisis,[45] con sus relativas posibilidades de clasificación:

---

44. Veo que una distinción análoga efectúa F. Weber de Kurlat, *La expresión de la erótica en el teatro de Lope de Vega. El caso de Fuente Ovejuna*, en *Homenaje a J.M. Blecua*, Madrid, Gredos, 1983, que en la p. 673 distingue entre poesía amorosa «la que sólo manifiesta en su expresión la vertiente elevada del amor», y la «poesía erótica» «que se incorpora el amor sensual, el de los sentidos». Y en la p. 687 nota «ciertos términos, de uso en el vocabulario erótico más desnudo y que aquí aparecen, sobre todo en boca de Mengo... con connotaciones burlescas».
Como repertorio del doble ámbito del amor en Lope puede verse I. López Bascuñana, *Notas para una filografía lopeveguesca*, en *Homenaje a J. García Morales*, Madrid, 1987, pp. 933-960; y «Notas para una filografía de Lope de Vega: el concepto del "amor a los braços" en la obra en prosa», *Anuario de Filología*, 10 (1984), pp. 165-183.
45. Naturalmente las tres clasificaciones propuestas no agotan las posibilidades, ni pretenden cubrir todo el *corpus* publicado y publicable de poesía erótica barroca. Habrá también que tener en cuenta la presencia de formas mixtas, que al mismo tiempo dicen, representan, aluden: cfr. *Floresta*, 119, 125, 127, etc. Ni me propongo

1. Se puede centrar el análisis en el referente, proponiendo el problema de lo que puede llamarse «realismo», que es la posibilidad de medir la interacción entre objeto y discurso,[46] y fundar una antropología del mundo descrito. Esta línea buscaría responder a la pregunta: ¿quiénes son los sujetos-objetos del mundo de la poesía erótica barroca? Ellos se destacan, como es lógico, en un paisaje muy jerarquizado y dominado por la represión religiosa, que hace más estimulante la ruptura de la norma por parte de las categorías que la representan, así que monjas y frailes sorprendidos en actos prohibidos no faltan por cierto (*Floresta* 34, 126, 127, 128, etc.); aunque quizás con esto quedamos dentro de un tipo de censura anticlerical que se remonta a la edad media. Las mujeres que se desnudan (*Floresta* 13), que se masturban (112, 35), pocas veces son connotadas como damas; en la mayoría de los casos son claramente villanas (*Floresta* 49, 118, 137), y reciben así la caracterización del erotismo rústico del cual habla Barthes. O bien se trata de criadas acosadas por su amo, en el conocido juego del amor doméstico (*Poesía erótica*, p. 214, atr. a Quevedo; *Floresta* 42). El que se propone o se jacta como copulador es alguien no identificado, que habla en primera persona, o bien pertenece a las clases subalternas: es un rústico (*Floresta* 54), un mendigo (*Floresta* 102), un bachiller (*Floresta* 56), un lacayo (*Floresta* 107), un «tosco labrador» que acomete, ahora sí y por la ley del contraste, a una dama (*Floresta* 107).[47]

Las explicaciones del fenómeno pueden, naturalmente, ser muchas; y una de las más interesantes remite a toda una tradición literaria: el mundo bajo del eros se puede poner en efecto en relación con el carnaval como momento de ruptura de la norma. Yo, sin embargo, pienso que tenga una gran importancia la posibilidad de alejar el mundo descrito del ambiente del emisor y del destinatario, efectuando una operación de distanciamiento que hace menos violenta la transgresión.

---

apurar el inventario de las figuras retóricas presentes en la poesía erótica barroca pues sería trabajo improductivo, ya que para el funcionamiento estético es siempre la contextualización y la interacción lo que importa.

46. Cfr. R. Barthes, *Sade, Fourier, Loyola*, París, Seuil, 1971, pp. 21-42.

47. O una serie de oficios serán utilizados metafóricamente para aludir a operaciones eróticas (*Floresta*, 128-131).

Pero una clasificación de este tipo, que se agota en seguida, se relaciona con esquemas interpretativos generales, que se pueden utilizar para textos de la antigüedad hasta los de nuestros días, y —peor aún— se pueden aplicar a cualquier tipo de comunicación, del chiste a la poesía, como toda clave centrada en el contenido.

2. La segunda hipótesis taxonómica puede indagar los parámetros psíquicos que unen al emisor con el destinatario, una especie de convención de los modos del placer, con todos sus matices desde el masoquismo al sadismo y al fetichismo.[48] Se trata, sin embargo, de categorías que es difícil delimitar, y que por esto mismo no parecen siempre utilizables en la organización del material. Propongo un ejemplo: la agresividad hacia la mujer, acusada de ser insaciable por lo que se refiere a las dimensiones (*Floresta* 112) y al repetirse de los «asaltos» o mejor dicho de las prestaciones (*Floresta* 37). Es obvio que detrás de dicha hostilidad se esconde el temor de la insuficiencia del pene y de la «potencia» viril; como detrás de la burla para el «capón» se esconde un intento de exorcismo.

3. La clasificación que propuse, en cambio, rehusando los esquemas ideológicos de los juicios de valor, y hasta los explicativos basados en el contenido o en claves psicoanalíticas, se fundaba en las modalidades mismas de la escritura. Porque es la palabra la que provoca el estímulo o la emoción sexual; como en la literatura didáctica nos hallamos frente a una *escritura para,* cuya función parece ser esencialmente *perlocutoria.* El examen de «lo literario» aquí resulta particularmente interesante, justo porque el campo aparece rígidamente delimitado: el objeto queda allá, en plena luz, siempre igual a sí mismo; y la función del mensaje es igualmente explícita y clara. En efecto, el fin de esta escritura no parece ser *in primis* estético, sino sexual. La presencia del cuerpo opera en cada

---

48. Es la clasificación adoptada por G. Legman, *L'umorismo erotico. Psicanalisi delle barzellette spinte*, Rimini, Guaraldi, 1972; y véanse las objeciones en la introducción italiana de P. Meldini, *Appunti per una morfologia della barzelletta*, pp. 5-12, que subraya en cambio la importancia de un aspecto «literario»: la estructura narrativa del chiste.

polo del arco de la comunicación: no sólo él es el referente que excita, sino que está presente como destinatario a excitar. Me pregunto si incluso el emisor no tendrá que sentir cierta exaltación de los sentidos, si —al igual que en la literatura mística— él no tenga que experimentar las emociones que quiere transmitir, representándolas. En esquema:

referente
(cuerpo excitante)
↑
emisor   →   escritura   →   destinatario
(¿cuerpo excitado?)   (cuerpo «iluminado»)   (cuerpo a excitar)

La escritura «ilumina», por lo tanto, el cuerpo (y la bonita expresión se debe a Barthes), constituye el reflector que exalta su «codiciabilidad», incluye con sus juegos evocadores al destinatario, el cual, tal como se verifica con el *mot d'esprit*, tiene que ser connivente y cómplice, ora descubriendo la alusión, ora recreando la escena erótica, ora gozando de la directa mención del cuerpo.

Entonces serán justo las articulaciones del discurso las que importen, y una nueva línea taxonómica será posible a partir de las varias relaciones del objeto-cuerpo con la palabra que lo nombra o lo alude. En el caso de la alusión la elaboración puede ser muy refinada, la atmósfera muy difuminada y sugerente; la implicación del destinatario, que tendrá que recuperar el doble sentido, puede por lo tanto resultar muy fuerte. Lo literario adquiere aquí, en relación con el juego mismo que origina la poesía, una importancia determinante. Justo por este placer que rige la elaboración es inútil pensar en censuras externas que originarían el eufemismo: no se «dice» tan sólo porque la alusión resulta más interesante y sugerente que la mención directa.

El desplazar el análisis de la poesía a la narración permite averiguar una importante ley de la comunicación de lo erótico barroco: la ruptura que se puede verificar en la dicción erótica es directamente proporcional a la selección del destinatario; es decir, a medida que el destinatario se amplía, la transgresión se reduce.

Se da, en efecto, el caso de que un mismo autor es más prudente en la prosa que en la poesía; y propongo el ejemplo de Mariana de Carvajal.[49] Ahora bien, mientras que en las ocho novelas de *Navidades de Madrid y noches entretenidas* no se encuentran escenas abiertamente eróticas, y sólo aparece alguna dama no perfectamente ataviada, hacia la parte final del libro se insertan varias *fábulas* en verso, a la manera de Polo de Medina. Se trata de versos recitados por mujeres, cuya honestidad y elegancia la autora se preocupa de subrayar siempre. Doña Lucrecia dice su fábula «con dessahogo decente y una mesura despejada» (p. 167), y el doble oxímoron garantiza el garbo femenino (*decente, mesura*), en el tratamiento de un género evidentemente peligroso (*dessahogo, despejada*); al final, además, se comentará «lo ayroso y bien referido de la fábula, «la sazón que le dio el donaire de doña Lucrecia» (p. 173). Doña Leonor, a la cual se confía la segunda fábula, la propone con «sazonado desembaraço» (p. 198) y después todos alaban su «donaire» (p. 207); una «señora titulada» recita la tercera con «saçonado donayre» (p. 231). Sin embargo, y no obstante tantas salvedades, el tono bajo en el tratamiento del tema mitológico, conlleva un léxico que tiende a la abierta grosería, que utiliza modismos coloquiales al lado de la habitual dilogía;[50] tanto que La Barrera, con un sobresalto de moralismo, las pudo juzgar «nada decentes».[51] Y de las fábulas dichos procedimientos pasan a otros fragmentos, como una jácara y un romance dedicado nada menos que a la sífilis (pp. 228-230 y 240-242). Si se puede opinar que estamos aquí no en el territorio de lo erótico, sino de lo burlesco, queda patente el fenómeno de un distinto tratamiento en la prosa y en el verso de los temas relacionados con el sexo.

En la prosa la escena erótica, si aparece, no se acogerá por cierto a la mención desvergonzada o a la directa representación, sino a las más sutiles modalidades de la alusión. Los fragmentos de María de Zayas analizados por Goytisolo obedecen en efecto a dichas características, hasta llegar a la escena

---

49. M. de Carvajal, *Navidades de Madrid y noches entretenidas*, cit. De esta edición citaré *infra*.

50. Véase la registración puntual del fenómeno en mi introducción, pp. 22-25.

51. C. de La Barrera, *Catálogo del teatro antiguo español*, Madrid, 1860, p. 73a.

en que la pobre doña Blanca, protagonista de *Mal presagio casar lejos*, descubre a su marido en brazos de un paje.[52] Se da aquí un doble nivel de preterición por inefabilidad, después de una significativa llamada al destinatario («quisiera, hermosas damas y discretos caballeros, ser tan entendida que sin darme a entender me entendiérades», «es bajeza no sólo decirlo, mas pensarlo»); y se añade poco después «tan torpes y abominables pecados... aún el demonio se avergüenza de verlos».

O bien se pondrán en acto toda una serie de salvedades retóricas, de comentarios, de digresiones eruditas. Puede servir como ejemplo la escena de *Las fortunas de Diana*, de Lope de Vega, en la cual asistimos a la rendición de la protagonista.[53]

Lope procede por grados: primero presenta la situación, el temor inicial de los enamorados («miraron por todas partes cuidadosamente...», etc.); su sucesiva confianza y entrega, representada sin embargo a través de una comparación tópica («cual suelen las enamoradas palomas regalar los picos y con arrullos mansos desafiarse...»). La progresión de la conquista de Diana se apoya después en la cita de Terencio: el ver, hablar, tocar, besar y copular se aluden con la figura retórica de la preterición; de modo que el lector tenga que reconstruir en un meta-nivel la situación de los amantes. Y después de la lapidaria declaración «Notablemente le atormentaba el deseo» se inserta la exclamación retórica («¡Qué retórico se mostraba! ¡Qué ansias fingía!...»), con toda su carga de implicación del destinatario; para concluir «Pidióle, finalmente, un día tan resueltamente licencia para entrar dentro...». Las renovadas manifestaciones de respeto por parte de Celio no son suficientes para Lope, que llega ahora a involucrar al destinatario interno (el narrador) de la novela, Marcia Leonarda, es decir Marta de Nevares («Dígame vuestra Merced, señora Leonarda, si esto saben hacer y decir los hombres, ¿por qué después infaman la honestidad de las mujeres?...»); y a organizar una nueva serie de interrogaciones retóricas con referencias clásicas y tópicas («¿Era Troya Diana, era Cartago o Numan-

52. M. de Zayas, *Desengaños amorosos*, ed. de A. González de Amezúa, Madrid, 1950, pp. 285-286.

53. L. de Vega, *Novelas a Marcia Leonarda*, ed. de J. Barella, Madrid, 1988, pp. 57-55.

cia?»). No sólo, sino que la «pérdida de la voluntad» se manifiesta bajo la forma del «desmayo»; y la escena final es aludida a través de la cita clásica: «dispúsose a ser Tarquinio de menos fuerte Lucrecia... el forzador de la hermosa Tamar».

El comentario retórico y la llamada al narrador se repiten en una escena donde a la protagonista de *La más prudente venganza* se la sorprende en el campo, con sólo el faldellín y con los pies desnudos;[54] la escena está engastada en una serie de digresiones cultas y hasta prolijas, que no necesitan de comentario, y que cumplen con la función de «velar» el cuerpo semi-desnudo de la jovencita.

Si este cuerpo aparece, además, es necesario que se presente en el momento estático del sueño, como' puede ejemplificar un fragmento de los *Sucesos y prodigios de amor* de J. Pérez de Montalbán.[55] Sobre el sentido y las funciones de esta metapintura tendré necesidad de volver más adelante.

Y llegamos al teatro, es decir al género que se dirige al público más amplio y matizado posible. El espacio de la transgresión erótica, pues, tiene que reducirse. Sólo el ámbito bajo de la risa (las piezas cortas, la intervención del gracioso) puede acoger la alusión sexual, que se da —y esto es muy interesante— en el nivel comunicativo propio del teatro, el de la acción, que en el texto espectáculo se suma al de la palabra. En los géneros breves es el sistema kinésico, para utilizar la terminología de Kowzan, el que resulta más afectado por la alusión sexual; puede suponerse que gestos y ademanes obscenos eran utilizados muy a menudo, como atestiguan los censores coevos:

> Los entremeses, bailes, afeites, movimientos torpes y melindres y otros ademanes poco honestos que imitan las burlas y juegos del amor que los santos llaman fornicaciones y adulterios, los hombres cortesanos y del siglo los admiran y alaban por galantería.[56]

---

54. *Ibíd.*, pp. 145-147.
55. J. Pérez de Montalbán, *Sucesos y prodigios de amor*, ed. de A. González de Amezúa, Madrid, 1949, pp. 41-42.
56. J. Navarro Castellanos, *Discursos... contra los que defienden el uso de las comedias modernas*, en E. Cotarelo y Mori, *Bibliografía de las controversias sobre la licitud del teatro en España*, Madrid, 1904, p. 489a

También en la comedia podemos imaginar algún momento de contacto más directo entre los criados, y propongo como ejemplo un fragmento de *El lindo don Diego*:[57] donde la criada dará por lo menos la mano al gracioso («toca esos huesos»), si no queremos pensar en una alusión más obscena.

El nivel de la mención directa del sexo queda en cambio casi siempre prohibido; mientras se intensifica la alusión, a menudo de tipo dilógico,[58] y muy transparente por cierto, tanto que he podido afirmar que no se aludía para *esconder* la alusión sexual, sino para *descubrirla* de forma muy evidente, apelando al patrimonio de referencias en poder del espectador.[59] Se trata sin embargo de una modalidad burlesca, baja, carnavalesca, más que erótica.

Pero cuando se pasa del entremés a la comedia, y del habla del gracioso y de los criados a la de los nobles, es decir en el momento en que se propone al espectador la comedia como modelo de conducta caballeresca, no sólo la acción vulgar o baja desaparece, sino que la palabra misma será a un tiempo el vehículo del erotismo y su negación. Me explico: si lo específico del teatro es la ostensión, no se podrá ahora poner en la escena a un galán abrazando y besando a una dama, o a una dama desnudándose; se podrá a lo mejor sólo contar que se ha entrevisto el pie desnudo de la amada, o a la dama bañándose,[60] como pasa en Rojas Zorrilla.[61]

El fragmento presenta un metro noble, la silva, lo que dignifica la escena e intenta cambiarla de erótica en simbólica. El

57. A. Moreto, *El lindo don Diego*, ed. de M.G. Profeti, Madrid, Taurus, 1983, p. 63.

58. Cfr. Weber de Kurlat, art. cit., p. 673, a propósito de los «dobles sentidos» que «se encuentran» «en boca de graciosos, mesoneros u otros personajes equiparables». Véase también *ibíd.* en el campo del eufemismo (p. 677). Y los ejemplos aportados por J. Huerta Calvo, «Poética de los géneros menores», en *Los géneros menores en el teatro español del siglo de Oro*, *Jornadas de Almagro 1987*, Madrid, Ministerio de Cultura, 1988, pp. 28-30.

59. M.G. Profeti, «Condensación y desplazamiento: la comicidad en los géneros menores en el teatro del Siglo de Oro», en *Los géneros menores*, cit., pp. 33-46.

60. Cfr. A.D. Kossoff, «El pie desnudo: Cervantes y Lope», en *Homenaje a W.L. Ficther*, Madrid, Castalia, 1973, pp. 381-386; S.E. Leavitt, «Strip-tease in Golden Age Drama», en *Homenaje a A.R. Moñino*, I, Madrid, 1966, pp. 305-310; R.R. MacCurdy, «The bathing nude in Golden Age Drama», *Romance Notes*, I (1959), pp. 36-39.

61. F. Rojas Zorrilla, *Entre bobos anda el juego*, ed. de M.G. Profeti, Madrid, Taurus, 1984, pp. 102-105.

eros negado confiere a la escena un movimiento doble en el nivel sintáctico: una aparente aceleración de acontecimiento se expresa en una serie de frases paratácticas, y un efectivo *ralentí* de la acción utiliza fórmulas a veces convencionales y rebuscadas, como «en clases que la arena ha fabricado / lecciones de cristal dictaba al prado». Igualmente en el nivel lexical la descripción de la mujer que se baña utiliza el recurso de la belleza encubierta, o mejor velada y desvelada por el flujo de la corriente (cristal), que cubre la blancura del cuerpo, o más bien se baña en ella. Nótese cuántas veces en el fragmento se dan lexías como *cubrir, turbio, ciego, enturbiar, velo, sin ver,* por un lado, y por otro *enseñar, transparente, mostrar, descubrir.* La cifra de todo este movimiento puede constituirla el v. 1.030, con la figura retórica de la epanadiplosis («víale entre el cristal y no le vía»); como el remate de tantas oposiciones es el oximoron del v. 1.044: «¡Oh, qué bien me parece el fuego helado!». La segunda parte de la relación describe el toro, símbolo de furia sexual, delante del cual la dama «se honesta de segundo velo, / que aunque el temor la halló desprevenida, / quiso más el recato que la vida»; y lógicamente de este toro-eros logra triunfar el galán «de amor y de piedad a un tiempo armado».

En el teatro barroco, pues, la escena erótica más auténtica y profunda es la que no existe,[62] la que se sitúa más allá, la que la palabra evoca para negarla. El prototipo puede ser el *Castigo sin venganza,*[63] donde Federico no puede decir, y casi no puede imaginar, su amor para la madrastra; cada formulación y declaración tiene que ir acompañada por un conjunto de referencias mitológicas que velan y revelan lo indecible. Los

---

62. Recuerdo que Hans-Jörg Neuschäfer ve una «actividad erótica» en doña Ángela, dama duende, que registra la habitación de don Manuel: «Ángela déploi sur le champ une activité dont le caractère érotique ne fait aucun doute pour le spectateur... elle fouille d'abord dans le ligne du jeune homme, examine ensuite ses affaires de toilette...», etc., «*La Dama duende* et la transgression secrète de l'érotisme», en *Revendications des sens et limites de la morale. Le paradigme anthropologique de la doctrine des passions et sa crise dans le drame classique español et français,* en *Estudios de literatura española y francesa. Homenaje a Horst Baader,* Francfort, 1984, pp. 110-115: «l'érotisme se contente de faire valoir ses droits dans le secret et la dissimulation».

63. Cito de la ed. de D. Kossoff, Madrid, Castalia, 1970.

únicos contactos físicos entre los dos protagonistas que se producen delante del espectador, son la salvación de Casandra por parte de Federico, el beso ritual y triple de la mano en la primera jornada (donde el acto de vasallaje esconde el primer descubrirse de la pasión), un saludo de cortesía de Casandra en la segunda (que produce un «temblor» en el joven), hasta la revelación que se efectúa a través de la alusión a la historia de Antíoco, enamorado también de su madrastra. Casandra declara «No niegues, conde, que yo / he visto lo mismo en ti». Federico pregunta entonces: «Pues ¿enojaráste?», y obtiene la contestación «No», que propone el consentimiento a través de la litote, antes de la forma directa: *«Federico*: Y ¿tendrás lástima? *Casandra*: Sí» (vv. 1.907-1.910).

Después de este «sí» supremo el espectador de hoy se esperaría un abrazo entre los dos. En cambio Lope inserta un largo fragmento de 65 vv. (vv. 1.910-1.975) en que Federico glosa, parafrasea y comenta la copla muy conocida que termina «sin Dios, sin vos y sin mí».[64] El fragmento cumple con una precisa función: en un primer nivel la palabra sustituye lo otro, el acto irrepresentable: se *declama* en la escena, ya que no se puede *enseñar* el condenable abrazo. El argumento del cual se habla, después, será la pérdida de sí (sin mí) y de sus propias motivaciones trascendentales (sin Dios); y se consigue controlar la angustia a través de la referencia a la tradición literaria: la catástrofe erótica coincide así con la exasperación de la palabra.

La escena no se pondrá nunca delante de los ojos de los espectadores: será Aurora, prima de Federico, enamorada de él y celosa, quien la refiera a su pretendiente, el marqués Gonzaga. Pero tampoco Aurora ve directamente el crimen, sino que lo percibe reflejado en un espejo: el espejo es la pantalla, el diafragma, que permite la visión y al mismo tiempo simboliza el placer narcisista, y su ostensión («gustan que se publique / el mayor atrevimiento»). Más tarde el mismo marqués volverá a aludir a este espejo: «Será de la nueva Circe / el

64. Desde la poesía de los cancioneros (Cartagena y Manrique) el tema había pasado a Figueroa y Balbuena: cfr. las referencias relativas en mis notas a la traducción de la pieza, Roma, Garzanti, 1989.

espejo de Medusa, / el cristal en que la viste» (vv. 2.138-2.140).
La escena llega pues al espectador en un meta-reflejo: desde el
espejo a los ojos de Aurora, desde sus ojos a las palabras, que
la moralizan a través del nivel de la referencia literaria.

Puede sin embargo tratarse de un moralismo *sui generis*,
como el que aparece en una serie de escenas de Rojas Zorrilla,[65] señaladas por McCurdy.[66] Aquí el narrador es la mujer
misma, y el carácter peculiar de las escenas es un dramatismo
y una violencia que las tiñen de sado-masoquismo. Ahora bien,
el tremendismo y la «sangre», que podrían resultar un alicien-
te erótico más, prefiguran la destrucción misma de la protagonista: el objeto de atracción, pues, en el momento mismo en
que se propone y se confiesa como tal, presiente su desaparición definitiva.

No me parece casual que este tremendismo vuelva a aparecer cuando un pecador prototipo cuenta el rapto de su prima
monja (transgresión de doble nivel, como se ve) pero negándo-
lo a través de una preterición por inefabilidad: es un fragmento del *Purgatorio de San Patricio* de Calderón.[67] Creo que aquí
también huelga todo comentario: la sabiduría literaria que re-
viste el fraseo resulta evidentemente usada para borrar, o por
lo menos atenuar la escena erótica. Primero se dedican 15 vv.
(513-527) al desenfreno del «deseo», a través de una serie de
definiciones paralelas, que culminan en la mención («*en fin*,
deseo de un hombre, / que, sin Dios y sin respeto...»); se recurre a la preterición, que sigue por 18 versos (vv. 529-545); después se pinta la escena nocturna subrayando su horror (cfr.
sepulcro, oscuro, luto, exequias, etc.), y solo después de otros
15 versos (vv. 546-560) se llega a mencionar claramente el hecho («*En fin*, esta noche entré...»), seguido por reiterados des-
pliegues tremendistas («entre el espanto y el miedo, / pisando
en sombras mi muerte...»). La víctima se acoge ahora provi-
dencialmente al recurso del desmayo, que le permite pasar «a

---

65. Cfr., por ejemplo, F. de Rojas Zorrilla, *La traición busca el castigo*, BAE, LIV,
pp. 241b, 276a.

66. R.R. MacCurdy, «Women and sexual Love in the Plays of Rojas Zorrilla: tradition and innovation», *Hispania*, 62 (1979), pp 255-265.

67. P. Calderón de la Barca, *El Purgatorio de san Patricio*, ed. de J.M. Ruano de la
Haza, Liverpool, 1988, pp. 87-89.

los brazos» de su robador y después «del sagrado» a un «desierto», donde se cumple la escena de la violencia, aludida bajo la forma icástica «si el cielo pudo / valerla, no quiso el cielo»: el momento mismo de la transgresión, por lo tanto, es el momento de la doble alusión a la norma divina, a través de la figura de la epanadiplosis.[68]

La mujer comprometida en la escena erótica se desmaya, pues, o bien aparece entregada al sueño, en la estampa de la «bella dormida» que Porqueras Mayo ha rastreado en Calderón;[69] y yo en Juan Pérez de Montalbán, preguntándome el por qué de tantas propuestas.[70] Los resultados de la investigación: primero, el moralismo esclerotiza las formas teatrales, y privilegia el «decir» respecto al «mostrar»; en efecto los dramaturgos no enseñan al público una actriz durmiendo, sino que «relatan» su sueño.[71] Opera aquí el temor que la representación pueda provocar «afectos» incontrolables, lo que exige que se disponga toda una serie de rémoras, que van desde la atenuación de los contenidos, hasta el apañamiento literario, como una especie de velo extendido para cubrir la densidad y suculencia del hecho. Segundo, el moralismo puede aquí injertarse en uno de los temas fundamentales del barroco, el de la muerte y del desengaño; así el sueño atrae en sus espiras siempre

68. Recuérdese que este pasaje «escandaloso» provocó las airadas protestas del censor, como consta por el manuscrito Res. 89 de la Biblioteca Nacional de Madrid (cfr. J. Paz y Mélia, *Catálogo de la piezas de teatro que se conservan en el departamento de manuscritos de la Biblioteca Nacional*, I, Madrid, 1934, 459 a-b); Juan Navarro de Espinosa, el 28 de octubre de 1652, en Madrid, declara: «He visto esta comedia aprobada como aquí consta por fray Juan Bautista Palacio... y cuando se representó la primera vez en esta corte... entonces, como censor dellas hice un reparo que vuelvo a hacer agora, que fue que Ludovico Enio, en la primera relación que hace de su mala vida, pinta escandalosamente un sacrilegio de sacar una monja de un convento. Esto me pareció se quitase, como se quitó, por evitar el escándalo de oírle, y así me parece agora lo mismo, pues en el resto del romance, en que pinta su mala vida, le sobran atrocidades» (apud E. Cotarelo y Mori, *Ensayo sobre la vida y obras de don Pedro Calderón de la Barca*, en BRAE, IX, 1922, pp. 48-49).

69. A. Porqueras Mayo, «*La bella dormida* en el teatro de Calderón», en *Hacia Calderón VI, Sexto coloquio Anglogermano*, Würzburg, 1981, pp. 49-64.

70. M.G. Profeti, «*La bella dormida*: repertorio e codice», *Quaderni di lingue e letterature straniere*, 7 (1982), pp. 197-201, donde examino también el problema de la conexión con el elemento arquetipo, en relación a los mitos de Aracne, Cupido y Psique, etc.

71. Un ejemplo de tipo diverso puede verse en Rojas Zorrilla, pero con las distintas implicaciones subrayadas por McCurdy, *Women and sexual love*, cit., p. 261.

ilusorias y siempre alagadoras a Calderón y Montalbán. Y en un nivel más profundo el sueño, símbolo de impotencia y huida del sexo, aparece en la comedia barroca (y en la novela, como se ha visto) como recurso que puede romper la relación entre los sexos, o alejarla, o por lo menos quitar el consentimiento femenino: el peligroso ojo —espejo de la conciencia y del *nutus* voluntario— se esconde debajo del párpado y puede permanecer ignorado: Justina dormida en la *Devoción de la Cruz* no puede ser condenada como pecadora consentida, sino que puede ser compadecida como víctima inocente.

Pero también la «dicción», no obstante la vigilancia cuidadosa de la censura, o a lo mejor a causa de esta vigilancia misma, tiene sus peligros. Si las damas o los jóvenes dormidos adquieren desde el *locus amenus* donde están tendidos una esencia inanimada, si se hacen ellos mismos jardines florecidos, he aquí que una peña, elemento sexual evidentísimo, vela su sueño; o bien la atracción sexual pasa al paisaje, anima los pájaros, las yerbas, las plantas; el mismo lujo metafórico, la plenitud de las imágenes, se hacen portavoces de una violencia de las emociones. Como en toda escritura erótica de valía, naturalmente: el contacto tiene que situarse siempre más allá, y a su espera se podrá hablar de él, se podrá aludirlo, se podrá gozar de él a través de su representación simbólica: aquí también «l'Eros [...] ne s'exprime jamais qu'à travers le récit [...] Ce qui frappe dans le fantasme [...] c'est son aspect plastique...» las escenas a él relativas «sont des *tableaux*, c'est-à-dire qu'ils se rangent délibérément sous les normes de la peinture».[72]

4. Escritura y referente. La mujer como objeto negado

En el mismo momento en que el eros estalla en la escritura, como hemos visto, se proponen varias fugas del cuerpo de la mujer, y se podrá llegar hasta refugiarse en el disgusto del

---

72. R. Barthes, *Sur Racine,* París, Seuil, 1967, pp. 28-29. Como se ve mi postura es muy distinta respecto a los análisis de tipo vagamente a lo Jung de E.W. Hesse, *Theology, sex and the Comedia and Other Essays,* Madrid, Porrúa Turanzas, 1982; o al genérico erotismo analizado por F. Ayala, «Erotismo y juego teatral en Tirso», *Ínsula,* XIX, 214 (1964), pp. i y 7.

cuerpo. La autonomía, los apetitos sexuales de la mujer, su protagonismo erótico (que es sólo espectro del temor de la ineficacia masculina), pueden ser inmediatamente exorcizados con la presentación satírica de una «caricatura» de la mujer: enferma, vieja, deforme, sin dientes, ciega, bizca como en las violentas y despiadadas poesías satíricas de Quevedo: el sondeo de este aspecto ha sido ya parcialmente realizado.

d) La mujer se convierte en *objeto roto*.

Por otra parte, también en la poesía amorosa Quevedo disuelve el objeto amado: más que con una mujer Quevedo dialoga, y sobre todo juega, con pormenores anatómicos: los ojos, la mano, la boca. Es hasta demasiado evidente el intento de neutralizar una figura antagónica, cuyo dato constante es la crueldad, aquella crueldad que llega a trastornar incluso sintagmas de derivación italiana, como se ha demostrado: la dulzura de una imagen unida a la sonrisa angelical de la mujer se transforma así en la risotada cruel de desdén.[73]

Más allá de la obediencia a la forma poética, puede leerse en ejercicios de este género una especie de fuga de una figura de mujer particularmente inquietante. La misma mujer que fea, desfigurada, vanamente socorrida por las estratificaciones del colorete, o a la caza de dinero en un vampirismo del que el hombre intenta defenderse desesperadamente, constituye el otro polo de la visión quevedesca.

Aparece clarísimamente la fascinación que ejerce sobre Quevedo la más antigua y obvia neutralización de la mujer, la que la mercantiliza reduciéndola a objeto. Quevedo está obsesionado por esta posibilidad y vemos desfilar, tanto en su prosa como en su lírica, la cuadrilla de las prostitutas o de las esposas compla-

---

73. Cfr. A. Prieto, «Sobre literatura comparada», *Miscellanea di Studi Ispanici* (Pisa) (1966-1967), pp. 340-342. El sintagma examinado, «relámpagos de risa carmesíes» pertenece al soneto 465 y Prieto señala su presencia en Dante, Petrarca, Poliziano y Quevedo. M. del Pilar Palomo, *La poesía de la Edad barroca*, Madrid, 1975, p. 127, nota: «En una aclimatación barroca, Quevedo destierra toda connotación de suavidad y armonía. El *riso* es ahora franca carcajada [...] al unirse a ese "sonoro yelo" [...] El armónico *lampeggiar* petraquista es, ahora, una manifestación pasional de desdén, y una explosión de sonido y de color aplicada a la *imagen física* de la boca que la manifiesta».

cientes (con sus relativos maridos cornudos y contentos). Y las alucinantes *pedigüeñas*; la misma Dafne que no se detiene en su carrera ante Apolo sólo porque no oye resonar la bolsa.[74]

Más allá de la preponderancia incluso estadística del motivo, hay también ciertos tics que resultan reveladores, como el del soneto 338, en donde la descripción de la belleza perdida se introduce, justo a la mitad de la composición (vv. 7-8):

> *Persuadióte el espejo...*
> *que a su plata el oro en tu melena*
> *nunca del tiempo trocaría la usura.*

En la formulación se condensan y se esconden, bajo significados metafóricos, términos como *oro*, *plata*, *trocar* y el dialógico *usura*: la metáfora mercantilista y la dilogía por tanto, puntas del iceberg que emergen del inconsciente, afloran en correspondencia con peculiares tensiones psíquicas.

O bien el cuerpo, en un paroxismo de agresividad oral y de descomposición, se convierte en manjar, «fiambre», calavera untada con «almodrote», «confite» destinado a los gusanos, como en el soneto 549.

> *Vida fiambre, cuerpo de anascote,*
> *¿cuándo dirás al apetito "Tate",*
> *si cuando el* Parce mihi *te da mate*
> *empiezas a mirar por el virote?*
>
> *Tú juntas, en tu frente y tu cogote,*
> *moño y mortaja sobre seso orate;*
> *pues, siendo ya viviente disparate,*
> *untas la calavera en almodrote.*
>
> *Vieja roñosa, pues te llevan, vete;*
> *no vistas el gusano de confite,*
> *pues eres ya varilla de cohete.*

---

74. Véase el soneto 537: «Tras vos un alquimista va corriendo»; mientras que en el soneto 536 se aconseja a Apolo «si la quieres gozar, paga y no alumbres». De hecho: «Volvióse en bolsa Júpiter severo; / levantóse las faldas la doncella / por recogerle en lluvia de dinero». Y así Hero es presentada como chiquilla de fáciles costumbres en 771: y no es ciertamente una casualidad que esta ironización de la mitología se presente en dependencia de la mercantilización de la mujer.

> *Y pues hueles a cisco y alcrebite,*
> *y la podre te sirve de pebete,*
> *juega con tu pellejo al escondite.*

La agresión, a nivel de forma de expresión, adopta como arma el discurso directo, elevado a potencia y reforzado por la interrogación retórica: «¿Cuándo dirás al apetito: "Tate"?»; igualmente violentos los imperativos *Vete* (v. 9), *no vistas* (v. 10), *juega* (v. 14), que subrayan la posición dogmática y de ataque en que se pone el emisor.

La apóstrofe brutal se realiza a través de una serie de sustantivos, con las relativas aposiciones y adjetivos, a menudo inusitados, y con tendencia por eso mismo a exaltar —con el sobresalto de sorpresa que provocan— la agresividad:

1 vida fiambre
1 cuerpo de anascote
9 vieja roñosa.

Se trata de sintagmas colocados en puntos clave, al inicio de las dos partes del soneto, cuartetos y tercetos; mientras otra serie se traslada a la parte conclusiva del verso:

6 (sobre) seso orate
7 (siendo ya) viviente disparate
11 (eres ya) varilla de cohete

Los complementos predicativos del sujeto asumen una fuerza todavía mayor, al ser reiterativamente introducidos por *ya*, que subraya el alucinante paso del tiempo, antes realzado por los dos *cuando* (vv. 2, 3) del primer cuarteto, ambos al inicio del verso. Las dos únicas bimembraciones, que pueden inducir a pensar en una estructura paralela (vv. 5, 6), han perdido aquí todo valor distensivo y pacificador al aparecer insertas en estructuras gramaticales y sintácticas fuertemente dramáticas y agresivas; siguen la apóstrofe directa, subrayada por la posición al comienzo del segundo cuarteto (Tú, v. 5), son reforzadas por el adjetivo posesivo (tu frente, tu cogote, v. 5), y tienden a la parcelación de la visión (frente, cogote) y a la descubierta alusión a la muerte:

juntas... moño y mortaja [vv. 5-6].

Del *Tú juntas* del v. 6 depende, no sólo lógicamente, sino también fónicamente *untas* del v. 8: inicio y clausura del cuarteto ligados por el homoteleuto que permite sugerir la progresión

frente-cogote → calavera

Esta muerte es pues remarcada repetidamente, obsesivamente indicada por la repetición de los adverbios temporales (cuando, vv. 2, 3; ya, vv. 7, 11); y no me parece un caso que asuma en el primer cuarteto el aspecto de fórmula latina personalizada (*Parce mihi*), proceso al que Quevedo parece recorrer empujado por exigencias eufemísticas o por intentos de ruptura distanciadora del discurso.

La iteración de las definiciones repelentes y angustiosas culmina luego en un paroxismo de olor nauseabundo (*cisco, alcrebite, pebete*, vv. 12-13), última disolución a la que se puede llegar hacia la muerte: el cuerpo odiado se convierte ahora sin tapujos en enmascaramiento, el *pellejo* (con su implícito valor de «cáscara» añadido al valor propio de «piel») es velo, objeto detrás del cual esconderse.

Los procedimientos literarios están pues estrechamente entrelazados a las dinámicas psíquicas: no será inútil advertir como el soneto 549 se organiza sobre una rima particularmente difícil: *-ote, -ate, -ete, -ite*; lo que subraya el placer compositivo que Quevedo espera conseguir de este alucinante descenso a los infiernos; semejante a la rima *-ajo, -eja, -ujo, -ojo* del soneto 551.

> *Rostro de blanca nieve, fondo de grajo;*
> *la tizne, presumida de ser ceja;*
> *la piel, que está en un tris de ser pelleja;*
> *la plata, que se trueca ya en cascajo;*
>
> *habla, casi fregona de estropajo;*
> *el aliño, imitado a la corneja;*
> *tez que, con pringue y arrebol, semeja*
> *clavel almidonado de gargajo.*

En las guedejas, vuelto el oro orujo,
y ya merecedor de cola el ojo;
sin esperar más beso que el del brujo.

Dos colmillos comidos de gorgojo,
una boca con cámaras y pujo,
a la que rosa fue vuelven abrojo.

La enumeración constituye aquí el dato estructural más notable, unida a un proceso interesantísimo que rompe verticalmente los cuartetos, oponiendo a la sucesión de lo que *aparece*, lo que *es*; mofador desde el inicio, emblemáticamente semejante al de tantos sonetos amorosos: «Rostro de blanca nieve» (v. 1). El tema de la disolución engañosa obrada por la hipocresía, constante en la obra de Quevedo, se institucionaliza y repite, uniéndose a toda una serie de invenciones o de técnicas codificadas. Así el «fondo en grajo» del verso 1 constituye casi un tic quevedesco, vuelve luego a la alusión a la grasa («pringue», v. 7), y de aquí al cuerpo-comida, o a la metáfora mercantil en el v. 4 («la plata que se trueca ya en cascajo»), para culminar en el v. 8, donde al tópico *clavel* que abre el verso se opone el *gargajo* que lo cierra repelentemente.

La satisfacción perversa que Quevedo saca de esta violenta demolición se convierte en diversión incluso literaria: más allá del indicio de la rima hay las aliteraciones *piel-pelleja* (v. 3), *oro-orujo* (v. 9), la onomatopeya «colmillos comidos de gorgojo» (v. 12) que produce con la sucesión de velares y de nasales el desagradable balbuceo senil; las dilogías «boca con cámaras y pujo» (v. 13); y, finalmente, paralela al *clavel* que cerraba los cuartetos, la *rosa* que cierra los tercetos, incluso ésta irremediablemente deteriorada.

El malestar provocado por el cuerpo, disgregado, parcelado, deformado, comprado, destruido oralmente, tiene así una nueva manifestación: se teme que *lo que aparece* no se identifique con *lo que es*, y se estigmatiza por tanto toda posible alteración de la apariencia: la calvicie que se cubre con pelos postizos, la canicie que se esconde con el teñido, y sobre todo el colorete de la mujer, obsesivamente reconducido al guisado, a la salsa, a la grasa.

Las lecturas sobre los textos de Quevedo pueden reiterarse:

los resultados de esta disociación del cuerpo de la mujer no cambian. Y no aparecen diversos cuando han sido efectuados sobre diferentes autores: propondré como ejemplo los conseguidos por Françoise Zmantar al analizar las «manos femeninas», como aparecen en Lope, Tirso, Cervantes.[75] Y no podría ser de otra manera: la mirada sobre la mujer es siempre la mirada del otro.

e) *El objeto-objeto*. Más raramente —testimonios preciosos que hay que recoger fatigosamente— la escritura se podrá ocupar de la cotidianidad femenina, de los vestidos, del maquillaje, de la manera de vivir y de morir de la mujer en la España del Siglo de Oro. Se trata de toda una serie de textos marginales que lindan con lo literario: pamfletos sobre las diversas leyes suntuarias, sátiras anónimas, polémicas sobre vestidos y tocados, que merecen recordarse y citarse más difusamente dada su rareza. Y luego: la narrativa, la novela cortesana y picaresca, los tratadistas al límite del costumbrismo como Zabaleta, dejan traslucir trazos y señales que quizás nos permitan reconstruir un fresco.

Pero con un gran peligro de fondo, con una duda de método que puede quitar validez al procedimiento. Se podría en efecto pensar que —en los temas esquematizados— se pase de un máximo grado de literalización del objeto a una cada vez mayor adhesión al referente. Por lo cual —llegados al punto *e*— podríamos fiarnos completamente de la fidelidad de la descripción. Pero de hecho cambian solamente los códigos del registro, quedando intacta la deformación de la percepción y de la registración.

Un ejemplo. Véase como Zabaleta describe la toilette de una dama:

> Se levanta del lecho y entra en el tocador en enaguas y justillo. Se sienta en una almohada pequeña; engólfase en el peina-

---

75. F. Zmantar, «Mains de femmes», en *Les traités de Savoir-vivre en Espagne et en Portugal*, Clermont Ferrand, 9-10 de enero 1992, en prensa. Son interesantes también algunas de las conclusiones a las que llegan varias intervenciones de dos coloquios celebrados en París promovidos por A. Redondo: *Le corps dans la société espagnole des XVI et XVII siècles*, París, 1990; y *Le corps comme métaphore dans l'Espagne des XVI et XVII siècles*, París, 1992.

dor, pone a su lado derecho la arquilla de los medicamentos de la hermosura y saca mil aderezos. Mientras se traspinta por delante, la está blanqueando por detrás la criada. En teniendo el rostro aderezado, parte el aliño de la cabeza. Péinase no sin trabajo, porque halla el cabello apretado en trenzas... Pónese luego lazadas de cintas de colores hasta parecer que tiene la cabeza florida. Esto hecho, se pone el guardainfante. Este es el desatino más torpe en que el ansia de parecer bien ha caído. Échase sobre el guardainfante una pollera, con unos ríos de oro por guarniciones. Coloca sobre la pollera una basquiña con tanto ruedo que, colgada, podría servir de pabellón. Ahuécasela mucho porque haga más pompa. Entra luego por detrás en un jubón emballenado, el que queda como un peto fuerte... y las mangas abiertas en forma de barco, en una camisa que se trasluce...

La descripción de la indumentaria tiene pues como fin el realce de su exceso y la doblez y falsedad del *maquillaje*; precisamente cuando nos parecería encontramos ante a una fotografía «objetiva» de la realidad, la violenta modalidad literaria de la sátira nos garantiza la absoluta parcialidad de la escritura, obligándonos a una contra-reconstrucción que es una contra-lectura.

De hecho, si el imaginario de la moda de nuestro tiempo está constituido «secondo un fine di desiderio»,[76] el de la moda del siglo XVII es la historia de un deseo negado, anulado, rechazado. La primera razón será de índole económica. Si la palabra nos empuja hoy a comprar, en una sociedad de consumo que se rige por el Movimiento, la frágil economía preindustrial de la España del siglo XVII anhela la Inmovilidad como punto de llegada;[77] el gasto, el lujo, son el molino de viento contra el cual se arremete, la tendencia perniciosa a evitar.

---

76. F. Barthes, *Sistema della moda*, Turín, Einaudi, 1970, pp. XV-XVI.

77. Según G. Simmel, *La moda* (1985), Roma, Editori Riuniti, 1985, a la base de la moda hay una antinomia entre «movimiento y reposo, productividad y receptividad» (p. 10), ya que la moda misma «es un producto de la división en clases y tiene la misma estructura de otras muchas formaciones... cuya doble función es encerrar en sí un círculo y al mismo tiempo separarlo de los otros» (p. 14). El texto de Simmel se recomienda por varios apuntes interesantes; sin embargo la relación economía/moda es todavía más fuerte de lo que aparece en sus páginas.

En el sistema barroco de escritura sobre la moda, Moda significa Corrupción; No Moda significa Sobriedad, respeto por la ley, respeto por las tradiciones. Aquí por tanto se articula el primer proceso de negación del deseo.

El segundo proceso descubre el temor de la adulteración y del engaño, al acecho detrás de las cosas y detrás de las palabras.

Pero el mecanismo se hace más complicado aún si en el juego entra otro elemento: el cuerpo femenino que el vestido cubre, para negarlo o para resaltarlo. Ahora bien, la historia de la moda femenina del siglo XVII es la historia del intento de anular el cuerpo de la mujer: los pechos se aplastan, el cuerpo se esconde bajo una serie de faldas y el guardinfante, el pie se achica dentro de zapatos parecidos a instrumentos de tortura, la cara se cela detrás de velos y mantos. Y la escritura que registra este conjunto de reglas de destrucción se encara con una serie de antinomias irreductibles que se traslucen por ejemplo en la polémica contra las *tapadas*.

Desde el año 1590, y más tarde con renovadas prohibiciones en 1610 y el 12 de abril de 1639, se había condenado el uso de *taparse*, es decir, de cubrirse la mitad de la cara con el manto;[78] Tirso, Rojas Zorrilla, Vélez, Quevedo, lo habían hecho objeto de alusiones y composiciones satíricas;[79] sin embargo, ¿no podría ser deseable anular (por lo menos parcialmente) el primero y el más temible reclamo erótico? Entonces en un tratado de 1640, Antonio de León Pinelo recurre a una distinción:

> Se advierte por singular i propia distinción la que, sin salir de los términos deste uso, ay entre «cubrirse» i «taparse», i entre «cubiertas» i «tapadas», que si bien estas vozes tienen intrínsecamente un mismo significado, la costumbre i modo de hablar, que en esto puede lo que basta, las ha distinguido y diferenciado, para que con ellas podamos mejor explicar lo que va de la naturaleza al arte, de lo verdadero a lo fingido, de lo llano

---

78. J. Sempere y Guarinos, *Historia del lujo y de las leyes suntuarias*, Madrid, 1788, V, pp. 94-128.

79. Cfr. M.G. Profeti, «Note critiche sull'opera di Vélez de Guevara», en *Miscellanea di Studi Ispanizi*, Pisa, 1965, p. 139.

a lo cauteloso, i al fin de lo bueno, honesto i decendente a lo que carece destas calidades. El cubrirse el rostro es un acto sencillo, que sólo requiere echarse en él un velo simple i suelto, sin más afectación ni cuydado que encubrir una imagen para que no sea vista. El taparse no parece que se refiere al velo, sino al modo, a la cautela i artificio con que se procura esconder i ocultar el rostro, engañosa i paliadamente. I assí el cubrirse es echarse el manto sobre el rostro, todo suelto, i sin invención ni arte. I el taparse es emboçarse, como dezimos, de medio ojo, doblando, torciendo i prendiendo el manto, de suerte que descubriendo uno de los ojos, que siempre es el izquierdo, quede lo restante del rostro aun más oculto i disfraçado que si fuera cubierto todo.[80]

El juego de las oposiciones es implacable: naturaleza/arte, verdadero/fingido, llano/cauteloso, simple-suelto/cautela-artificio; lo que se condena como alejado «de lo bueno, honesto i decente» es la «invención i arte».

La qüestión de los velos no es tan universal que comprehenda a todas; sino solamente a las doncellas; a las casadas, que por su edad y rostro es decente que se cubran, por estar aun en tiempo de poder agradar i tener partes para ello; i a las viudas que por aver quedado moças deven escusar el ser vistas. Pero las que ya assegura la edad, las que defiende el rostro i las que guarda el desaliño poco necesitan de velos, si ya no se los ponen para encubrir sus faltas.[81]

Tomás Ramón, más drástico, habría visto bien un total e indiscriminado cubrimiento de los rostros[82] pero Pinelo discu-

---

80. A. de León Pinelo, *Velos antiguos y modernos en los rostros de las mujeres*, Madrid, 1641, ff. 122v-123r.

81. *Ibíd.*, f. 126r.

82. T. Ramón, *Nueva premática de reformación*, Madrid, 1635, pp. 79-80: «¿ha de ser pues la muger sola la que quiere llevar su hermosura descubierta, al sol y al ayre, para que se marchite más presto y se enlacie? No, no, cúbrese con el velo o manto, y no se venda tan barato, que con esso será más estimada, más requerida y evitará muchos pecados, proprios y agenos [...]. Pero diráme alguno: Padre, peor es cubrir el rostro con el manto, porque con esso tiene la muger licencia para quanto quiere, dize y habla libremente, entra y sale donde quiere, en son de que no es conocida, desconoce a Dios; y con el velo de vergüença pierde la que antes tenía... Pues, ¿qué remedio y qué corte se dará en esto? Yo os lo diré: hazer lo que las mugeres calcedonen-

te: queden descubiertas las absolutamente inapetecibles, por la edad o por la fealdad natural, porque en este caso el velo podría funcionar a la inversa, de escondite, y fomentar además la coquetería, ser fuente de renovados engaños para el hombre «si ya no se los ponen para encubrir sus faltas».

Y Quevedo muy agudamente revela esta posibilidad:

> *Soy pecador transparente*
> *—dijo— que truje arrastrando*
> *un año tras una tuerta*
> *a un caballero don Pablos.*
> *Discreteando a lo feo,*
> *y desnudando a lo caco,*
> *un tirador de ballesta*
> *descubrí brujuleando.*
> *Carátula de una bizca,*
> *desmentidos ojos zambos...*
> *Adargué cara frisona*
> *con una nariz de ganchos...*
> *Una cara virolenta,*
> *hecha con sacabocados,*
> *un rostro de salvadera,*
> *un testuz desempedrado,*
> *hice tragar a un don Lucas*
> *por de hermosura milagro...*
>
> [n. 687, vv. 25-34, 37-38, 81-86]

La Desnudez como se ha visto se convierte así en Verdad, con la explosión de todas las obsesiones quevedescas: la narizota escondida de la mujer fálica, la vejarrona, la mujer pintada, el marido cornudo.

Pero Dios no quiera que se descubra el pie,[83] o el Dentro se

---

ses, las quales (como dize Plutarco) trayan cubierto lo más del rostro, dando lugar a que solas las personas fuessen conocidas. No iban al ojete (como van en algunas ciudades) sino con el manto tendido hasta debaxo de los labios: anden assí aora, que con esto se remediarán muchos males, atajarán culpas, y otros inconvenientes grandes».

83. Véase el desdén de Jiménez Patón sobre el texto de Talavera que está comentando: *Reforma de trajes, op. cit.*, f. 45r: «Por las que con tal ávito y trage se cubren, se puede dezir que mientras más se cubren más se descubren, pues es cierto que al subir a los coches, o escalones, en qualquier parte, especialmente en las Iglesias

entrevea a través del «escote»; la excitación del moralista se hace paroxística; Zabaleta setencia sobre la inquietud que desde el pecho descubierto de la mujer se transmite al pecho del hombre;[84] Villalba se desespera considerando la secreta atracción de los dos sexos:

No anduvieron tan profanas las mujeres hebreas como andan hoy las católicas; que si aquellas traían descubierto el cuello, éstas andan desnudas casi la mitad del cuerpo. [...] ¡Que no se avergüencen de estar en el templo de Dios descubriendo pecho y espaldas! [...] ¿No la bastaba a la naturaleza la oculta virtud que tiene la coligación que hay entre hombres y mujeres, llamándose uno a otro con oculta propensión, y llevándose tras sí más fuertemente que la piedra imán al hierro? Como dice San Basilio, ¿no la bastaba esta trabazón a la naturaleza, sino que las mujeres han de inventar con sus profanos adornos nuevos incentivos para ruina de los hombres!, ¡y que les den a beber por los ojos sus mismas carnes! [...] En España no hay costumbres de andar las mujeres desnudas manifestando sus carnes, com van agora, al traer tantos mantos trasparentes, de humo y gloria.[85]

En polémica con la *Respuesta*, el *Juicio theológico* rebate las diversas proposiciones subrayando la intención (honesta o deshonesta) que mueve a la mujer que se adorna:

No le desagrada a su magestad el adorno mirado en sí, lo que le ofende es la voluntad con que se compone para la sensualidad; el escotado que generalmente traen las mugeres ho-

---

donde las ay, no descubren pies, piernas, porque van bien abrigadas con gervillas, medias y ligas, pero hasta las rodillas, cosas que deviera avergonçarlas».

84. J. de Zabaleta, *El día de fiesta por la mañana*, ed. de C. Cuevas García, Madrid, 1983, p. 118: «De los pechos les ven los hombres la parte que basta para no tener quietud en el pecho: de las espaldas la parte que sobra para que dé la virtud de espaldas. A las mujeres que se visten al uso presente no les falta para andar desnudas de medio cuerpo arriba sino quitarse aquella pequeña parte de vestidura que les tapa el estómago. De los pechos se ve lo que hay en ellos más bien formado; de las espaldas se descubre lo que no afean las costillas; de los brazos, los hombros están patentes, lo restante en unas mangas abiertas en forma de barco y en una camisa que se trasluce».

85. J. de Villalva, *Memorial contra los profanos trages al cardenal d. Pascual de Aragón*, s.l., s.a., pp. 6, 7-8, 9. «Manto de humo» o «de gloria» se llamaba precisamente un velo particularmente transparente.

nestas, será culpable en aquellas que se movieren de algún fin depravado.[86]

La escritura intenta por tanto disimular las antinomias del razonamiento recurriendo a los *distinguo*, al menos porque, como recordaba Arias Gonzalo en su *Memorial en defensa*, los vestidos se hicieron necesarios desde el momento de la expulsión del paraíso terrenal; y con una irrebatible exploración desde los griegos a la contemporaneidad demuestra que todos se han vestido siempre, y en formas más o menos análogas, argumento sin duda indiscutible.[87]

Arias Gonzalo intentaba con esto responder a la requisitoria del economista A. Carranza, empeñado en demostrar que el *guardinfante*

> [...] este trage ancho y pomposo, de que usan las primeras de nuestras españolas, y a su imitación gran parte de las de inferior suerte o esfera... es costoso y superfluo, penoso y pesado, feo y desproporcionado, lascivo, deshonesto y ocasionado a pecar... impeditivo en gran parte a las obligaciones y acciones domésticas... perjudicial a la salud y a la generación humana.[88]

Cada uno de estos puntos era desarrollado ampliamente por Carranza, obteniendo a veces brillantes estampas de costumbres.

No resulta nada fácil entender hoy las razones del disgusto por el pobre *guardinfante*, y será incluso demasiado fácil demostrar la inconsistencia de la argumentación según la cual «la introducción deste infernal trage y su forma... da licencia a toda muger soltera, donzella o viuda de faltar a las obligaciones de honestidad y pudicia sin temor... de perder ni átomo de su reputación... porque lo ancho y pomposo del trage... la presta comodidad para andar embaraçadas nueve y diez [*sic*] meses... combinando juntamente a libertad y sensual lasci-

---

86. *Respuesta teológica... al D. Andrés Girón*, Santiago, 1673; J.B. Sicardo, *Juicio teológico y moral*, Madrid, 1677, p. 80.

87. Arias Gonzalo, *Memorial en defensa de las mujeres de España*, Lisboa, 1636, ff. 43r-44r.

88. Carranza, *Discurso contra malos trages y adornos lascivos*, Madrid, 1636, f. 2v.

via».[89] Argumentación inconsistente, ya que su uso sería adoptado también por un buen número de mujeres regularmente casadas. Y a la inversa, se culpa al guardinfante de impedir

> [...] la generación y propagación de los naturales destos Reinos [a lo que] verdaderamente se oponen estos trages pomposos y pesados en dos maneras: una, impidiendo el conceto; otra, causando su aborto y perdición... La pompa y anchura deste nuevo trage... admite mucho aire y frialdad, que embía al útero donde se fragua el cuerpo humano [haciéndole] totalmente inepto para la generación... Y si en favor del nuevo uso airoso y pomposo alguno dixere que con la mucha ropa, y en particular con calçones, no somamente se repara este daño, sino que también las mugeres andan aún más abrigadas que antes, se le replica fácilmente que aí también está el daño e impedimento de la generación, porque con esto reciben demasiado calor (el que bien muestran las ordinarias fluxiones uterinas calientes, de que hazemos testigos a los médicos) que produce sequedad y adustión en el útero: causa también de esterilidad.[90]

El argumento se repite en Jiménez Patón, que lo retoma de Talavera. El texto comentado reza:

> Es ávito peligroso, muy enfermo en verano y en invierno. Porque como anda assí güeco y apartado entra el aire y viento frío, y penetra el vientre que está escalentado, y causa dolores de vientres y de madre, que son comunes a las mugeres, y en verano el calor muy demasiado.[91]

Y Jiménez Patón:

> La esperiencia nos enseña, quando no lo dixera Ipócrates y Galeno, que las mudanças repentinas del calor y frío suelen ser causa de graves enfermedades, y si éstas lo son, por un casi

---

89. *Ibíd.*, f. 22r.

90. *Ibíd.*, f. 20r-v. Es obvio que para justificar tales extravagancias y argumentaciones contradictorias deberá tenerse en consideración el nivel de conocimientos médicos: en el mismo parágrafo Carranza subraya que el aborto «se ocasiona de una tos, de un esperezo, del humo de una vela mal apagada y de otras causas muy ligeras» (f. 20v.).

91. Jiménez Patón, *Reforma de trajes, op. cit.*, f 47r.

repentido acaecimiento y mudança, que haze el un estremo del otro, donde despacio pelea el frío que entra por abajo y el calor que tienen en el estómago por aquellos pliegues y lanas, ¿cómo pueden aver salud?[92]

Exceso de calor y exceso de frío: el vértigo de la atracción está pues en este *bajo*, que la anchura de la falda deja imaginar, por aquellos *baxos*, a los cuales se asocia la imagen del demonio.

Rojas Zorrilla registra y resume:

> *¿Qué es guardainfante?*
> *Un enredo*
> *para ajustar a las gordas,*
> *un molde de engordar cuerpos...*
> *Es un encubre-preñadas,*
> *estorbo de los aprietos,*
> *arillo de las barrigas,*
> *disfraz de los ornamentos;*
> *y es, enfín, el guardinfante*
> *un enjugador perpetuo,*
> *que está secando la ropa*
> *sobre el natural brasero.*[93]

Así, a través de la absurdidad de las argumentaciones, la negación del Movimiento y del Deseo, implícita en la censura de la Moda, descubre su fulcro en la negación del primario deseo, el sexual; y las antinomias se esconden en el terrorismo de la escritura:

> Veo quán olvidados estáys todos de vuestra nada y polvo, en que os avéys de convertir luego, porque tengo por imposible —con S. Gerónimo— que si pensásedes esto no tendríades manos para llegar al moño, a las guedejas, al enaguas [*sic*], al guardinfante, a las rositas y a los demás adornos de esse corruptible cuerpo ¿Quién, que ve a la otra bizarra y al otro galán, ayer tan compuestos y oy en el féretro, ¿no se compunje y de sí mismo se duele, y da con todo esse adorno al trabés?[94]

---

92. *Ibíd.*
93. F. Rojas Zorrilla, *Los tres blasones de España*, jornada III, apud la adición comentada de R. Rodríguez Marín del *Diablo Cojuelo*, Madrid, 1969, p. 29, nota 1.
94. Ramón, *Nueva premática, op. cit.*, ff. †† 2 + 1v - †† 2 + 2r.

Así se perfila felizmente la estasis absoluta, la muerte; en la que no solamente todo se anula, sino que se deshace incluso el nudo que está en la base de toda argumentación, una especie de atracción-repulsión por el cuerpo tan innaturalmente negado:

> Aora notad que es el cuerpo del hombre de suyo tan lleno de miserias, tan asqueroso y feo, que para que no le cause asco parece que anda acertado en pulirlo, afeytarlo y aromatizarlo, porque si pusiesse los ojos en él, desnudo, sin duda la rebolviera las entrañas. Un cuerpo que no es otra cosa sino un ramo (dize S. Gregorio) que como se pudrió en la raýz, nunca acaba de acaudalar un poco de verdura. Una bestia con un serón de estiércol a cuestas, un piélago de inmundicias; una sentina de cieno humano, un montón de mal olor, una laguna de malas aguas y podridas (dize S. Agustín) que siempre exala de sí humos de pestilencia: un manantial de asco, un charco de hediondez, un matadero que por mil partes y albañares despide vascosidades, una cárcava pública donde todos echan su vasura, un cuero de ponçoña, un barco de materia, un seno de podre, un costal de gusanos [...] una tina abominable de torpe veneno. Un cuerpo cuya desnudez, por más que la curiosidad humana quiera encubrir con sedas, oro, y piedras preciosas, al fin en medio desa compostura, ¿qué es sino una azémila cargada de joyas entre día, que a la noche la despojan de aquella gloria prestada y la embían al establo? Un cuerpo tan vergonçosamente engendrado, que como pondera Aristótiles, es asco pensarlo y causa empacho el dezirlo.[95]

Esta cosa repelente y asquerosa sea pues encubierta, pero —máxima contradicción— de la manera más repelente posible; porque contra el lujo y la adulteración está al acecho la venganza de Dios:

> Enrízense bien, crien bellas guedejas, anden collierguidas y encopetadas como las abubillas, para con esso hazer dar de ojos a las tontillas aves, los flacos pecadores, y cazallos con essas redes, que yo asseguro que me la paguen, porque las desmocharé y trasquilaré de manera que quedarán hechas unas calaveras espantosas. Úntense bien, aféytense, aromatízense con

95. *Ibíd.*, pp. 28-29.

varios olores, adórnense essos cuellos con gargantillas, los braços con braçaletes, los dedos con sortijas, los pies con costosos
chapines, y el vientre con essos guardainfantes tan costosos
quanto penosos, para disimular sus mal guisados, no viendo
que afean el brío y gallardía que Dios las dio, y que parezen
más tortugas que criaturas racionales, pues solo casi descubren
el cuello, manos y pies, como ellas, hechas unas redondas pipas
tan anchas como largas. Y en conclusión, compóngase de pies a
cabeça como imágenes de templo, que yo las descompondré y
desharé de alto abaxo.[96]

La mujer fálica («collierguida y encopetada») perenne
trampa parada a la debilidad del hombre, perenne pecadora
(«para disimular sus mal guisados») se convierte bajo nuestra
mirada en un animal, antes de ser definitivamente abatida.

Y a una análoga expoliación nos hace asistir Jiménez Patón:

En aquel día les quitará el Señor el adorno de su calçado
(esto es los costosos y vanos chapines y xerbillas) y las lunas y
collares, manillas y arracados, copetes, moños pericotes, y fun-
dillas, crenchas, alxorcas, collerejos, pomas de olores, arraca-
das, sortijas, apretadores de perlas de la frente, ropas trocadas,
bohemias, tocaduras, prendedores, espejos, manteos, faxas o ligas y toda gala ligera. Y en vez de los ámbares, algalias, almiz-
cles y pebetes abrá un hedor pestilencial, en vez de ceñidor una
soga, en vez del cabello enriçado la calba, en vez del cartón del
pecho silicio.[97]

En Tomás Ramón el moralismo exacerbado se convierte en
pura y simple misoginia patológica, que se revela en la escritura en una metáfora tan interesante que no necesita comentarios:

Ha de ser la doncella como la O, cerrada y encerrada, y con
esto ganará muchas oes, porqué todos se harán lenguas y dirán:
«¡O, que honesta es fulana! ¡O, qué recogida! ¡O, qué callada!
¡O, quán merecedora que qualquiera se case con ella!».[98]

---

96. *Ibíd.*, pp. 65-66.
97. Jiménez Patón, *Reforma de trajes, op. cit.*, f. 54v.
98. Ramón, *Nueva premática, op. cit.*, pp. 175-176.

Recordemos la O de Pauline Réage, que recorría el camino de la destrucción, reduciéndose en primer lugar a pura vagina, y aceptando después la propia anulación; así la mujer de Ramón acepta la clausura («qué recogida») anula en sí misma la palabra («qué callada»), acepta el marco de instrumento de reproducción («merecedora que qualquiera se case con ella»), se convierte en resumidas cuentas en O, esperando al marido que la destruya.

Y después de la prosa redundante y conmovida, violentamente condenatoria de los moralistas, que nos describen una mujer preocupada únicamente por el lujo y por la vana apariencia, una prosa cuya fuerza polémica actúa como espejo deformante, quisiera citar un tipo de escritura indirecta, un fragmento que da testimonio de la vida *real* de las mujeres del siglo XVII; el testamento de Doña Ana, esposa de Luis Vélez de Guevara, otorgado el 15 de noviembre de 1619, cinco días antes de morir. Ella declara no poseer otros bienes que los propios hábitos de los que dispone así:

> Item mando que un vestido de espulýn entero, ropa vasquiña y jubón, que valdrá seiscientos reales, y otro que es un hábito de chamelote de aguas con puntilla de raso, que es basquiña, jubón y escapulario, que valdrá trecientos reales, y otro que está empeñado, que es una ropa de ryço, y la basquiña de raso y el jubón también de raso negro, que está empeñado en ducientos reales, que pagado el dicho empeño, quiero se desempeñe, y todos los dichos tres vestidos es mi voluntad se vendan a quien más diere por ellos, y del valor que se sacare de ellos el dicho Luis Vélez, mi marido, me haga decir y digan todas las misas rezadas por mi alma que alcanzare...
>
> Item mando y es mi voluntad se dé a Doña Luisa, mi hermana, un manto de damasco que yo traýa, y la suplico me encomiende a Dios.
>
> Item mando se dé a Doña Francisca de Valle, mi hermana, un hábito leonado y una ropa de bayeta que yo traýa cada día, a quien suplico ruegue a Dios por mí, y más le mando dos camisas mías.
>
> Item declaro y mando se dé al ama que cría mi hixa el hábito pardillo que yo traýa de ollejo de culebra, a quien suplico me encomiende a Dios.

Nombra por fin «por mi universal heredera a Francisca Luisa Vélez, mi hija y del dicho mi marido, que tendrá hasta un mes poco más o menos, de cuyo parto estoy mala». Naturalmente, junto a sus tres vestidos, uno de ellos empeñado, a vender para decir misas, y a los tres hábitos dejados a las hermanas y al ama, con la esperanza de oraciones, Doña Ana no poseía el bien de la escritura: el testamento «lo firmó un testigo, porque dixo no saber escribir».[99]

Será pues preciso reflexionar sobre la enésima traición de una cultura hegemónica (la masculina) cuando registra lo «diverso de sí» (la cultura femenina), con todas las irresueltas tensiones del miedo del Otro, con el desesperado intento de exorcizarlo, ya que ahora —más que en cualquier otra ocasión análoga— no es posible anularlo.

Hay que reflexionar también sobre la involuntaria traición que se verifica cuando un representante de la cultura dominada (la femenina) llega a expresarse en primera persona, adoptando fatalmente el punto de vista del dominador (la cultura masculina), en el momento en que adopta su código. Y quizás la expresión de escritura más humilde y concreta de la mujer serán por tanto los recetarios, de belleza o de cocina, que, a menudo escritos por mujeres y para las mujeres, nos transmiten preocupaciones y ambiciones cotidianas y efímeras, a siglos de distancia: todo un patrimonio a descubrir y a recuperar.[100]

99. C. Pérez Pastor, *Bibliografía madrileña*, 3.ª parte, Madrid, 1907, pp. 505b-507a. Sobre la importancia de los testamentos para el análisis del mundo de la mujer cfr. P. Pereiro Barbero, *El entorno afectivo de la mujer en el Siglo de Oro a través de los testamentos*, en *Realidad histórica, op. cit.*, pp. 27-45.

100. Cfr. M.G. Profeti, *Codici del gusto*, Milán, Angeli, 1992.

ELOGIO DE LO QUE QUEDA POR DECIR: REFLEXIONES SOBRE LAS MUJERES Y SU CARENCIA EN *DON QUIJOTE*

Ruth El Saffar
Iris M. Zavala

I. *PALABRAS PRELIMINARES*

Los lectores observarán que este importante apartado sobre Cervantes consiste en un collage de textos de Ruth El Saffar, que yo misma he montado. Confío que esta fabricación se tome como un homenaje a la estudiosa y buena amiga; su prolongada enfermedad y su muerte impidieron que pudiera finalizar el texto prometido para esta *Breve historia*. Me parece que los dos artículos que reproducimos, y la sección sobre Marcela que aparece entre corchetes, así como mi síntesis de su libro *Beyond Fiction*, son representativos de las aportaciones de Ruth no sólo a los estudios cervantinos, sino también a los estudios psicoanalíticos de orientación jungiana, y al feminismo.

Con todo, estoy segura que de haber escrito su texto, Ruth hubiera introducido referencias a su último libro, una compilación titulada *Quixotic Desire. Psychoanalytic Perspectives on Cervantes* ([1993] preparado con Diana de Armas Wilson). Permítaseme que sea yo quien exponga los argumentos generales de este libro, al mismo tiempo que remita a los estudios más significativos que en los últimos años han representado un punto de vista provocativo sobre Cervantes y los importantes problemas de la historia de la sexualidad, la representación y el deseo: lo que yo llamaría, siguiendo a Freud, una *erótica*.

* * *

Desde hace algunos años las aportaciones cervantinas más innovadoras (posestructuralista y posmoderna podríamos decir) se ha centrado en lo no dicho, lo reprimido, lo censurado (incluso lo censurado por la cultura) en las prácticas discursivas, intentando explicar las relaciones entre los poderes represivos, elecciones de vida o formas de deseo, y escritura. Louis Combet (1981) abrió caminos para explorar la «incertidumbre del deseo» en los textos cervantinos, afirmando ante todo, que la obra de Cervantes era una «erótica», si bien emplea un esquema edípico para la autobiografía del autor. Carrol Johnson (1983), por su parte, ha sido el primer hispanista (nos recuerda Armas Wilson 1993, 71) en aplicarle la lente del psicoanálisis a las patologías del hidalgo: su interrumpido desarrollo psicosexual, así como su crónica inhabilidad para interactuar con las mujeres. La lectura de Johnson nos dibuja un Quijote cincuentón y psicótico con una pasión inconsciente por la Sobrina. Pero hay algo más en esta lectura, Johnson sostiene que Cervantes anticipó muchos de los descubrimientos de la psiquiatría clínica moderna, lo cual convierte a Cervantes en precursor de Freud (que dicho sea al pasar, sintió gran admiración por nuestro autor; el hecho está ampliamente documentado).

Algo después, y desde el punto de vista de historia de las mentalidades, Rafael Carrasco (1985) ha explorado el clima de represión del Siglo de Oro como encrucijada simbólica fundamental, haciendo finas distinciones sobre las prácticas sexuales y la línea represiva contra todas las «diversidades» (entre las cuales no faltan los alquimistas, suicidas, heréticos, brujas [encarnación de la mujer libre y rebelde]). Apoyándose en toda esta documentación (entre otras) Rosa Rossi (1986, trad. 1988) nos abrió caminos para valorar un Cervantes que conoce su lado «femenino», que vivió una fantasía de homosexualidad, alejándose así de las formaciones patriarcales de la España dorada. Maurice Molho (1976, 1993), por su parte, ha dejado claro que son las madres terribles, y el deseo y poder de la madre (no del padre), lo que el héroe cervantino debe defender. La «madre fálica» es así el centro de *El coloquio de los perros* y *El retablo de las maravillas*. Pero además, esta madre fálica opera en el inconsciente cervantino, que borra el nombre de la madre (Cortinas), sustituyéndolo por Saavedra, convirtiendo así su propio nombre autorial en un cruzado de borradura y represión.

En la introducción de Ruth El Saffar y Diana de Armas Wilson a *Quixotic Desire* (1993) el lector podrá obtener un *mise en scène* de los rumbos que ha tomado la crítica pos-freudiana, a la par que nos conduce de la mano a la función de la mujer y lo «femenino» en Cervantes. Contrario a la idea patriarcal y edípica de Freud, esta crítica (que se basa en particular en Melanie Klein, Nicolas Abraham y Maria Torok y Julia Kristeva) revela para ellas un cambio de orientación hacia el papel que desempeña la madre, rechazando así la universalidad de la Ley del Padre o ley del patriarcado. En este encuadre, el estudio de Armas Wilson (1991) sobre el *Persiles* abre una caja de resonancias para repensar el tema de la ficción y la realidad, el sueño y la teoría de los sueños.

Aún otras perspectivas surgen a partir de este cambio de óptica. La propia Ruth El Saffar, en su excelente *Beyond Fiction: The Recovery of the Feminine in the Novels of Cervantes* (1984), y en su artículo «In Praise of what is Left Unsaid» (1988) que hemos incorporado a este volumen en nuestro montaje, pone de manifiesto que los conflictos cervantinos son contra la sociedad patriarcal. Propone así que el camino cervantino es una búsqueda de lo «femenino», con este propósito introduce lo que designa «una cuarta figura salvadora» (*a fourth saving figure*), o el «ego femenino» que disuelve las tensiones del triángulo en la historia de Dorotea. La autora, por un lado, parte de la idea del «deseo» que distingue a René Girard (una relación entre la ficción y el deseo metafísico, distinta del significado que le otorgan al deseo Freud y Lacan), y por otro, de la teoría narrativa de Edward Said, para quien sólo la ficción se habla o se escribe, puesto que la verdad no necesita de la letra, de tal manera que todas las voces narrativas son referidas —«assumed ones». (En *Elogio de lo que queda por decir* [1988] habla de «vacío». Como comentario, esta concepción de la verdad y la ficción tan cercana a Nietzsche se podría complementar con la importante noción bajtiniana de «discurso referido».)

A partir de este encuadre, El Saffar propone que el famoso triángulo del deseo (del deseo no satisfecho en Cervantes) es la sustancia misma de la ficción, y en la II Parte los personajes femeninos escapan totalmente su destino de ser objetos de las fantasías eróticas de sus deseantes amantes o amadores. Del marco teórico de la mujer como objeto de deseo, pasa entonces revista a lo largo del estudio, a una colección e mujeres (casadas o solteras, viejas o jóvenes) que existen independientemente de los conflictos eróticos. Concluye, finalmente, que la liberación del triángulo del deseo está relacionada con la liberación del propio autor (ligando, obviamente, a Girard y a Said en el un *tour de force* teórico). Justamente el *Persiles* representa esta libertad; el viaje que el héroe y la heroína deben emprender viene instigado por la madre, la reina Eustoquia (identidad diferida como vacío hasta el final: lo que se borra es El Nombre-de-la-Madre, añado como suplemento).

Está claro que el acento de la interpretación para El Saffar, se coloca en la búsqueda de este cuarto término, hecho que sugiere una nueva concepción del deseo (palabra, le añado al texto de Ruth, que se repite con frecuencia a lo largo del texto cervantino). Este «cuarto» es la mujer no deseante y no deseada, que el héroe rechaza una vez encuentra la mujer (idealizada) de sus deseos. Es esta una imagen ambivalente, nos recuerda la autora, cuyos rasgos negativos (como se puede observar en la oposición Marcela/Maritornes) se acumulan para producir criaturas grotescas que no son sólo repulsivas sino destructivas. Nos encontramos así con una retorsión singular: el camino de Cervantes es el de redimir esta imagen, restituyéndole así a la ficción toda su inestabilidad y violencia.

Esta figura —propone El Saffar— representa el *inconsciente* —ese elemento que se excluye de la conciencia y que se silencia— y es, al mismo tiempo, la interdicción más fuerte de las letras doradas. Al desarrollar esta lectura, se apoya ante todo en C.G. Jung porque a su juicio, su teoría abre el camino hacia lo femenino en cuanto parte esencial del problema más amplio de la armonía entre el ser y el otro (hecho que aleja a Jung de Freud y Lacan, quiero añadir). Sugiere así que la articulación junguiana ayuda a sacudirse del predominio de lo masculino en la teoría psicoanalítica. Además porque al describir la estructura de la psique, Jung esboza una cartografía del viaje y del regreso del inconsciente. En este contexto preciso, el inconsciente es sinónimo de orden natural, que la figura femenina diferida representa. Finalmente, y como conclusión a su marco interpretativo, la autora sostiene que las homologías entre Cervantes y Jung son tan considerables, que éstas permiten introducirse más directamente al universo cervantino.

Pues bien, el triángulo del deseo afecta tanto a las mujeres cuanto a los hombres, y lo particular en Cervantes es que representa este deseo primordialmente desde el punto de vista masculino, la manera en que lo sienten los hombres. Lo que *Beyond Fiction* aspira a subrayar es que *tanto para Cervantes cuanto para sus personajes masculinos y su propia época histórica, la tarea primordial radica en desembarazarse de las limitaciones de su punto de vista personal, y ver a la mujer como realmente es.* Es decir, la resolución del triángulo proviene de esta cuarta figura de mujer no idealizada. *Beyond Fiction* dará plena cuenta de esta búsqueda de lo femenino.

No es de extrañar que la historia de Marcela (una de las mujeres terribles que se libera del triángulo del deseo) será su centro de atención en *Quixotic Desire*, para descifrar las raíces de la formación cultural y la identidad como forma de reto a la norma patriarcal. «In Marcela's Case» (pp. 157-178), la novela intercalada en *Don Quijote* le permite a Ruth El Saffar explorar el deseo femenino como emblemático de una economía alternativa en polémica con los valores patriarcales. En su lectura, el texto alegoriza la lucha contra el poder genérico. La síntesis de este incitante ensayo aparecerá entre corchetes ([ ]) al final de este montaje, con suplementos míos. Por el momento, valga señalar que el prefijo del nombre de la «pastora homicida» (*mar*) remite a Marte, dios de la guerra, y denota y connota siempre a las mujeres que causan conflictos (según el diccionario de nombres de Dominique Reyre [1980], que Ruth aprovecha en su demostración). La perspectiva de El Saffar es que Marcela exige una autonomía que sólo se puede entender a partir de lo que Freud denominó «narcisismo femenino», insumiso a la sobreevaluación del falo. Este rechazo y falta de reconocimiento la inducen a sobrevivir en un mundo «otro» que el del deseo masculino. Está claro que la pastora pertenece al universo de la *Gran Madre* que prescinde de la cultura y sus dependencias genéricas. (Como suplemento a Ruth, podemos añadir —siguiendo a Lacan— que lo que Marcela opta por el imaginario, en lugar del mundo de lo simbólico.)

No es cuanto puede decirse, y queda claro que me he limitado a aquellos puntos que rozan una historia cultural feminista. El lector que recorra las páginas de *Quixotic Desire* ha de encontrar múltiples ideas, referencias bibliográficas, y un nuevo acercamiento a la obra cervantina, centrada en el «deseo», intentando interrogar su sentido, alejándose así de lecturas maestras, a través de las cuales se transmite. Este es, en rigor, el interés de este libro, que intenta nada menos que la reinterpretación del mensaje cervantino mediante otros instrumentos teóricos.

Referencias

ARMAS WILSON, Diana de, *Allegories of Love: Cervante's «Persiles and Segismunda»*, Princeton, Princeton University Press, 1991.

CARRASCO, Rafael, *Inquisición y represión sexual en Valencia: historia de los sodomitas (1565-1785)*, Barcelona, Laertes, 1985 (Rey de Bastos, 14).

COMBET, Louis, *Cervantes o les incertitudes du désire*, Lyons, Presses Univesitaires de Lyon, 1981.

EL SAFFAR, Ruth, *Beyond Fiction: The Recovery of the Feminine in the Novels of Cervantes*, Berkeley, University of California Press, 1984.

— y Diana de Armas Wilson (eds.), *Quixotic Desire. Psychoanalytic Perspectives on Cervantes*, Ithaca, Cornell University Press, 1993.

— y Diana de Armas Wilson, «Marcela's Case», en *Quixotic Desire*, 157-178.

Johnson, Caroll B., *Madness and Lust: A Psychoanalytical Approach to «Don Quixote»*, Berkeley, University of California Press, 1983.

Molho, Maurice, *Cervantes: raíces folclóricas*, Madrid, Gredos, 1976.

—, «Cervantes and the "Terrible Mothers"», en *Quixotic Desire*, 239-254.

Reyre, Dominique, *Dictionnaire des noms des personnages du «Don Quichotte» de Cervantes*, París, Éditions Hispaniques, 1980.

Rossi, Rosa, *Escuchar a Cervantes. Un ensayo biográfico* (1986), Valladolid, Ámbito Ediciones, 1988.

II. *VOCES MARGINALES Y LA VISIÓN DEL SER CERVANTINO*

El estudio de la cuestión de la «identidad» nos lleva a considerar una serie de problemas básicos en la época de Cervantes. La preocupación por el «ser que soy» de las primeras décadas del siglo XVII apunta hacia un ser precario cuya autenticidad es conferida por la figura autoritaria que representan el padre, el Rey, o Dios. En la obra de Mateo Alemán y Quevedo, o más claramente aún en la comedia, se ve cómo el individuo caótico, impulsivo y rebelde termina sometido a la ley social, la «Ley del Nombre del Padre».[1] Las comedias de honor dramatizan el doloroso proceso de individualización al que se sometían los hombres en la sociedad culta del siglo XVII.[2] Esta

---

1. Como se verá más adelante, aludo a términos lacanianos a veces en este trabajo, no para basarme en su teoría del ser como un absoluto, sino para hacer referencia a la visión del ser que se desarrolla en Occidente en el siglo XVI. Para una descripción buena y detallada de la psicología de Lacan, ver Ellie Ragland-Sullivan. *Jacques Lacan and the Philosophy of Psychoanalysis*, Urbana/Chicago, University of Illinois Press, 1986.

2. Aunque las comedias de honor parecen sacrificar a la mujer para conferir vida social al hombre, hay que tener en cuenta que la mujer expulsada sirve para representar no a la mujer en sí, sino la parte de la vida dedicada a la sensualidad y al

dramatización se hace evidente mediante la consistente expulsión o encarcelación metafórica de las figuras femeninas (en cuanto seres sexuales). Simultáneamente, la presencia del Rey al final de las obras ratifica esta expulsión. En las comedias de honor se hace obvio que el precio de llegar a tener un ser verdadero es el sacrificio de todo lo que puede representar el mundo de los sentidos. El famoso «desengaño» que caracteriza el arte barroco refleja el deseo de hacer de nuevo, ya no al mundo cambiante y seductor de los sentidos, sino a otro más estable, basado en reglas.[3]

En términos lacanianos lo que vemos en las obras de principios del siglo XVII, tanto las novelescas como las teatrales, es un intento por renunciar a lo «imaginario» (ámbito asociado con la simbiosis y satisfacción incestuosa inherente a la relación infante/madre) para entrar en lo «simbólico» (ámbito de la separación, claridad, autonomía y poder asociado al padre). Tanto para Lacan como para Freud el proceso por el cual el sujeto llega a automatizarse es uno de angustia. La entrada al mundo de lo simbólico requiere la renuncia de lo que fue experimentado como un «paraíso» por el infante. El paso a lo

---

placer. Así, por ejemplo, Rosaura, en *La vida es sueño*, encuentra «vida» y honor una vez que cesa de ser objeto de deseo libre. Leonor, de *El médico de su honra*, ha mostrado en toda la obra su devoción al concepto de honor, o sea la renuncia de sus propios deseos a favor de un concepto social. La que fue matada en la obra era Mencía, que atraía no sólo el interés sexual de Gutierre, sino el de su propio marido, que decía vivir con ella «una casa de placer». Es este concepto de *placer*, de la entrega a los sentidos, lo que se quería extirpar en la búsqueda afanosa de una vida estable, eterna, basada en la Ley del Padre. Para más sobre la relación entre el tema del honor y el desarrollo del ser moderno, ver mi «Anxiety of Identity: Gutirre's Case in El médico de su honra», que aparecerá en *Studies in Honor of Bruce W. Wardropper*, editado por Harry Sieber, Dian Fox y Robert ter Horst, Wilmington, Delaware, Juan de la Cuesta Press.

3. Anthony Cascardi subraya la importancia que tiene para el desarrollo de la identidad moderna designar el ser como ente nuevo, desgarrado de su historia. Dice en su artículo «History, Theory, Post-Modernity», *Ethics/Aesthetics: Post-Modern Positions*, ed. Robert Merrill [Washington, Maisonneuve Press, 1988], p. 38, «the exercise of freedomm with regard to history begins for Descartes with the prior abandonment of the encumbrannces of the past: regarding the opinions to which I had hiterto given credence, I thought that I could not do better than to undertake to get rid of them, all at one go, im order to replace them afterwards with better ones» [*Discourse on Method*, 117].

En las letras españolas del siglo anterior a Descartes se puede ver en, por ejemplo, *Lazarillo de Tormes*, el mismo intento de basar el ser en una creación propia, separada ya de sus orígenes históricos.

simbólico equivale a una repetición de la Caída en el Génesis. Para subrayar el sentido desgarrador de este proceso, Lacan lo llama «castración».[4] Entrar en lo simbólico significa lanzarse hacia un objeto que siempre está más allá del alcance de uno, un objeto deseado por la apariencia de unidad y auto-suficiencia que ofrece.

La idea del ser, cuyo desarrollo psicológico han analizado tan finamente Freud y Lacan, va ligada, como claramente se ve en las obras de Lope y Calderón, al desarrollo del Estado moderno. Tanto el ser como el Estado moderno se basan en un ideal de unidad, una unidad que por su naturaleza es espectral. La imposibilidad de posesionarse del ideal es descrita en la terminología de Freud como «neurosis».[5] En Calderón, esa misma imposibilidad se ve refractada en la obsesión por el honor.

En el terreno político el siempre inalcanzable deseo del Estado por ordenarse sobre la base de un solo gobierno, una sola lengua, y una sola fe produce también ansiedad y desequilibrio. Tales estados afectivos terminan por atribuirles poderes demoníacos a aquellos que no pertenecen al grupo central.[6] El afán de unidad —sea individual o nacional— implica necesariamente la existencia de *otro* que representa lo que el ser idealizado no es. Para el hombre obsesionado por su honor, este *otro* es la mujer libidinal, o más correctamente, la libinalidad propia proyectada sobre la mujer.[7]

---

4. Dice Ellie Ragland-Sullivan, «At the Real structural level of primary Castration, both males and females experience loss of the symbiotic attachment to the mother as a kind of Castration» (297).

5. En *Civilization and its Discontents* Freud deja claro que el ser social es un ser dividido, siempre en acto de negociar los impulsos asociales basados en los deseos pre-edípicos a favor de un sistema de leyes establecido para prohibir la expresión directa de aquellos impulsos. Llama neurosis esta división básica del ser «civilizado», y la ve como el precio de la civilización.

6. El acusar a las brujas y a los heterodoxos de alianzas con el diablo aparece como tema predominante para la Inquisición a fines del siglo XV, período que coincide con el desarrollo en Europa del impulso de unificación política.

7. La idea de proyección —de atribuir a otro cualidades personales no aceptadas por el ego— la vemos puesta en escena en la obra de Calderón. Calderón hace obvio que Mencía y las otras mujeres de los dramas de honor tienen muy poca responsabilidad por la culpabilidad que imponen en ellas sus maridos. En *La devoción de la cruz* resulta aún más claro que la esposa de Crucio es inocente.

El Estado moderno español atribuyó a los grupos marginados —los gitanos, los moros, los judíos— cualidades amenazantes.[8] Es por esto que el comendador de *Fuenteovejuna* es representado no sólo como usurpador del poder real y del honor individual, sino también como persona de «sangre no limpia». Vistos ya como *otros*, los que no pertenecen a la cultura dominante pierden la identidad propia para convertirse a la de la ideología dominante. El que no pertenece al centro, entonces, se ve expulsado no sólo a los márgenes de la sociedad sino a los márgenes de la consciencia, donde establece con lo central una relación de hostilidad, miedo y odio.

En obras como en *Fuenteovejuna, El médico de su honra, La estrella de Sevilla,* y *El burlador de Sevilla* se ve cómo la integridad del individuo se liga con la del Estado. Individuo y Estado son, en efecto, dos caras de la misma moneda. En las obras ya mencionadas, tanto el rey como el hombre que pretende tener «vida» u «honor», busca establecer dominio sobre el cuerpo siempre entendido como *otredad*: el cuerpo propio, el de la mujer, el del judío: el cuerpo, potencialmente rebelde, como zona de gobierno.[9] El hombre tiene que gobernar a su mujer (e hijos)[10] igual que el rey su tierra.

En Cervantes se ve una concepción de la identidad distinta a la que proponen la comedia y las otras obras aquí mencionadas. En Cervantes faltan matanzas por el honor. En su obra «los padres» u otras figuras de poder son típicamente inefica-

---

8. Ver Franz Fanon, *The Wretched of the Earth* para una aproximación al problema de la proyección política que convierte a los colonizadores en gente que comparte con las mujeres atributos de disolución, sexualidad y emocionalismo.

9. La otredad del cuerpo es un aspecto fundamental del ser moderno, ser dividido que, como bien describió Descartes, encuentra la identidad del ser con su capacidad de pensar, y que es, por lo tanto, capaz de demoler todo lo pasado para comenzar de nuevo.

10. Philippe Ariès en *Centuries of Childhood* denomina el período que aquí nos concierne «the age of flogging» o sea, el período en la historia de la familia en que más poder se consagraba al padre, y más énfasis se daba a la obligación de los padres de domar a los niños. Lawrence Stone, que también se ocupa de la historia de la familia (ver su *The Family, Sex and Marriage in England 1500-1800*, Nueva York, Harper & Row, 1977), dice que es a finales del siglo XVI y comienzos del siglo XVII cuando, de acuerdo con la política monárquica que reinaba tanto en España como en Inglaterra, el patriarcalismo más se destacaba como fuerza organizadora de la cultura.

ces u objetos de mofa.[11] Si la figura del padre es débil, la de la madre no lo es. Hay ejemplos de madres poderosas en muchas obras cervantinas, madres como en el *Persiles* y en *La fuerza de la sangre* que producen desenlaces felices en contra del factor patriarcal y a favor de lo que busca y desea el cuerpo.

La importancia de la madre y del poder de la mujer libidinal en Cervantes lo alía al mundo de lo imaginario lacaniano. Este mundo se asocia al período en que el niño se identifica con la madre. Para Lacan, el niño evita entrar en el orden simbólico y permanece en el imaginario cuando se niega a rechazar la figura materna. Es muy importante, entonces, para una comprensión de la relación que establece Cervantes con la mujer, prestar atención a las imágenes y evocaciones pre-edípicas que hay en su obra.

En su discurso sobre la Edad de Oro (I, 11), Don Quijote evoca la edad cuando la Gran Madre daba a los hijos de la tierra todo lo que querían:

> [...] aún no se había atrevido la pesada reja del corvo arado a abrir ni visitar las entrañas piadosas de nuestra primera madre; que ella, sin ser forzada, ofrecía, por todas las partes de su fértil y espacioso seno, lo que pudiese hartar, sustentar y deleitar a los hijos que entonces la poseían [1.252].[12]

Poco después recuerda que en aquella época las doncellas podían ejercer control sobre sus propios cuerpos:

> Las doncellas y la honestidad andaban, como tengo dicho, por dondequiera, solas y señeras, sin temor que la ajena desenvoltura y lascivo intento las menoscabasen, y su perdición nacía de su gesto y propia voluntad [1.253].

El discurso de Don Quijote delinea la psicología del ser marginado, una psicología que reta el mito del origen del ser post-

---

11. Para un buen estudio del papel del «segundón» como figura principal en la obra de Cervantes, ver el análisis psicoestructural que lleva a cabo Louis Combet en su *Cervantès ou les incertitudes du désir*, Lyon, Presses Universitaires de France, 1981.

12. Las citas del *Quijote* proceden de las *Obras Completas de Cervantes*, editada por Ángel Valbuena Prat, Madrid, Aguilar, 1970.

edípico en el que se basa la ideología dominante.[13] En la versión del ser que idealiza Don Quijote, reina la Gran Madre, cuyas hijas son dueñas de su propia sexualidad.[14] Aunque Cervantes trata de poner distancia entre él y las criaturas de su imaginación, podemos ver en su galería de protagonistas muchas realizaciones imaginarias de la figura de la mujer libre. De allí, por ejemplo, el apasionado discurso de Marcela en *Don Quijote* (I, 14), y el de Gelasia en *La Galatea*; y de allí también casos como los de Auristela, Feliciana de la Voz, e Isabela Castrucha del *Persiles*, o de Dorotea y Zoraida en el *Quijote* —mujeres que desafían la Ley del Nombre del Padre para conseguir ellas mismas lo que quieren.[15]

Al contrario de lo que presupone la idea patriarcal del ser —la idea representada en el drama de Lope y Calderón y articulada en el psicoanálisis por Freud y Lacan— la mujer que se libera del control paterno no actúa de manera caótica y sin dirección, ni es verdad que los que siguen el consejo de la madre caen en vergüenza e incapacidad social. El mundo construido en las obras de Cervantes no pide el rechazo de los sentidos, ni insiste en el poder paterno como factor de la organización social.

Conjuntamente, Cervantes no establece como base para el desarrollo de sus obras una oposición entre centro y margen. Como veremos en los análisis siguientes, lo más característico de Cervantes es su constante intento por desenmascarar la ilusión de unidad y de centro tan importante para la formulación

---

13. La posición psicológica que se puede observar en Cervantes tiene analogías interesantes con la de Jung. Discutió su ruptura con su mentor Freud en términos del mito fundador del hombre. Para Freud, todo empezó cuando los hijos parricidas se pusieron de acuerdo en respetar los derechos del padre figurativo social (ver su *Totem and Taboo*), o sea en el establecimiento de una sociedad patriarcal. Para Jung había un período de matriarcado previo al patriarcado en su mito de los orígenes del ser. Las implicaciones radicales de esta diferencia son enormes. Produjeron dos versiones bien distintas de lo que es el inconsciente, y de cómo debe llevarse a cabo un análisis.

14. La relación entre la Gran Madre y su hija/ninfa recuerda el mito de Demeter y Perséfone que muchos asocian con el período histórico del matriarcado. Ver, por ejemplo, Charlene Spretnak, *Lost Goddesses of Early Greece*, Boston, Beacon Press, 1978.

15. Para más información sobre el papel de la mujer en *Don Quijote*, ver mi «In Praise of What is Left Unsaid» *MLN* (1988), 205-222.

moderna del individuo y del gobierno. En los ejemplos que siguen —uno basado en el canónico *Don Quijote*, y el otro en su todavía marginalizado entremés *El retablo de las maravillas*— veremos cómo Cervantes estructura sus obras conforme a una visión no patriarcal de la identidad.

Desde el Prólogo del *Quijote*, Cervantes elude la posición no sólo de autor sino de padre. Sobre su paternidad dice:

> [...] aunque parezco padre, soy padrastro de Don Quijote, no quiero [...] suplicarte [...] como otros hacen [...] que perdones o disimules las faltas que en este mi hijo vieres, pues [...] tienes tu alma en tu cuerpo y tu libre albedrío [...] [1.212].

Pocas líneas más abajo dice de su autoría:

> [...] te sé decir, aunque me costó algún trabajo componerla [*Don Quijote*], ninguno tuve mayor que esta prefación que vas leyendo [1.212].

Tan pronto como se convierte de padre en padrastro de Don Quijote (para dar al lector total libertad para juzgar su obra), trata de deshacerse de su papel de autor del Prólogo. El Prólogo, entonces, yuxtapone los conceptos de paternidad y autoría, mostrándonos cómo Cervantes tiende a ceder su posición central y dominante a otros —sea el lector o sea el «amigo» que inesperadamente aparece para darle consejo y cuyas palabras llegan a formar la mayor parte de lo que se escribe en el Prólogo.

El cuestionamiento de la autoridad continúa en el primer capítulo, en donde la historia de Don Quijote se ve como el producto de varios autores cuyas versiones no convergen. Otra vertiente de este poner en cuestión la autoridad del escritor es la rivalidad que surge entre autor y protagonista sobre cómo debe escribirse el libro. Como muy bien vio Unamuno, en *Don Quijote* leemos dos novelas sobreimpuestas: una, la que quiere propagar el autor, y otra, la que va creando Don Quijote.[16]

---

16. Ver *Nuestro Señor Don Quijote*. Sobre la rivalidad entre autor y protagonista para el control de la disposición de la historia, ver mi *Distance and Control in «Don Quijote»*, Chapel Hill, University of North Carolina Press, 1975.

En el capítulo 9 se agudiza aún más la cuestión de la autoría, a la vez que se muestra la marginalidad de los que aparentemente ocupan el lugar central. La búsqueda que lleva a cabo el llamado Segundo Autor lo conduce al seno del imperio español y al centro geográfico de la península ibérica. Ciudad fortificada, centro comercial y lugar predilecto de la corte del gran emperador Carlos V, Toledo es el símbolo por excelencia del tema centralizante e inmovilizador del Estado moderno. Es dentro de este símbolo de poder militar, económico y político del imperio español en donde Cervantes inyecta la visión de una sociedad radicalmente heterogénea. En el Toledo de Cervantes se venden cartapacios escritos en árabe y andan muchos que saben no solo árabe sino «otra mejor y más antigua lengua» (1.246).

La certidumbre de un texto unitario —como el que busca el Segundo Autor— tanto como la de una sociedad racial y lingüísticamente homogénea se esfuma en el capítulo 9. El autor de la historia del gran caballero cristiano Don Quijote es un moro, y el libro que contiene sus aventuras anda en papeles destinados a los gusanos. Para subrayar más aún la marginalidad del texto que debería ser fuerte y origen de nuestro saber sobre Don Quijote, el traductor morisco inicia su lectura no con palabras de Cide Hamete Benengeli, sino con algo escrito en los márgenes del texto por un lector anónimo. Las palabras aluden no al héroe sino a una Dulcinea desmitificada que tiene «la mejor mano para salar puercos que otra mujer de toda la Mancha» (1.246). Ni esta Dulcinea ni el libro encontrado en el mercado pertenecen a la esfera poética de la «doncella tierna» de que hablará Don Quijote en la Segunda Parte. Cervantes nos ofrece un *Don Quijote* adulterado, comentado, manoseado en el mercado, traducido, abandonado, y por fin rescatado por un crédulo y desocupado lector de novelas.

La obra cervantina, en efecto, está constituida por seres que buscan y encuentran los placeres de la imaginación en un mundo que les ha quitado acceso al poder. Son los que, explusados o excluidos de los centros de poder, han llegado a conocer bien las regiones de abandono y de deseo. Como Ginés de Pasamonte, Pedro de Urdemalas, el Don Juan de *La Gitanilla*, Rinconete y Cortadillo, y Ortigosa del *Viejo celoso*, han aprendido a identificarse no con la apariencia y la fama, significantes del honor, sino con el deseo. Así Isabela Castrucha del *Persiles* es capaz de fingirse endemoniada para poder casarse con quien ella quiere; Basilio finge haberse suicidado para ganar la mano de Quiteria, y el segundón Persiles se hace peregrino para poder casarse con la novia de su hermano mayor.

Habiendo ocupado y llegado a conocer el mundo reprimido por la sociedad dominante, los proteicos héroes cervantinos se muestran poco interesados en los valores represivos que gobiernan el mundo patriarcal. En lugar de la fuerza que representan el dinero y la posición social, los personajes recurren a las habilidades subversivas categorizadas por Ortigosa como «la buena diligencia, la sagacidad, la industria; y sobre todo, el buen ánimo y mis trazas» (260).[17]

Hemos visto ya cómo en la construcción misma de *Don Quijote* se manifiesta la importancia del margen, y cómo el autor, el libro y los lectores se caracterizan por su posición fuera de los centros de significación y de poder. La otra obra de Cervantes que quiero considerar aquí pertenece al género al que menos importancia se le dio en la época —al entremés. Sin embargo, como ha apuntado Nicholas Spadaccini en su edición de los entremeses cervantinos, Cervantes publicó sus obritas teatrales para exponer tras lo frívolo y efímero de un género menor lo más importante de su arte y visión.[18]

En *El retablo de las maravillas* Cervantes pone en el escenario una confrontación entre un par de embusteros vagabundos y los hombres que encarnan el poder en el pueblo al que llegan. Los embusteros proveen, a través de su retablo maravilloso, el espejo en el que los hombres del poder social pueden verse reflejados. Como Ginés de Pasamonte en el *Quijote*, los

---

17. Las citas de los entremeses proceden de la edición de Nicholas Spadaccini, Madrid, Cátedra, 1982.

18. Spadaccini dice: «Cervantes invita al público lector a que haga una lectura reposada y reflexiva: "para que se vea despacio lo que pasa apriesa, y se disimula o no se entiende cuando las representan". Aparte la ironía implícita en el hecho de que Cervantes no logró ver representados sus entremeses, es obvio que el autor nos está llamando la atención sobre esas piezas como textos literarios cuya lectura implica, más que un pasatiempo, una reflexión consciente sobre la conducta del hombre como individuo y como ser social marginado por sus limitaciones económicas, estamentales, intelectuales y psicológicas» (22).

autores que se acercan al pueblo al comienzo de la obra viven de su capacidad de entretener —esto es, de traer a la superficie de la consciencia los deseos y miedos que normalmente se tratan de reprimir. Los autores del retablo tienen éxito porque saben explotar en los poderosos su deseo de entregarse a lo imaginario —al mundo de la irracionalidad que su posición les obliga a reprimir.

En esta obra genial Cervantes muestra cómo el arte prospera en épocas de fuerte represión. Utilizando el miedo de no ser lo que parecen, miedo que tanto afligía a los de las clases dominantes, los autores Chirinos y Chanfalla proponen un retablo sólo visible al que no «tenga alguna raza de confeso, o no sea habido y procreado de sus padres de legítimo matrimonio» (220). Presentada en la casa del regidor Juan Castrado («hijo de Antón Castrado y de Juana Mancha» [223]), la obra se elabora sobre el deseo de los que asisten de proteger su apariencia de legitimidad. La audiencia da vida y sentido a las figuras que los autores introducen.

El éxito del retablo es tan grande que, los miembros de la audiencia terminan por incorporar todo a él. Creen que es otra figura del retablo, un furrier que llega al final para alojar a sus tropas en el pueblo. Luego, cuando el furrier protesta que no hay ni retablo ni figuras imaginarias, le acusan de «confeso y bastardo» (235). El miedo capaz de invertir la relación entre realidad e imaginación, y de convertir la casa del regidor en caos al final, se basa en la cuestión de identidad que estamos considerando. Los hombres que gobiernan se jactan de su legitimidad en proclamaciones huecas que por su propia vehemencia se ponen en duda. Las palabras («por mi parte puedo ir seguro a juicio, pues tengo el padre alcalde; cuatro dedos de enjundia de cristiano viejo rancioso tengo sobre los cuatro costados de mi linaje» [222]) afirman la Ley del Nombre del Padre a la vez que flotan frágilmente sobre el ámbito todavía poderosísimo en que reina la madre, el deseo, y los instintos.

El poder que ejercía todavía este mundo de la madre que a principios del siglo XVII se quería subyugar, no sólo se ve en la credulidad de los gobernantes, sino en el contenido de su construcción imaginativa. La serie de figuras que trae Chanfalla a escena empieza y termina con la evocación de mujeres bíblicas que llegaron a quitar el poder a hombres fuertes. En el primer caso se ve a Sansón, amenazando hacer caer la casa. Este Sansón es el que perdió su fuerza a causa de su amor por la prostituta Dalila. Tanto como Herodías de la última escena del retablo, Dalila es una mujer castradora. La acción del retablo termina con la entrega total por parte de los hombres al baile de Herodías (Benito dice: «Eso sí, sobrino, cánsala, cánsala; vueltas y más vueltas; ¡vive Dios, que es un azogue la muchacha! ¡Al hoyo, al hoyo! ¡A ello, a ello! [235]).

En Herodías Cervantes introduce no sólo la figura de una mujer castrante, seductora, peligrosa, sino una que es enemiga del cristianismo. A través de la imaginación, entonces, hace ver cómo estos hombres son inducidos a poner en escena la esencia de sí mismos. Por sus nombres (Juan Castrado, Benito Repollo, Pedro Capacho)[19] y por la ansiedad con que insisten en ver lo que no hay, ya lo sabíamos. Pero al final, bailando con Herodías, muestran que son hombres que sólo aparentan someterse a la Ley del Nombre del Padre. La entrada del furrier dramatiza la lucha, que es la de todos en la época de Cervantes, entre lo imaginario y lo simbólico. Esta lucha está en la base de todo conflicto de identidad.

En las obras de principios del siglo XVII se puede ver la violencia con que se concibió la creación de la identidad moderna. Esa identidad se ve en proceso de estructurarse en nombre del orden y de la unidad. Aunque Mateo Alemán, Quevedo. Lope y Calderón representan en sus obras el dolor y la dificultad que experimentaba el ser moderno al pasar del orden imaginario al simbólico, no se ve en sus obras un cuestionamiento radical del proceso, tal como se ve en Cervantes. Éste, mas bien producto del Renacimiento que del Barroco, pone en duda la necesidad de tal visión del ser humano.

En el *Quijote* hemos visto hasta qué punto la obra se organiza alrededor de una autoridad y un centro ausente. En el *Retablo* también se ve que el enfoque central de la obra es una manta colgada que sólo recibe las proyecciones del inconscien-

---

19. Para un estudio de todos los nombres en la obra respecto a la inversión de lo masculino y lo femenino, ver el estudio de Maurice Mohlo, *Cervantes: Raíces folklóricas*, Madrid, Gredos, 1976.

te del auditorio. El centro de la obra está constituido, entonces, por una ausencia equivalente al abismo en el que se busca la obra prístina y original del *Quijote*. La obra maestra que lo que consideramos como lo más central es en realidad una ilusión creada por la ansiedad colectiva.

La desmitificación del concepto de la unidad y del orden que lleva a cabo Cervantes devuelve la voz a los que el impulso centrificante ha tendido a silenciar. Es por esto que vemos en Cervantes una galería tan amplia de figuras marginales, y que oímos tan fuertemente la voz de la mujer libidinal en su obra, la mujer que puede decir para tantas que van silenciosamente al convento:

> ¡Malos años! ¡Bonica soy yo para estar encerrada! No sino llegáos a la niña, que es amiga de redes, de tornos, rejas y escuchas; encerráos vos que lo podréis llevar y sufrir, que ni tenéis ojos con que ver, ni oídos con que oír, ni pies con que andar, ni mano con que tocar: que yo, que estoy sana, y con todos mis cinco sentidos cabales y vivos, quiero usar dellos a la descubierta, y no por brújula, como quínola dudosa [*El juez de los divorcios* (101)].

Para comprender el aspecto «feminista» de Cervantes, hay que ver sus obras bajo la luz de la construcción del ser moderno que se iba creando a fuerza de expulsión y represión a lo largo del siglo XVI. La atención que presta Cervantes a los que quedan fuera del discurso dominante es una con su fidelidad a un ideal prepatriarcal, ideal articulado por Don Quijote en su discurso sobre la edad de Oro. Entonces no sólo vivían los hombres en paz con la tierra, y las mujeres en paz con los hombres, sino que «los que en ella [la Edad de Oro] vivían ignoraban estas dos palabras de *tuyo* y *mío*» (1.252). En el período de la declinación del imperio español el viejo Cervantes, nacido cuando todavía reinaba Carlos V, recordaba un orden distinto, que ya, en las primeras décadas del siglo XVII, casi había desaparecido.

III. *ELOGIO DE LO QUEDA POR DECIR**

En el espejo roto que es el loco caballero de la Mancha nos encontramos, cara a cara, no sólo con los defectos de carácter de Don Quijote se esfuerza en ocultarse a sí mismo, sino también, con aquéllos de la sociedad que él ha decidido adoptar en su reversión anacrónica hacia su andadura caballeresca. Un repaso completo a *Don Quijote* debe tener en cuenta no sólo el fracaso del héroe sino su debilidad en la estructura de la sociedad que sale a la luz a través de su locura. La inquebrantable capacidad de Cervantes para exponer las limitaciones de la estructura social, así como de la personalidad, convierte su obra en algo más que en una lucha en la que se le puede mostrar favoreciendo una u otra de estas posturas: o el individuo contra la sociedad o la sociedad contra el individuo. Ya no tiene sentido pedirle al texto que se decante en lo que se refiere a los méritos de la estructura *per se*. En lugar de eso me gustaría considerar el texto por lo que deja sin expresar, por su exhibición de los huecos, fuera de los cuales, se quiera o no, se generan el lenguaje, la historia y el significado.

Cervantes persigue la corriente según la cual las historias se cuentan y las vidas se orientan con un sentido de distancia y de ausencia. En el espacio que el autor establece entre la historia y el narrador, entre la historia y el lector, la novela resta fuerza a las pretensiones absolutistas del ego, y a todos los intentos de identificarse con las divisiones y oposiciones que estructuran el idioma así como la sociedad.

El papel conflictivo/mimético de Don Quijote respecto a sus contemporáneos es otro medio por el cual Cervantes mezcla los modelos de expectación, juicio, creencia y el papel social que constituyen nuestra participación en la colectividad. También frustra el deseo del lector de una estabilidad del texto cuestionando la validez de sus fuentes y la fiabilidad de su narrador. Al utilizar un loco como héroe y un falso moro

---

* Traducción del inglés de Jorge Pelegrina Rodríguez, revisada por I. Zavala.
Cide Hamete pide en el capítulo 44 de la Segunda Parte, que se le alabe «no por lo que escribe sino por lo que ha dejado de escribir».

como escribiente, Cervantes nubla su texto con un aura de incerteza cuya función es relativizar todos aquellos esfuerzos de la ley, la palabra y la costumbre para reprimir las incongruencias y anomalías de la experiencia vivida.

El desafío de Cervantes, tanto social como literario, a las formas establecidas, se extienden incluso a su propia autoridad. El prólogo de la Primera Parte revela sus dudas sobre los grados, títulos y la erudición, así como su capacidad para ofrecer una introducción adecuada a su trabajo.[20]

Durante nueve capítulos de la Primera Parte se proyecta la incerteza, en cuanto a su autoridad, a la figura del narrador ficticio Cide Hamete, que carga por él con su sentimiento de incapacidad ante la tarea de una representación fiel. Durante toda la obra se debate cuál es la mejor forma de representar y formular en palabras cualquier experiencia que se dé, como lo hacen las preguntas implícitas, multiplicación de voces, o formas literarias y dialectales, y cómo cualquier construcción verbal se relaciona con los sucesos que busca para hacer que aparezca la imaginación.

La cuestión de la autoridad, sin embargo, es demasiado amplia para que abarque un estudio de tamaño modesto. A fin de limitar el tema, y para ofrecer un ejemplo en concreto, quiero considerar cómo Cervantes desafía en *Don Quijote* uno de los supuestos más trillados de la estructura social así como la literaria a través de la parodia de las convenciones sexuales a que invita la obsesión de Don Quijote por las doncellas afligidas. La historia de la crítica cervantina arroja sorprendentemente poca luz sobre el papel de las mujeres en *Don Quijote*. Esos pocos estudios tienden a enumerarlas, catalogarlas o bien a destacar mujeres en concreto por alguna razón determinada.[21] El énfasis

---

20. Por ejemplo, Cervantes dice en su prólogo: «de todo esto (notas y comentario erudito) ha de carecer mi libro, porque ni tengo que acotar en el margen, ni que notar en el fin, ni menos sé que autores sigo en él... También ha de carecer mi libro de sonetos al principio, al menos de sonetos cuyos autores sean duques, marqueses, condes, obispos, damas o poetas celebérrimos» (prólogo, 68-69). Todas las citas están extraídas de la edición de *Don Quijote* realizada por John Jay Allen, y se identificarán por su página, capítulo y parte correspondiente.

21. El estudio mejor conocido dedicado exclusivamente a las mujeres en *Don Quijote* es el libro de Edith Trachman *La tradición literaria de la mujer en Cervantes*. En cuanto al tratamiento de algunas mujeres en particular destaco especialmente el

recae mucho más en los personajes masculinos, mientras que las mujeres aparecen como síntomas de sus males, objetos de deseo, quimeras, y obstáculos en sus caminos.

Las lecturas hechas por críticos masculinos, aunque son innegablemente ricas y valiosas, no alteran las expectativas culturales predominantes respecto a la cuestión sexual. René Girard[22] describe bien esas expectativas, forjadas en las tradiciones literarias de los romances del amor cortés, del pastoril y de caballería. Hacen de la mujer un objeto de deseo que los hombres persiguen y sobre el cual escriben. Don Quijote, que en esto como en tantas otras cosas es portavoz de una tradición entera, expone el carácter esencialmente etéreo del objeto de deseo femenino cuando explica a Sancho en el capítulo 25 de la Primera Parte:

> ¿Piensas tú que las Amariles, las Filis, las Silvias, las Dianas, las Galateas, las Alidas y otras tales de que los libros, los romances [...] los teatros de las comedias están llenos, fueron verdaderamente damas de carne y hueso, y de aquellos que las celebran y celebrarán? No, por cierto, sino que las más se las fingen, por dar sujeto a sus versos, y porque los tengan por enamorados o por hombres que tienen valor para serlo [I, 25, 300].

Arthur Efron ha destacado de forma muy acertada que el «Dulcineísmo», lejos de ser la aflicción de un solo caballero de la Mancha, es la forma de vida de una cultura entera.

Las historias intercaladas que cuentan el amor frustrado de Grisóstomo por Marcela, el esfuerzo autosaboteado de Cardenio para casarse con Lucinda, la entrega por parte de Anselmo de su mujer a su mejor amigo Lotario, y el fracaso del cabrero Eugenio para ganarse a Leandra, revelan, una y otra vez a través de las páginas de la primera parte de *Don Quijote*, la

---

estudio de Casalduero sobre el prostíbulo, el de Madariaga sobre Dorotea y el de Auerbach sobre Dulcinea por nombrar sólo unos pocos de entre los más destacados.

22. Ver especialmente su engaño: «el deseo triangular es uno. Podemos empezar con Don Quijote y acabar con Pavlovitch, o podemos empezar con Tristán e Isolda como Denis de Rougemont hace en *El amor en el mundo occidental* y alcanzar rápidamente la "psicología de los celos" que se extiende por nuestro análisis... De Rougemont señala correctamente: uno llega incluso a desear que la amada sea infiel para que podamos cortejarla de nuevo» (48).

tendencia a convertir a la mujer deseada en un objeto y crear a un rival que asegure el fracaso del amante. Los relatos de conflictos, rivalidad y locura que rodean el tema erótico-obsesivo de las historias representan a las mujeres, que notoriamente han inspirado su relato, casi invisibles. En cambio, es bastante más fácil para todos los implicados adoptar el papel de perseguido, y justificar hábilmente a la amada como una invención motivada por la esperanza de la fama o el esfuerzo para derrotar a un rival. Mi opinión es que —tal como Freud nos dijo no hace demasiado tiempo, rememorando a Aristóteles— la mujer (en la novela y en cualquier parte) significa carencia: ella representa y personifica la carencia masculina.[23] La mujer se separa del discurso masculino desde cuya posición, en obras que dirigen la atención a su lugar de marginación, se la puede ver desenmarañando los relatos de fragilidad y desamparo que generalmente la representan.

Al incluir cuentos como los de Cardenio y Grisóstomo en un contexto más amplio, Cervantes nos invita a comparar las palabras de sus personajes/narradores y la manera en que, fuera de sus historias, se desarrollan ellos mismos. La ausencia, que para Derrida en la característica principal del idioma, se sitúa en la novela en la relación del hombre con las mujeres que al mismo tiempo desea y rechaza. Como el hueco —al que ya hemos aludido— que Cervantes exterioriza entre los sucesos y las fórmulas diseñadas para captarlas, la mujer aparece en el texto como algo fantasmagórico que se obvia y se acecha al mismo tiempo.

Leslie Fiedler ha caracterizado la ficción americana al re-

---

23. Considere por ejemplo esta lectura de Freud por parte de Lacan: «...llegamos a la cuestión de la estructura que introdujo el enfoque de Freud: lo que significa que la relación de la privación o la ausencia en el ser simbolizada por el falo, se establece por derivación de la falta de haber engendrado por cualquier frustración global o en concreto de la demanda» (90). Ese sentido de que la mujer es imperfecta con respecto al hombre tiene una larga tradición, como se afirma en el estudio de Ian Mac-Clean, que traslada el asunto desde el Renacimiento a la época de Aristóteles: «en la distinción (en el pensamiento escolástico) del hombre y de la mujer se puede vislumbrar la tendencia generalizada de Aristóteles a producir dualidades en las que un elemento es superior y el otro es inferior. Se asocia el principio masculino en la naturaleza con características activas, formativas y perfeccionadas, mientras que lo femenino es pasivo, material y depresivo, que desea el hombre para completarse» (8).

presentar a su típico protagonista como «un hombre que huye, empujado hacia el bosque, hacia el mar, hacia el río o al combate —cualquier sitio para evitar la "civilización"—, o sea el enfrentamiento de un hombre y una mujer, que lleva al amor, al sexo, al matrimonio y a la responsabilidad» (XX). De un modo parecido, Edward Said ha observado a grandes rasgos en la novela la tendencia a los héroes masculinos castos que crean un mundo alternativo de fantasía en lugar del esperado de matrimonio y autoperpetuación a través de la descendencia.[24] Se podría llegar al caso de la novela como un lugar de disertaciones conflictivas que fracasan, como el héroe vagabundo que las populariza, precisamente en lo que más desean —conseguir a través de las palabras y las divagaciones experiencias a partir de la realidad—. Ese fracaso, además, está íntimamente relacionado con aquello que esos personajes, incluso aunque lo persigan, tratan de evitar: el enfrentamiento con la mujer no como un objeto sino como algo independiente, reproductor, que se relaciona, que obliga, con la mujer cuya presencia, si se reconociera totalmente, expondría el vacío en el hombre que la desea.[25]

Como ya debería estar claro, el vacío aparece con muchos disfraces en la novela. Aunque frecuentemente se le da forma de mujer deseable y enloquecedoramente inaccesible, también se le asocia con la Madre Naturaleza, cuyo estado permanente de beneficio y magnificencia fue objeto de mucha preocupación en el siglo XVI. En su famoso discurso a los cabreros, mientras Don Quijote da su primera explicación totalmente pomposa de su misión como caballero errante, también evoca

---

24. De forma más exacta, utilizando vocablos que se utilizan en este artículo, Said ve a los héroes novelísticos como atrapados en el «miedo al vacío» (92).

25. Se debe destacar aquí que el énfasis en la experiencia masculina no pretende sugerir que las mujeres no están sujetas del mismo modo al miedo de la dependencia que hace imposible la mutualidad de la relación. Introspectivamente en el aspecto masculino del individuo el que representa autonomía, actividad, superación, mientras que se asocia el aspecto femenino con la relación, la pasividad y el éxtasis. Que, históricamente, aquellos aspectos se hayan traducido a formas prescritas de comportamiento para hombres y mujeres no quiere decir que de hecho se identifiquen apropiadamente a cada sexo con sólo la mitad de su naturaleza.

La literatura, tan certera con los contenidos del subconsciente, y la novela, que refleja tan bien la realidad social, sin embargo, tiende a representar aquellas realidades internas en los términos externos aquí descritos.

el mundo de la madre que cría, cuya obsesión por darlo todo a sus hijos se ha perdido irremediablemente en la oscuridad del tiempo. Su nostalgia por aquella bucólica Edad de Oro traiciona tanto su deseo de volver al estado de dependencia como su transformación de ese deseo prohibido en un impulso socialmente mejor aceptado de ser él mismo el protector. El desconcierto implícito en ese supuesto de una falsa autonomía no solamente es fundamental en la caracterización psicológica de Don Quijote, sino que también lo es en nuestra era.[26]

El discurso de Don Quijote sobre la Edad de Oro se produce en forma de tertulia de sobremesa y representa su esfuerzo de asociar su orientación clásico/literaria con la compañía en la que él mismo se encuentra. Su recurso al tópico del *Beatus Ille*, sin embargo, fracasa al destacarse. Los pastores, sobre los que vierte su versión de ideal pastoril, le miran en medio de un silencio atónito, mascando las bellotas, cuyas asociaciones literarias habían producido lo que Cide Hamete llamó cruelmente la «arenga» de Don Quijote (I, 11, 159) y cambiando el tema tan pronto como fuera posible.

La separación descubierta en el capítulo 11 entre el hablante y el oyente, así como entre la rusticidad afectiva/auténtica y su representación culta refrenda las estructuras de alienación características de la novela en conjunto y básica en las obras paródicas. El discurso de Don Quijote, que los cabreros que escuchan educadamente apenas entienden y que Sancho ni siquiera llega a comprender, es en realidad un monólogo cuya naturaleza dual mide el lapso de los espacios interiores del propio Don Quijote. Por un lado presenta un «entonces», cuando «todo era paz [...] todo amistad, todo concordia» (I, 11, 158) cuando «aún no se había atrevido la pesada reja del corvo arado a abrir ni visitar las entrañas piadosas de nuestra

---

26. Hace solamente muy poco tiempo, en la obra de psicólogos de «relaciones de objetos» tales como Margaret Mahler y W.D. Winncott, que el reino de la madre y su papel en la dialéctica de simbiosis y la individualización que subraya todas las relaciones humanas se ha explorado. Evelyn Fox Keller y Jessica Benjamin han llevado la obra al reino de lo filosófico, cuestionando la apoteosis de la autonomía que convierte en regresiva la exigencia corolaria de conexión. Es una actividad tan privilegiada sobre la pasividad, y la autonomía sobre la dependencia, que se ha mostrado realmente dañina a la mitad de nuestra vida asociada con la naturaleza, la madre, y el niño.

primera madre» (ídem), y por otro lado está el «ahora» en el que «no está segura ninguna» (ídem).

Apartado de una venerable tradición bucólica, Don Quijote ha expuesto el secreto de su propia historia erótica y la naturaleza del discurso, que sirve para disfrazar el deseo en la retórica de su negación.[27] Espoleado por las insoportables exigencias de su anhelo erótico, e incapaz de reconocerlas como suyas, Don Quijote desvía, al igual que muchos de sus compañeros de novela, su energía del objeto de deseo hacia el «otro» al que se dirige. Entre rival y rival está la «doncella desprotegida» cuya posición de inaccesibilidad Don Quijote busca sostener por medio de las armas.

Cuando Don Quijote cuenta a su audiencia de cabreros que las mujeres ya no están seguras en esta era de hierro, y que codicia y la lujuría han roto los lazos de la madre tierra con sus hijos, está evocando, como sólo un loco puede hacerlo, el auténtico fondo de la cuestión. Y es que las «doncellas desprotegidas» que Don Quijote se siente llamado a amparar parecen vulnerables sólo en su aislamiento del principio maternal. Las madres se destacan por su ausencia tanto en la Primera Parte de *Don Quijote* como en las obras dramáticas y literarias de los contemporáneos de Cervantes. No existe ningún modelo en el mundo de amor conyugal ni de maternidad del cual venga Don Quijote. Ni tampoco encuentra tales modelos en el mundo hacia el que escapa. En cualquier sitio donde se produzca la insinuación de una lazo íntegro entre madre e hija —como en los casos de Dorotea, Lucinda y Zoraida— vemos ejemplos no del desamparo de la mujer sino de inteligencia, fuerza, y perdurabilidad.

Cuando las doncellas se separan de la madre, como por ejemplo Leandra, doña Clara, y Marcela, se implican profun-

---

27. Refiriéndonos a un pensamiento de Lacan, podríamos decir que lo que Don Quijote expone es el vacío de las estructuras fálicas en las que queda atrapado, de alguna u otra forma. Como Ellie Ragland-Sullivan ha señalado, «estamos enfrentados a una elección entre la individualización a través de la castración psíquica (o sea, aprehender diferencias mediante la alienación en el lenguaje, las convenciones sociales, y los papeles) o el fracaso para desarrollar una identidad adecuada al funcionamiento social. La ley fálica lacaniana es, por esto una espada de doble filo. Por un lado salva a la gente de la dominación de la madre/de otra gente; por otro lado tiraniza porque es arbitrario y superficial» (273).

damente en el mundo masculino de la captura, que lleva a la literatura, a la picaresca, a la locura y a otras interminables difunciones del deseo. El hecho es que lo que Don Quijote ve y no quiere entender es que la virgen es un aspecto de la madre y que la búsqueda exitosa de ella lleva inevitablemente al «amor, al sexo, al matrimonio y a la responsabilidad» a que alude Fiedler. Al tener esperanzas de cuidar a la hija, Don Quijote se lamente y al mismo tiempo asegura la ausencia de la madre. En la mitología que subyace en *Don Quijote*, a la que llegamos en el discurso de la Edad de Oro, podemos ver el rostro de la Diosa Maternal de la tierra, Deméter, angustiada de dolor cuando Hades lanza a su hija, Perséfone, a las profundidades de la tierra, el mundo de los infiernos.[28]

El contraste de Don Quijote de aquella Edad de Oro, cuando se imaginaba a la figura femenina dominante como una madre que alimenta, con la Edad de Hierro en la que la mujer aparece como una doncella vulnerable, comporta fascinantes implicaciones psico-mitológicas, refiriéndose tanto a las particularidades de la caracterización del propio Cervantes como a los temas de importancia de su época.[29] El contraste

---

28. Debe destacarse que la historia de Démeter/Perséfone de los Himnos Homéricos representa una última versión del mito, ya que las anteriores no ofrecen un cuento de rapto. Charlene Spretnak destaca que «sea cual sea el impulso que dibuje a Perséfona como víctima de una violación, indica la evidencia que este giro a la historia se añadió después del cambio de una sociedad matriarcal a otra patriarcal y que aquello no era parte de la mitología original. De hecho, es probable que la historia de la violación de la diosa sea una referencia a la invasión de los Adoradores de Zeus del Norte...» (107).

29. Desde el punto de vista de la psicología individual, el estudio psico-estructural de Louis Combet de las obras de Cervantes apunta a una fuerte identificación con la madre en Cervantes, como testimonio de la naturaleza de sus típicos héroes, y de ciertos sucesos de su biografía. Esa compleja relación con la madre tiene también, sin embargo, un significado colectivo.

Erich Neumann señala el Renacimiento como una época en que la madre y la tierra se representan fuertemente en las mentes de los hombres creadores, mientras que Walter Ong muestra como, en los siglos XVI y XVII, esa identificación con la madre todopoderosa se rompe a través de una compleja conjunción de fuerzas históricas y tecnológicas.

A caballo, tanto ideológica como cronológicamente, entre el siglo XVI y el XVII, entre la búsqueda renacentista para recuperar la individualidad y el compromiso Barroco con la dualidad, Cervantes, a través de Don Quijote, expresa el ansia arcaica y anacrónica del hombre para volver a la situación de simbiosis con la madre —lo que Lacan llamaría el Reino Imaginario—, y su participación en el poder y la alfabetización patriarcal —que Lacan llamaría lo simbólico—. El conocimiento indeseado

destaca especialmente la lucha entre el deseo por la identidad y la unión expresada por escritores y filósofos del siglo XVI, y el sentimiento de arrepentimiento, que se revela en la formación de la novela, y que esa unión, la simbiosis entre la madre y el hijo, se debe romper. Desde un punto de vista mitológico, la extraña puesta al día que hace Don Quijote (en forma de repaso) del viejo tópico del *Beatus Ille* destaca precisamente ese momento en el que están a punto de arrebatar a la doncella —cuando, al mismo tiempo lanzarán a la madre al lamento, y a través del lamento, al papel de la mujer que rechaza.

La idea de la Madre Tierra enfriándose y rechazando como respuesta a la actitud depredadora adoptada por los pretendientes con respecto a la joven doncella da contexto a la novela y al período en que se escribió. La «Edad Odiosa» del hierro de la que Don Quijote habla, marca el fin de la abundancia, la expulsión del Paraíso. Pero como el enamoramiento, del cual el discurso de Don Quijote no es sino una variante, el vacío que se deja en la tierra a causa del descubrimiento de la ruptura del lazo madre-hija es el vacío que el idioma y la literatura buscan llenar. Don Quijote, separado de casa y soñando, a través de la ausente Dulcinea, en un retorno final, es la representación de su época, la representación del vagabundo, del conquistador, del colonizador. Se imagina a los compatriotas de su misma sangre y carne en sus viajes por el nuevo mundo, y representa, en la imaginación de sus lectores, su papel de aventura sin descanso.

La descripción de Lévi-Strauss del impacto del hombre europeo en el Nuevo Mundo se parece en muchos sentidos a la de Don Quijote cuando se lamenta de la edad de hierro, con su actitud destructiva hacia la Madre Naturaleza.[30] Y como

---

que *Don Quijote*, en su locura, nos fuerza a reconocer, es que el deseo se organiza a través de la identificación perdida con la madre. Tal como señala Ellie Ragland Sullivan, refiriéndose a Lacan, «la identificación imaginaria con la madre es el texto fundamental del individualismo del fondo de la cuestión del "individuo", la localización del discurso principal del subconsciente...» (279-280). En ningún sitio Don Quijote lo dice más claramente que en su discurso de la Edad de Oro.

30. Dice en *Tristes tropiques*: «la relación entre el hombre y la tierra nunca había sido marcada por esa reciprocidad de la atención (en el nuevo mundo) que, en el viejo mundo, ha existido durante miles de años... Aquí en Brasil primero se violó el suelo y después se destruyó. La agricultura había sido cuestión de saquear para

Lévi-Strauss, Don Quijote representa, con respecto a la tierra y a la mujer, el contradictorio papel de contra-aventurero, oponiéndose a aquellos que abusarían de una y de otra, aunque los imite. A fin de ver cómo Don Quijote lleva a cabo su programa tal como se detalló en el discurso de la Edad de Oro, necesitamos ver lo entrelazadas que están las cuestiones de la lujuria y la codicia en su mente, y con qué consistencia sus «locas» aventuras, en la Primera Mitad de la Primera Parte, implican una protección de la tierra y una protección de la mujer, como si al prevenir los raptos, al parar simbólicamente la intrusión del padre en el dúo madre-hija, Don Quijote pudiera impedir el enamoramiento, o parar su dolorosa experiencia de separación e individualización.

En los incidentes que anteceden inmediatamente al discurso de la Edad de Oro, en sus dos primeras aventuras de su segunda salida, Don Quijote asume dos símbolos principales de la nueva economía, mientras que también proyecta sobre uno de ellos la figura de la doncella afligida. El famoso ataque a los molinos, como ha demostrado Charles Aubrun, no era en absoluto inocente desde un punto de vista económico, ya que los molinos representaban parte del creciente esfuerzo, en la Europa del siglo XVI, por controlar y dominar mediante el uso de máquinas las fuerzas de la naturaleza.[31] Poco después de que las aspas del molino le lanzaran a un montón de magulladuras, Don Quijote ve a una mujer en un carro delante del cual van cabalgando unos monjes benedictinos. Don Quijote ataca a los monjes suponiendo que son nigromantes que llevan a la mujer en contra de su voluntad. La fantasía de que se llevan a una señora en contra de su voluntad, tan corriente en la versión del mundo que Don Quijote se inclina a representar,

---

obtener rápidos beneficios. En un plazo de cien años, de hecho, los primeros se habían hecho su camino como un fuego lento a través del Estado de São Paulo comiéndose territorio virgen por un lado, sin dejar nada salvo una agotada tierra en barbecho por el otro» (97-98).

31. Auburn explica: «los molinos no alteran solamente el paisaje, sino también la vida tradicional. Los gigantes son el origen del declive y la pobreza de los hidalgos... (Don Quijote) embiste una gigantesca estructura donde uno muele el grano, su grano, el trigo de la Mancha. Es suficiente para hacerle perder a uno la cabeza; su sinrazón no es injustificada» (63).

lo cuenta el narrador, quien nos explica que ella «iba a Sevilla para encontrarse con su marido que estaba allí para embarcar hacia las Indias». Lejos de ser una simple doncella angustiada, la señora, de hecho, representa una nueva clase que tendrá éxito y será rica en una economía basada en el poder y en la codicia, en la colonización de un nuevo mundo. Que ella pueda estar angustiada es algo que también merece la pena considerar.

Una confluencia parecida de obsesiones económicas y eróticas puede verse en el incidente de los ejércitos de ovejas y de cabras. Don Quijote justifica su ataque a los rebaños, que en el siglo XVI representaban otro interés poderoso que amenazaba a la nobleza basada en la agricultura; él suponía que estaba salvando a una princesa cristiana que un guerrero árabe raptaba en contra de su voluntad para casarse con ella.

Los ataques no siempre están conectados directamente con la cuestión de la mujer. Algunas veces, como en los casos de los mercaderes de Toledo, o el episodio de los esclavos de galeras, la agresión se centra en imágenes asociadas con la España del dinero, la industria y el poder militar. En cualquier caso, Don Quijote exhibe una actitud coherente con lo que Carolyn Merchant ha llamado la imagen orgánica de la tierra —una imagen que estaba, precisamente en el siglo XVI, cediendo terreno a una imagen, y al conjunto correspondiente de actividades, de dominio—. Merchant contrasta las imágenes conflictivas de las relaciones humanas con la tierra como sigue:

> La identificación de la naturaleza, especialmente la tierra, con una madre que amamanta era un punto crucial de la teoría orgánica: una mujer amablemente beneficiosa que producía para las necesidades de la humanidad en un universo planificado y ordenado... una mentalidad orientada orgánicamente en la que los principios femeninos jugaban un importante papel, que no estaba definida del todo y se estaba reemplazando por una mentalidad orientada mecánicamente que eliminaba principios femeninos o los utilizaba de una forma explotadora. Ya que la cultura occidental se fue mecanizando en el siglo XVII, la máquina dobló el espíritu de la tierra virgen y de la tierra madre [2].

Entre las máquinas que Merchant enumera están las bombas de fuerza y elevación, grúas, molinos de viento, molinos de agua con corriente superior o inferior, mazos de batán, y puentes con ruedas y con engranajes.

La referencia a los batanes nos sumergen otra vez en el mundo de Don Quijote y su locura, que no es tanta, y su cordura, que tampoco es demasiada. Don Quijote y Sancho pasaron una noche en las montañas aterrorizados por el implacable martilleo que después resultaron ser «sólo» batanes. Éstos, utilizados en la industria textil, se conectaban asociativamente con los mercaderes de Toledo y con los pastores de ovejas cuyos rebaños atacó Don Quijote e incluso a los fabricantes de seda a quienes se podía haber vendido la versión árabe de *Don Quijote* si el «Segundo Autor» del capítulo nueve no la hubiera rescatado.

El cuadro cada vez recoge mejor la solitaria batalla de Don Quijote por proteger a la Madre Tierra del explotador acercamiento que estaba haciendo posible la tecnología. Su lucha, sin embargo, sirve para fortalecer aquellos a los que se ha propuesto derrotar, ya que escondido tras su postura anti-autoritaria yace el mismo miedo a la todopoderosa madre que dirige a sus adversarios. Es bastante más fácil atacar a la representación de la opresión y de la autoridad que llegar a la pasividad y la vulnerabilidad que la Madre Naturaleza pide a sus hijos. Permitir tal identificación simbólica con lo femenino sería exponer el secreto más profundo y mejor guardado de la humanidad.

Los escritores del siglo XVI que se preocupaban por el abuso de la Madre Tierra a través de la minería, construcción de presas y la desecación, aseguraban que ella no sería generosa si se le trataba mal, una preocupación que merece la pena ser tenida en cuenta en el contexto de los países desolados de la Primera Parte de *Don Quijote* y el sentimiento general de que nunca hay bastante agua ni comida. En un último intento desesperado de liberar a la diosa tierra de su abandono, un intento que el mismo Don Quijote hizo cuando se le enjauló como a un loco y se le llevó a casa en una especie de comitiva, Don Quijote se lanza a una procesión de disciplinantes que llevan una estatua de la Virgen María gritando:

[...] luego al punto dejéis libre a esa hermosa señora, cuyas lágrimas y triste semblante dan claras muestras que la lleváis contra su voluntad y que algún notorio desaguisado le habedes fecho [I, 52, 574].

Don Quijote, que también está afligido y se le lleva en contra de su voluntad, mientras expone una vez más su identidad inconsciente con la Virgen/Madre, revela también hasta qué punto su inconsciente es uno con el de la colectividad, ya que los penitentes cuya procesión ataca llevan la estatua de la Virgen para pedirle a los cielos que termine la sequía. El texto dice así:

Era el caso que aquel año habían las nubes negado su rocío a la tierra, y por todos los lugares de aquella comarca se hacían procesiones, rogativas y disciplinas, pidiendo a Dios abriese las manos de su misericordia y les lloviese [I, 52, 573].

Al igual que la ausencia generalizada de la madre en la Primera Parte, el paisaje seco y desierto sirve para subrayar la situación de privación que el abuso de la madre parece haber promovido. Pero Don Quijote, como ya hemos visto, se halla a ambos lados de la dialéctica cuyos términos fijó en el discurso de la Edad de Oro. También revela, a través de su afición a las armas y a las letras, a través de su abuso de poder y su ejercicio de autoridad sobre Sancho, la auténtica conciencia patriarcal en la que su misión es impedir la supresión de la madre y de la tierra. Cuando Don Quijote cuenta a los cabreros la igualdad que hay en los cimientos del ideal caballeresco, dice a Sancho:

Porque veas, Sancho, el bien que en sí encierra la andante caballería, y cuan a pique están los que en cualquiera ministerio della se ejercitan de venir brevemente a ser honrados y estimados del mundo, quiero que aquí a mi lado y en compañía desta buena gente te sientes, y que seas una mesma cosa conmigo, que soy tu amo y natural señor... porque en la caballería andante se puede decir lo mismo que del (amor se dice): que todas las cosas iguala [I, 11, 156].

Sancho rehúsa la exigencia de Don Quijote de que se siente con él, diciendo:

Como yo tuviese bien de comer, tan bien y mejor me lo comería en pie y a mis solas como sentado a par de un emperador [I, 11, 157].

Pero Don Quijote no aceptará un no por respuesta: «con todo eso, te has de sentar» (I, 11, 157). El texto continúa así, «y asiéndole por el brazo, le forzó a que junto dél se sentase» (I, 11, 157).

Nos guste o no, Don Quijote forma parte del mundo jerarquizado, el mundo de la inteligencia, de la ausencia, del abuso de la tierra y del cuerpo. Todas sus actividades intensifican el conflicto y la separación que busca borrar. Don Quijote libera a los esclavos de galera y mediante esto se convierte en un forajido. Cabalga en ayuda de huérfanos y doncellas desprotegidas, dejando atrás indefensa a la sobrina que se le encomendó cuidar. Mantiene a raya a los que persiguen a la independiente Marcela, para después perseguirla él mismo. Se queja del acoso de la tierra por cuestiones comerciales aunque venda parcelas de su propia tierra para comprar libros. Y es que Don Quijote combate al mismo tiempo que perpetúa lo que es su problema principal, que es la alienación de la mujer y la naturaleza, de todo lo que representa crianza: del cuerpo, del niño, de la tierra.

No es casual que en sus aventuras de la Primera Parte padezca graves daños corporales. Los sirvientes de los mercaderes de Toledo le golpean estúpidamente en el capítulo cuatro. En su batalla contra el caballero vizcaíno casi pierde una oreja, y en el pisoteo a que se ve sometido por parte de cabras y ovejas pierde algunos dientes y se gana el título de «el caballero de la triste figura» (I, 21, 254). Se queda tan maltrecho en su batalla con unos arrieros yangüeses que se le tiene que llevar a una posada a lomos del asno de Sancho. En la posada en la que Sancho y él mismo curan sus costillas magulladas recibe más golpes que acaban por machacar sus huesos.

Como si el daño externo no fuera suficiente, Don Quijote también tortura su cuerpo desde dentro, por una parte comiendo bastante menos de lo que estaba acostumbrado a comer en casa, y por otra parte castigando su estómago con brebajes, como el bálsamo de Fierabrás, que le curan las penas hurgando sus entrañas con una purga que le hace desalojar hasta el último resto bacterial.

El tema del cuerpo como algo ridículo y objeto de golpes aparece por toda la primera parte. Los vómitos, excrementos, porrazos en la cabeza, exhibición de las partes pudentas, la falta de alimento y descanso, y el completo agotamiento físico final marcan la experiencia de las dos salidas de Don Quijote en la novela de 1605. Al paisaje por el que Don Quijote y Sancho viajan, le falta suavidad y abundancia, llenándose con hombres que son igual de violentos que el mismo Don Quijote.

En resumen, la Primera Parte de *Don Quijote* insiste, a cualquier nivel, en el tema de la pérdida de la Edad de Oro, de la que el loco caballero habló tan elocuentemente en el capítulo 11. La ausencia de la madre todopoderosa y que alimenta crea un vacío en el que aparecen en escena la violencia, la competencia, la lujuria, la codicia y la locura. Don Quijote, que al mismo tiempo es víctima y causante de tal situación, nos dirige la atención a los comportamientos idénticos aunque menos dramáticos de otros personajes masculinos en la novela.

Grisóstomo, empujado por el deseo hacia Marcela, renuncia a ocuparse de sus propiedades y al final se suicida. Cardenio parece incapaz de reclamar a Lucinda para sí mismo y de defenderla contra los deseos de su rival socialmente superior Fernando. En el cuento intercalado «El curioso impertinente» Anselmo entrega literalmente hablando su mujer Camila a su mejor amigo Lotario. En el cuento del cautivo se retrata al padre como incapaz de proteger su propiedad.

Sin embargo, lo que destaca en la Primera Parte y resurge después en la segunda, como tema dominante, es el auténtico poder que pertenece a las mujeres «indefensas» por las que el hombre se pelea. Don Quijote sólo es un caso extremo de descentralización que aflige a todos los personajes masculinos en una novela que primordialmente expone el daño provocado cuando la visión del mundo orgánico —la visión que coloca al individuo en el contexto de una madre que lo rodea todo con sus brazos— se pierde. Cuando la madre de Marcela muere, su padre muere de pena poco después. El casto tío cura de Marcela es incapaz tanto de convencerla de que se case con alguien, o de evitar que haga exactamente su voluntad. En las montañas y bosques que elige como su hogar, reina sobre los hombres que la desean. Dorotea y Lucinda demuestran ser bastante más capaces de conseguir lo que quieren y de controlar sus fortunas que no Cardenio o Fernando. El padre del cautivo y el padre de Leandra, ambos sin esposa, se muestran indecisos y sucumben ante el poder de sus descendientes en las decisiones importantes que afectan sus vidas.

Todo se reduce a una situación que ya se ha tratado al principio de este estudio: la separación que se descubre, una y otra vez, en la novela entre la palabra y el hecho. Se construyen las claves utilizadas por los romances caballerescos, así como por los curas, los lectores de poesía de amor cortés, y en resumen por la comunidad literaria al completo representada en *Don Quijote* para estereotipar a las mujeres, dejando las características que les distinguen. Incluso las mujeres completamente invisibles aceptan el modo de vida totalmente centrado en el hombre. Dorotea, así como Lucinda, han leído novelas de caballerías. Cuando lo necesiten, ambas pueden representar hasta el final el papel de doncellas angustiadas.

Pero una y otra ve vemos que, si exceptuamos el caos de las caballerías —el de Cardenio y Fernando, o de Anselmo y Lotario— dejando aparte el fracaso del intento de escapar por parte de los cautivos, la «doncella angustiada» es la que acude al socorro con las clarividencias, determinación fuerza, e inteligencia para desenmarañar la tela de araña de la confusión en la que sus amantes y maridos se han atrapado.

Lo que Cervantes nos ofrece en la Primera Parte de *Don Quijote* es un mundo en el que se cuestionan las estructuras tradicionales de la autoridad. Las múltiples capas de autores, los conflictivos y variados documentos de archivos concernientes a la historia de *Don Quijote*, la lucha por el dominio entre Don Quijote y Cide Hamete, la falta de fiabilidad del propio Cide Hamete como narrador, todo contribuye en el nivel formal al fracaso, que se ha examinado aquí a nivel del tema de los personajes masculinos a la hora de ejercitar la autoridad que su posición les ha garantizado.

El nivel de conciencia que se alcanza en la Primera Parte de *Don Quijote* se parece, más de lo que muchos críticos están preparados para admitir, al punto de vista de la picaresca.

La Primera Parte de *Don Quijote*, como el *Lazarillo de Tormes* y *Guzmán de Alfarache* presenta personajes apartados de sus madres, personajes desenraizados cuya desorientación se da a conocer en la presentación de un punto de vista central que a la larga resulta ser anti-autoritario. Ese punto de vista presenta cada frase, cada postura, cada posición autoritaria, cada situación social como problemática, incierta y sujeta a cambios. En tal movimiento tienen lugar las luchas por el poder que debilitan la atmósfera incierta, y más adelante alienan el cuerpo, la tierra, y lo femenino.

Lo que distingue a *Don Quijote* de la picaresca, sin embargo, y me estoy refiriendo a la Primera Parte, es la presencia de rastros de una visión unitaria completa pero perdida. En el mismo capítulo 11 en el que Don Quijote hace su discurso de la Edad de Oro, atisbamos en la aceptación de los cabreros, la cura y el cuidado de Don Quijote, el mundo del que no se habla, analfabeto y sin jerarquías hacia el que Don Quijote dirige su discurso. En el relato que hace Dorotea de su propia historia, y la atención que le presta Cardenio, y en la fe de Zoraida, también incluimos un mundo sin distancias en el que las distinciones entre «mío» y «tuyo» se confunden por momentos. La disgregación de los personajes y estructuras autoritarias parecen diseñadas, en otras palabras, no para negar sino más bien para exponer —en los huecos y descansos— la presencia redentora del mundo real.

En La Segunda Parte se produce un cambio que continúa y al mismo tiempo cambia radicalmente el equilibrio de fuerzas que se ha analizado en la Primera Parte.

En la Segunda Parte, donde el aferramiento de Don Quijote a su creación consciente de caballero andante se está resquebrajando, las mujeres adoptan papeles monstruosa y arrolladoramente poderosos. Empieza con el ama de llaves y la sobrina, que en la Primera Parte permanecieron durante mucho tiempo en silencio, en los capítulos dos y seis hablan a gritos y no de forma tan amable a Don Quijote, e incluso actúan abiertamente para evitar que se escape en una tercera salida. Que sus esfuerzos fracasan es algo bastante evidente, ya que lo que ocurre, como el episodio de la cueva muestra claramente más tarde, es que Don Quijote todavía está buscando y resistiendo al mismo tiempo su deseo de fundirse con la madre. Las imágenes del agua y del cercamiento dibujan a Don Quijote desde dentro, incluso como si se aferrara a la imagen de caballero andante que está sufriendo cada vez una mayor erosión interna. Lo que debe destacarse es que ese desgaste externo de la armadura y del proyecto caballeresco lo llevan totalmente a cabo las mujeres, o personajes del mundo natural.

Teresa Panza es tan chillona en sus protestas en contra del vagabundeo de Sancho como el ama de llaves y la sobrina de Don Quijote. Las labradoras como las que Sancho intenta hacer ver a Don Quijote que son Dulcinea y sus sirvientes, en el capítulo 10, están lejos de ser las doncellas que habitan en la imaginación de Don Quijote. Empujan a un lado a Don Quijote y saltan sobre sus caballos, alejándose como hacen muchas de las mujeres en la Segunda Parte «a horcajadas» (II, 10, 98) «a horcajadas, como un hombre» (531). Solamente la Duquesa es un poco menos enérgica, una cazadora tan dispuesta a demostrar su virilidad a la hora de montar a caballo que el autor dice «pero a todos se adelantara la Duquesa, si el duque no se lo estorbara» (II, 34, 287).

La lista de mujeres agresivas en la Segunda Parte es realmente sorprendente. Doña Rodríguez, la Duquesa, Altisidora, Claudia Gerónima, Ana Fénix vienen inmediatamente a la cabeza. También hay episodios de travestismo; por si a caso la situación no está lo suficientemente clara: el hermano y la hermana que se intercambian las ropas en la ínsula de Sancho; el mayordomo que se viste como Dulcinea; los hombres al servicio del Duque y la Duquesa que se hacen pasar por la condensa Trifaldi y sus dueñas —mujeres con barbas—; Don Gregorio, que, vestido de mujer en un harén en Argel, espera que su novia le rescate, disfrazada de sastre turco.[32] Incluso los principales personajes participan en los cambios de sexo que sub-

---

32. Arthur Efron ha desarrollado considerablemente este tema en *Mujeres barbudas que esperan*.

rayan la identificación con la madre que sólo la locura y la muerte pueden exponer como la cara oculta del honor. Sancho *monta «a mujeriegas»* en Clavileño; Don Quijote se convierte en el objeto de una serenata y es víctima de los ataques de mujeres y gatos. En Barcelona le pisan los pies a Don Quijote en el baile, y de camino a casa Altisidora le humilla a él y a Sancho.

La Segunda Parte, ampliando y profundizando el desafío a la autoridad y los estereotipos implícitos en la Primera, convulsiona todas las ilusiones presentes, los supuestos fáciles y los tópicos aceptados. También mina la fe en la posibilidad de recuperar el Edén —el del discurso de Don Quijote en la Edad de Oro. En la Segunda Parte la materia prima de la realidad demuestra ser falsa. Los pastores ahora son cortesanos disfrazados; los viajeros, disfrazados de emperadores y de caballeros, son actores. El Caballero de los Espejos y su escudero son figuras de papel mâché. Don Quijote no desciende a las profundidades de la cueva, sino que más bien se queda cerca de la superficie, al igual que la comprensión del sueño que tuvo se queda en la superficie. En la Segunda Parte Don Quijote se encuentra a sí mismo atrapado por juegos, embustes, engaños, y sólo puede reclamar el mundo de la integridad y la inocencia, que una vez representaron la Madre Naturaleza y la doncella angustiada renunciando radicalmente no sólo a las novelas de caballerías sino a la vida misma, permitiendo que la muerte y la reunión mística con Dios ocupen el lugar de las maravillosas ilusiones de un puerto seguro que él había creado.

En la Segunda Parte, las que fueran imágenes reconfortantes de Deméter y Perséfone se han convertido en los personajes de la Amazona y la Medusa, al igual que Don Quijote se transforma en un individuo caballeroso y se enfrenta inapropiadamente al mundo que espera restaurar de algún modo. El vacío se manifiesta incluso aunque se apegue a la imagen de poder y de honor. Don Quijote busca la salida a la cueva, los sistemas de agua subterránea, la enorme extensión de los océanos como si percibiera el enorme vacío que existe entre el mundo de ilusión en el que está atrapado y la realidad que continúa eludiendo. Cuando en el capítulo 72 reconoce finalmente que Dulcinea nunca escapará de la tela de araña de palabras en la que él ha atrapado su imagen, que nunca se deslizará hacia el mundo de las criaturas de carne y hueso, también posee, por primera vez, su carencia —reconociéndola a ella dentro de sí mismo como su propia proyección. Es entonces, realmente, cuando la mujer que escapa/el héroe que la persigue, y con él la novela diseñada para desarrollar su historia, muere realmente. Al renunciar a la busca de la estereotipada doncella angustiada, Don Quijote se encuentra con el vacío, que ha estado evitando a lo largo de toda la novela; entrando en un espacio intermedio.[33]

Don Quijote sitúa al autor y al lector en la misma posición intermedia que Don Quijote —y con él los otros personajes masculinos de la novela— busca tan valientemente para escapar. Como lectores salimos de las estructuras establecidas, en un lugar compartido por los personajes femeninos que Don Quijote imagina que es su tarea la de rescatar o proteger. Lo que los críticos nos han ocultado a los que hemos insistido en una versión individualista de Don Quijote —la opinión de que el personaje principal es el campeón del idealismo malentendido o de la rebelión social sin sentido— es el compromiso en el tema central de la identidad masculina ya que ese tema se estaba experimentando en una sociedad que se movía rápidamente de la tierra al dinero y a la tecnología como instrumentos principales de poder. Sólo a través de una presentación paródica del héroe y de la sociedad cuyos conflictos encarna él mismo puede declarar Cervantes su desentendimiento de esa dinámica. *Don Quijote* no trata ni de la rebelión ni del conformismo social. Es más bien una obra que habla, bajo cualquier punto de vista, en dirección al silencio, hacia lo que, a pesar de las palabras, queda irremediablemente por decir.

---

33. Mi referencia al «vacío» intenta aquí hacerse eco de algo que Ellie Ragland Sullivan destaca en su conversación sobre la castración de Lacan: «el vide» (vacío) no son los genitales femeninos... pero el hecho de que la madre simboliza la pérdida que se torna en lo inconsciente... al padre se le privilegia por encima de la madre porque su diferencia de género simboliza lo contrario de necesidad o pérdida» (288).

IV. *EL EPISODIO DE MARCELA (SÍNTESIS DE IMZ)*

[El episodio de Marcela en *El Quijote* (I, 12-14), personaje que afirma su derecho a vivir fuera de los confines de la construcción del mundo creado por las leyes del patriarcado, ha suscitado una controversia, que pone de manifiesto las inflexiones genéricas de la crítica. Como la Gelasia de *La Galatea*, Marcela es amada pero no ama. En contraste con la «mujer esquiva» de la comedia, logra eludir las alternativas prescritas para las mujeres de su clase social hermosas y ricas: el matrimonio o el convento. Afirmando su derecho a no someterse («No gusto de sujetarme», I, 14), justifica su libertad de rechazar todos los pretendientes, incluyendo al pastor Grisóstomo, que ha muerto de desdeño y desengaño amoroso. Después de pronunciar su propia defensa en los funerales del pastor (que la consideran «enemiga mortal del linaje humano»), se vuelve a perder en lo cerrado del monte, para desaparecer para siempre. Las sierras que cobijan a la pastora son lugar inhóspito para los hombres que la desean, y lo que encuentran en su búsqueda no es su entrega, sino su propia locura y muerte. Ésta habita un espacio donde imperan la locura, la marginación, el deseo y la cólera reprimida en el discurso social aceptado. Marcela vive allí un espacio femenino («La conversación honesta de las zagalas destas aldeas me entretiene», I, 14), que remite a una armonía con la naturaleza, hecho que suscita no sólo comentarios exasperantes a los pastores, sino también a la crítica.

Un análisis del personaje nos induce a afirmar que Marcela se niega no sólo a espejar el deseo masculino, sino que también se niega a aceptarlo. No es sólo Grisotómo el aquejado de las penas del deseo frustrado: «Aquí suspira un pastor, allí se queja otro; acullá se oyen amorosas canciones, acá desesperadas endechas» (I, 12). La cantidad de hombres que padecen el mismo mal sugiere que Grisóstomo representa un extremo del fenómeno cultural. Todo ello pone de relieve además de temas de política sexual, el dolor psicológico de una figura de mujer que reclama su autonomía sin buscar apoyo en los hombres o en el orden social.

Marcela, la «pastora homicida» pertenece a la misma constelación de las energías psíquicas que llevaron a los griegos a crear la imagen de Artemisa y a Ovidio a crear la de Diana. Con sus antecedentes griegos y romanos, representa una diosa dual cuya belleza está asociada con la muerte. Su mismo nombre (Mar)cela remite al dios Marte y ese prefijo viene asociado siempre con las mujeres que generan conflictos (según Reyre 1980). En este episodio estamos en el reino de la Gran Madre, interpretación que sustento si hacemos dialogar este episodio con el anterior (I, 11) donde Don Quijote lanza su discurso sobre la Edad Dorada. Pero, el hidalgo elimina los rasgos oscuros de esta primera Madre Naturaleza: es dadivosa pero no todopoderosa, y como Dulcinea, retiene los elementos que les son deseados y provocativos a los hombres. En esta época de plenitud, la mujer era aún virgen, y destinaba su energía creadora a la nutrición. Don Quijote divide la figura femenina en dos: la madre nutricia y la otra.

Muchos indicios en la novela revelan que a través del personaje de Marcela Cervantes invocaba a Artemisa, y detrás de este mito, a la Gran Madre. Aún otros aspectos del arquetipo surgen, en particular con los penitentes que llevan en hombros la estatua de la Virgen en rogativa. Aquí afloran los intentos de desposeer a la Madre Diosa de su sexualidad, del envejecimiento y de la muerte, y de tomarla como posesión. Justamente es en esta posesión la que resisten Artemisa y Marcela. Si no tenemos trasfondo el mito de Artemisa y Apolo, difícilmente podremos entender las referencias a la luna el sol (la belleza sin igual de Marcela, pues su madre murió del parto, y la muerte de su padre, que quedó privado de la belleza de su mujer). Toda una serie de lapsus freudianos y errores léxicos indican la relación con el sol y la luna, la vida y la muerte, y el envejecimiento. En este punto, he de pasar del arquetipo a una interpretación psicoanalítica.

Los estudios de Nicolas Abraham y Maria Torok, así como el de Freud sobre el narcisismo, nos permiten analizar el tipo de mujer que Marcela representa. Se la podría definir como narcisista, una mujer que sólo se ama a sí misma, con la misma o mayor intensidad que el amor que los hombres sienten por ella; y justamente estas mujeres ejercen el mayor atractivo para los hombres. Pues parece evidente que el narcisismo del otro ejerce una gran seducción para aquellos que han renunciado al propio y están en búsqueda de un objeto de amor (Freud, «Sobre el narcisismo»). Lo que podemos entender de la exploración freudiana es que el narcisismo masculino se orienta hacia el objeto, mientras el femenino se orienta hacia sí mismo.

Toda una serie de explicaciones psicoanalíticas posfreudianas nos inducen a proponer que Marcela es una mujer que representa el grado-cero de deprivación materna, y lo que Freud analiza como narcisismo femenino, es en realidad, la relación de la mujer con el objeto en general. El dato que ésta fuera criada por un tío cura soltero, hace resaltar el hecho de que la circulación de eros en el hogar de Marcela estaba condicionado por la represión. Marcela representa una especie de feminidad no sexuada. La ambivalencia del tío-cura hacia los pretendientes de su sobrina, que el narrador subraya al mencionar que de permanecer soltera, se quedaría con sus bienes, pone de relieve la actitud distante tanto material cuanto psicológica de la pastora. Lo que faltaría para que el personaje hiciera el pasaje hacia una feminidad «normal» es que la percibiera como ser-para un hombre, y que concibiera su aislamiento como un vacío que proyectarle al hombre como plenitud. Marcela es incapaz de este intercambio porque nunca logró afirmar su lazo cultural, puesto que su madre murió en el parto.

Como personaje, Marcela proyecta la imagen de la mujer fálica, fascinante en su autonomía narcisista. Tanto Freud, al identificar a la mujer con el narcisismo, cuanto Lacan en su énfasis de la mujer como falo, abren el camino teórico para considerarla, no como perversión sino como norma. Marcela es consciente que de aceptar los pretendientes que piden su mano (por cierto, añado como suplemento, la mano es símbolo fálico según Freud), tendría que convertirse en la riqueza y la belleza que se le atribuyen, rechazando así su propia experiencia del yo. Sólo aceptando estos atributos externos (belleza y riqueza) podrían formar pareja Grisóstomo y Marcela, y tendría que identificarlos con el falo. Pero es incapaz de jugar a estas sobreevaluaciones fálicas, manteniéndose en su narcisismo, en su espacio de plenitud que no necesita del hombre. De tal manea que rehúsa aceptar unas normas culturales que le exigen rendir su autonomía para apoyar la identidad masculina. Lo que pone de manifiesto el personaje es la Gran Madre que no necesita la cultura. Marcela expone el fracaso de incorporarla, y por tanto, la carencia inherente a las identidades genéricas que perpetúan entre las mujeres y los hombres un sentido falso de dependencia mutua.

Queda por explicar el personaje de Grisóstomo, y su juego de identidad genérica. Su «canción desesperada» (¿hemos de recordar a Pablo Neruda? añado como suplemento al texto de Ruth), evidencia su desmembramiento interior al sentir la falta de deseo de Marcela ante su propio deseo. Su poema pone en evidencia la vulnerabilidad del hombre, que por represión, idealiza una época anterior al padre, cuando la madre satisfacía sus necesidades. La substituta de la madre es una ilusión, en realidad un Otro, radicalmente indiferente a su carencia. Claro, que algún dato —desapercibido hasta ahora— nos revela que su padre había muerto poco antes de decidirse a convertirse en pastor, y la muerte del padre y la aparición de Marcela permiten pensar que estaba inclinado a lo antisocial, preedípico que representa la pastora. (Como suplemento aún debo añadir que el hecho que Grisóstomo fuera astrólogo y suicida también lo deja fuera de la norma, y pertenece al mundo de las «diversidades» en esta encrucijada simbólica.)

En resumen: lo que intento poner de relieve es que Marcela es tanto el síntoma de la carencia de identidad de Grisóstomo, cuanto una imagen de lo que la cultura ha rechazado en su esfuerzo por prescribir la autonomía femenina. Justamente en esta construcción psicosexual y sus limitaciones culturales, lo que el caso de Marcela nos pone en evidencia.]

AUTORAS

EMILIE L. BERGMANN (Estados Unidos). Es profesora de literatura española de los siglos XVI y XVII en la Universidad de California en Berkeley. Es autora del libro *Art Inscribed: Essays on Ekphrasis in Spanish Golden Age Poetry* (1979), es co-editora de *Women, Culture and Politics in Latin America* (1990) y de *¿Entiendes? Queer Readings, Hispanic Writings* (de próxima aparición), y ha publicado artículos sobre la poesía de Góngora y arte plástica, estudios feministas de teatro y prosa de los siglos XVI y XVII, y escritura femenina contemporánea en castellano y catalán.

MARÍA TERESA CACHO (Zaragoza, España). Doctora en Filología y profesora titular de Literatura española en la Universidad de Zaragoza. Su centro de interés se da en el estudio de la Poesía del Siglo de Oro: *Obra poética de Fray Jerónimo de San José, Cancionero de Don Pedro de Rojas*, canciones eróticas españolas en las cortes italianas, poesía manuscrita; y también de la prosa: cuentecillo tradicional y diálogo renacentista, Barroco y misoginia, Baltasar Gracián. La erudición en el período renacentista y barroco, tratados científicos del siglo XVI.

RUTH EL SAFFAR (Estados Unidos). Recientemente fallecida, era profesora de estudios hispánicos en la Universidad de Illinois-Chicago. Autora de varios libros sobre Cervantes: *Distance and Control in «Don Quijote»* (1975); *Novel to Romance: A study of Cervantes's «Novelas ejemplares»* (1974); *Cervantes's «El casamiento engañoso» and «El coloquio de perros»* (1976); *Beyond Fiction: The Recovery of the Femenine in the Novels of Cervantes* (1984) y *Quixotic Desire. Psychoanalytic Perspectives on Cervantes* (1993), preparado con Diana de Armas Wilson. Editora de una colección de estudios sobre Cervantes (*Critical Studies in World Literature: Cervantes*, 1985); autora de gran número de artículos, reseñas y poemas. Miembro del conjunto ejecutivo de la Asociación de las lenguas modernas (Modern Language Association), 1974-1978; Vicepresidente de la Cervantes Society of America, 1989-1992.

JACQUELINE FERRERAS SAVOYE (París, Francia). Realizó sus estudios sobre lengua y literatura española en la Sorbona. Titular de la cátedra de Español/L.E.A. en la Universidad de París-X-Nanterre, habiendo impartido cursos en otras universidades francesas, en Colombia y España. Ha publicado: *La situation ambigüe de la femme au XVI siècle* (París, 1966); *La Célestine ou la crise de la société patriarcale* (París, 1977); *Les Dialogues espagnols du XVIème siècle ou l'expression littéraire d'une nouvelle conscience* (París, 1985. Tesis doctoral) y el *Diccionario jurídico y económico español/francés, francés/español*, en colaboración con G. Zonana (Barcelona-París, 1986). Autora de varios artículos sobre la literatura española de los siglos XVI-XVII y también sobre la actualidad sociopolítica española.

MARGO GLANTZ (México). Profesora de Literatura latinoamericana y Literatura mexicana en la Universidad Nacional Autónoma de México y profesora visitante en varias universidades norteamericanas. Ha publicado, entre otros, los siguientes libros: *Intervención y pretexto, ensayos de literatura comparada e iberoamericana* (México, 1981); *La lengua en la mano* (México, 1984), edición, prólogo y texto en *Notas y documentos sobre Alvar Núñez Cabeza de Vaca* (Conaculta, 1993); además de varios ensayos breves y artículos. En su faceta creativa ha publicado diversas obras como *Las genealogías* (México, 1981), *El día de tu boda* (México, 1982), *Síndrome de naufragios* (México, 1984), entre otras.

MARÍA EUGENIA LACARRA (España). Doctora en Filología Románica por la Universidad de California. Catedrática en la Universidad del País Vasco. Ha impartido docencia como Catedrática Visitante en varias universidades de Estados Unidos y ha sido invitada también como investigadora en las Universidades de Cambridge y de Londres en el Reino Unido. Entre sus libros destacan los referidos al *Poema de mio*

Cid, y a *La Celestina*. Es autora de numerosos artículos de carácter interdisciplinar sobre la literatura medieval, en los que cabe subrayar sus análisis de las fuentes jurídicas y médicas en los textos literarios y su interés por temas tales como la sexualidad y la prostitución femeninas, la representación textual de las mujeres, la épica y la prosa sentimental del siglo xv.

LEAH MIDDLEBROOK (Estados Unidos). Está realizando su Doctorado en el Departamento de Literatura Comparada de la Universidad de California, Berkeley. Su tesis doctoral es un acercamiento al fenómeno de la representación del color en la poesía lírica del Siglo de Oro, desde perspectivas psicoanalíticas e históricas.

MARÍA G. PROFETI (Empoli, Italia). Catedrática de Lengua y Literatura española en la Università degli Studi de Florencia. Ha publicado ensayos como: *Paradigma y desviación (Lope, Calderón y un tema barroco: El Purgatorio de San Patricio* (Barcelona, 1976); *Per una bibliografia di J. Pérez de Montalbán* (Verona, 1976); ediciones de textos: *Los hijos de la Barbuda* de L. Vélez de Guevara (Pisa, 1970); *Fuente Ovejuna* (Madrid, 1978) y *El caballero de Olmedo* de Lope de Vega (Madrid, 1981); *Entre bobos anda el juego* de F. Rojas Zorrilla (Madrid, 1983), entre otros, así como una extensa lista de introducciones, artículos en revistas especializadas, recensiones y traducciones de obras literarias españolas.

ROSA ROSSI (Turín, Italia). Catedrática de Lengua y Literatura española, profesora en el Dep. de Literatura Comparada de la Universidad de Roma. Novelista, crítica literaria, historiadora de la literatura. Inició su actividad como hispanista con la edición de *El Lazarillo de Tormes*, traducción, introducción y notas (reeditado en 1993). Se ha dedicado a la literatura del siglo xix y a los místicos españoles. Entre sus estudios teresianos y sanjuanistas realizó su trabajo sobre Cervantes *Escuchar a Cervantes* (1987) y una serie de ensayos menores. Ha publicado también: *Breve storia della letteratura spagnola* (1992) y *Giovanni della Croce. Solitudine e creatività* (1993), entre otros, así como múltiples artículos sobre literatura actual.

MARGARITA M. ZAMORA (La Habana, Cuba). Doctorada en español, con especialización en la literatura hispanoamericana, en Yale University. Profesora en la Universidad de Wiscosin, Madison. Ha publicado: *Language, Authority and Indigenous History in the Comentarios reales de los incas* (Cambridge, 1988), *Reading Columbus* (Berkley, 1993), y diversos artículos en revistas internacionales: *Ínsula, Hispanic Review, Hispanófila*, entre otras.

IRIS M. ZAVALA (Puerto Rico). Doctorada por la Universidad de Salamanca, catedrática de literatura y teoría literaria en la Universidad de Utrecht (Holanda), y profesora visitante en varias universidades europeas, norteamericanas e hispanoamericanas. Novelista, poeta, ensayista, historiadora de la literatura y de la cultura, con múltiples libros sobre Unamuno, Valle-Inclán, fin-de-siglo, el siglo XVIII, siglo XIX, la novela, el folletín, M. Bajtin, teoría feminista, modernidades, colonialismo y estudios interdisciplinarios y culturales. Ha recibido varios premios literarios, el Lazo de Dama de la Orden del Mérito Civil (de España), y la Medalla del Instituto de Cultura Puertorriqueña por su labor intelectual. Entre sus libros cabe mencionar *La posmodernidad y Mijail Bajtin* (1991), *Colonialism and Culture* (1993), y la edición del primer volumen de la *Breve historia feminista* (1993, en esta misma Editorial).

ÍNDICE